韓国と日本の
女性雇用と労働政策

少子高齢化社会への対応を比較する

裵 海 善
Haesun Bae

明石書店

はしがき

　筆者が日本に留学したのはバブルが崩壊した直後で、多くの既婚女性労働者がパートタイマーとして働いていることを見て韓国との大きな格差を感じた。当時の韓国では女性は結婚すれば仕事をやめ、専業主婦としての生き方が当たり前の時代で、女性の働き方になぜこのような差があるのかという疑問と好奇心は、私が女性労働の韓日比較研究に取り組むモチベーションになった。

　韓国の女性雇用関連法や制度整備は日本に比べればスタートは遅れたが、2000年代に入ってから、少子高齢化の進展を背景に急スピードで進み、今は日本とほぼ同じ、または日本に先立って推進している政策もあり、ダイナミックな韓国社会の変化を感じる。

　女性の働き方は、その国の経済発展の度合や経済成長率のような経済的要因、社会的・文化的背景や人口構造等の非経済的要因、また、雇用慣行、労働法、税制・社会保障制度などによって影響を受ける。諸要因の両国間の共通点と違い、またそれが女性労働にどのように影響を及ぼしているかを研究しているうちに約30年の歳月が経ち、やっと筆者の頭の中が整理され、総合的に考える分析能力を備えるようになったと思われる。

　本書は、筆者の長年にわたっての研究実績の中で、韓日女性労働とかかわる研究成果をベースにしている。「女性労働の実情・政策・制度」と「経済社会変化と労働政策のパラダイムの転換」を2本柱とし、韓国の女性労働の実態、政府政策、労働市場の状況、関連法の変化を日本と比較し得る形で整理し、最新のデータや政策を入れて書き下ろした。

　本書は令和3年度筑紫女学園大学の学術出版助成金を受けている。また、本書で紹介する筆者の論文の多くは、科研費、大学の研究助成金を受けることにより実現できた。大学側の研究支援に深く感謝したい。最後に、本書の刊行にあたって明石書店の神野斉編集部長、編集担当の寺澤正好氏にお世話になった。心から感謝の意を申しあげる。

2022年2月　　裵 海 善

韓国と日本の女性雇用と労働政策

少子高齢化社会への対応を比較する

目　次

第1部　女性労働の実情・政策・制度

第2部　経済社会変化と労働政策のパラダイム転換

第1部　女性労働の実情・政策・制度

第1章

経済変化と女性労働供給
—時系列分析

　経済が成長し女性の教育水準が高まるにつれて、女性労働力率が上昇するという現象は多くの国で見られる。本章では、韓国の工業化が始まった1960年代からの約60年間、日本の高度成長期に入った1950年代からの約70年間の女性労働供給の長期時系列推移で見られる特徴とその社会経済的背景を確認すると共に、伝統的な家族の効用関数モデルを利用した時系列分析により、両国の女性労働供給決定要因を実証分析で検証する。

　第一に、経済変化と共に女性労働における量的・構造的変化を二つの観点から確認する。まず、経済の工業化と共に女性労働力率が変化して行く過程において、また女性雇用者として定着していく過程において、女性労働力率の長期的推移で見られる特徴を確認する。また、韓国と日本の年齢階級別女性労働力率はM字カーブとして知られているが、女性労働力率を従業上の地位別に分けて分析し、M字カーブの中身における変化を比較する。第二に、女性雇用者は家族従業者や自営業者に比べて、出産や育児等の女性のライフサイクル上の制約を強く受けており、経済社会変化にも比較的敏感に反応していることから、女性雇用者を対象に労働供給決定要因の実証分析を行う。

1．経済変化と女性労働の構造変化

1）女性就業者の従業上の地位別推移

　韓国と日本の女性労働のデータが確認できるのは、韓国は工業化を始めた1963年から、日本は高度成長期に入った1953年からである。**図表1-1**では、韓国の女性15歳以上人口の中で、労働力人口、雇用者、家族従業者、自営業者が占める割合の長期推移を示した。

図表 1-1　韓国の女性の労働力率・従業上の地位別割合

(単位：%)

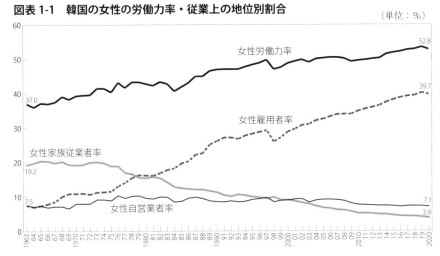

出典：統計庁『経済活動人口年報』により筆者作成
注：女性の労働力率＝（女性の経済活動人口 / 女性 15 歳以上人口）× 100。女性の雇用者率、家族従業者率、自営業者率も同じく 15 歳以上人口で占める割合である。

図表 1-2　日本の女性の労働力率・従業上の地位別割合

(単位：%)

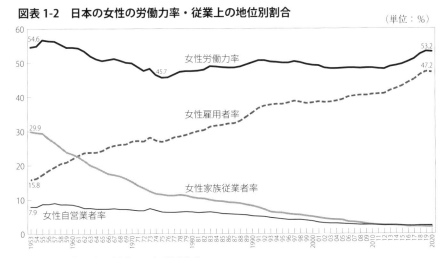

出典：総務省『労働力調査年報』により筆者作成
注：女性の労働力率＝（女性の労働力人口 / 女性 15 歳以上人口）× 100。女性の雇用者率、家族従業者率、自営業者率も同じく 15 歳以上人口で占める割合である。

　韓国の女性就業者を従業上の地位別に 15 歳人口で占める割合を 1963 年と
2020 年で比較してみると、1963 年には、女性家族従業者 19.2％、女性自営業
者 7.6％、女性雇用者は 7.5％である。女性雇用者率は、韓国での初めてのマイ
ナス成長であった 1980 年には横ばい、1997 年 IMF 経済危機による 1998 年
の不況期には低下したが、経済発展と共に高まり続け、2020 年 39.7％である。
女性家族従業者率は 1970 年代中頃までは横ばいであったが、その後、低下し
続け、2020 年 3.9％である。女性自営業者率は横ばい水準が続き、2020 年 7.1％
である。

　一方、日本の場合（**図表 1-2**）、1953 年と 2020 年を比較すると、女性雇用者
率は 15.8％から 47.2％へと高まり、女性自営業者率は 7.9％から 2.4％、特に、
女性家族従業者率は 29.9％から 2.0％へと大幅に低下した。

2）女性労働力率推移で見られる韓日の違い

　女性労働力率の長期推移には韓日で違いが見られる。韓国の女性労働力率
は 1962 年 37％から増加し続け、2020 年 52.8％ である。しかし、日本の女性
労働力率は 1953 年 54.6％で高かったが、高度成長期には低下し続け、1975 年
45.7％を転換点にして再び上昇し、2020 年の 53.2％である。このような女性労
働力率の長期推移で見られる韓日間の違いは、経済成長段階や人口構造的要因
に基づき理解する必要がある。

　韓国では、1953 年 7 月の朝鮮戦争休戦と共に、北朝鮮同胞の韓国への移住
およびベビーブーム（1955 ～ 1963 年）により、合計特殊出生率は 6.0 を上回り、
人口は増加した。1961 年 5 月 16 日、軍事クーデターを起こして政権を掌握し
た朴正熙（パク・チョンヒ）軍事政府は、急激な人口増加と高い出生率は貧困
を永続化させ経済発展の足かせとなるという認識下で、1961 年から人口増加
抑制政策を導入し、1962 年から第 1 次経済開発 5 か年計画を実施した。

　当時、韓国の農業構造は、大家族制度下での家族労働を中心とした労働力過
剰の零細生計農業であったため、農業部門では多くの潜在的失業者（Disguised

▶ 1　1979 年の第 2 次石油危機と 1979 年 10 月 26 日の朴正熙大統領の暗殺事件、1980 年 5 月の全斗煥
主導の光州事件などの影響等で、1980 年には -1.9％の初のマイナス成長であった。
▶ 2　韓国の経済発展計画は 1962 年から始まり、第 1 次（1962 ～ 66）、第 2 次（1967 ～ 1971）、第 3 次（1972
～ 1976）、第 4 次（1977 ～ 1981）で終了する。1982 年からは、経済社会発展計画へと名称が変わり、
第 5 次（1982 ～ 86）、第 6 次（1987 ～ 1991）、第 7 次（1992 ～ 1996）で、5 か年経済計画は韓国
が OECD 加盟国となる 1996 年で終了する。

Unemployment）[3]が存在した。1960年代の経済成長政策は、このような豊富な労働力を利用した低賃金依存、軽工業中心の輸出依存が特徴であった。低賃金の労働集約的産業での労働需要が急増し、工業化によって農村の過剰労働力が都市工業部門での雇用者として大量吸収された。特に農村の低学歴の若年女性が都市の低賃金の製造業部門で女工として大量雇用され、今まで農業部門の潜在労働力であった有配偶女性の家族従業者率を高める要因となった。したがって、工業化が進んでも農業部門の労働力には大きな影響を与えることなく、女性家族従業者率は1970年代中頃までほぼ横ばいを維持することができた。

　1970年代末になると、農業部門からの労働供給は限界点にいたる。しかし、その頃、経済成長や経済のサービス化と共に女性の就業機会も多く増えたため、若年女性を中心とした女性雇用者率が持続的に上昇した。さらに出生率の低下や家電製品の普及は有配偶女性の労働市場の進出を促進する要因となり、微増ではあるが有配偶女性の雇用者数も増加し、全体的な女性労働力率は上昇傾向を示すことになる（図表1-1）。

　一方、1950年の朝鮮戦争特需により高度経済成長期に入った日本は、1953年の女性労働力率は54.6％で高かった。労働力はほぼ完全雇用状態で、工業化や都市化の過程で専業農家は急激に減少し、農村から都市近郊への集団就職現象が始まった。農村からの流入で、都市の人口は爆発的に増加し、都市人口の増加に対応して、公団住宅が設立されたのは1956年であった（団地の誕生）。農村から都市へ人口移動は1960年代前半にはピークに達した。

　1953年の女性の家族従業者率は29.9％であったが、女性家族従業者率の大幅な低下が女性雇用者率の上昇を上回ったため、女性労働力率は1975年頃まで低下を続けた。一方、高度成長期には製造業やサービス産業での女性の雇用機会が増えたこと、特に電気製品や加工食品等の普及による家庭の生活様式の変化、また家事と仕事の両立を可能にする短時間雇用機会の増加を背景に女性雇用者が増加し、1975年を境に女性労働力率は再び上昇に転じた（図表1-2）。

▶3　資本主義農業では企業農であるゆえ、利潤極大化が目的で農業労働者の賃金と限界生産性が一致する点まで労働者を雇用する。したがって、完全労働者は存在するが、潜在労働者は存在しない。しかし、家族労働による生計農業は生産、分配、消費を共にする共同体であるゆえ、営農の目的は利潤極大化ではなく平均生産性の極大化である。したがって、農業部門の過剰人口問題は生計農家で起る問題である。潜在労働者とは労働の限界生産性が零に近い農村人口で、彼らは失業状態であるが、表面的には失業者として現れない。彼らを農村から追い出しても農業生産はあまり影響を受けないといえる。

2. M字カーブの中身の変化

　韓国と日本の年齢階級別女性労働力率はM字カーブで知られているが、両国の工業化の段階が異なるため、M字カーブの解釈には注意が必要である。女性労働力の構造変化をより明らかにするため、両国の年齢階級別女性労働力率とその中身における変化を確認する。

　労働力人口は就業者と失業者を含めており、就業者は従業上の地位別に、雇用者、家族従業者、自営業者に分けられる。韓国側の女性就業者の年齢別、従業上の地位別データは 5 年ごとに実施する「人口総調査」（日本の国勢調査）から得られるが、2020 年の調査結果が現時点ではまだ公表されていないため、ここでは 1970 年と 2015 年のデータを用いて、M字カーブの中身における変化を確認し、女性労働力率は 2020 年まで示した。

　1970 年の韓日の女性労働力率は、底の年齢が 25 〜 29 歳であるM字カーブであるが、日本のほうがよりはっきりした形になっている（**図表 1-3**）。従業上の地位別には特に雇用者率における韓日の差が大きい。韓国の場合、1970 年は経済成長の初期段階で、15 〜 24 歳の若年女性雇用者は都市の製造業部門で働き、25 〜 29 歳頃には出産・結婚と共に仕事を辞める人が多い。中高年層では雇用者率が極めて低く、農業部門で働く有配偶女性が多いことから家族従業者率が高い。

　一方、日本の場合、1970 年は日本の高度成長期で、20 〜 24 歳女性の 6 割は雇用者として働いたが、多くの女性雇用者は出産・結婚と共に仕事を辞め、育児が一段落してから再び働く人も増え、35 〜 54 歳女性の雇用者率は 26％程度を占める。

　女性の労働力率を 2015 年と 2020 年で比較すると（**図表 1-4**）、韓日共にM字カーブが緩やかになっており、晩婚化が進み、底の年齢は 35 〜 39 歳である。M字カーブの中身における変化は 2015 年データで確認する。両国共に女性雇用者率は 1970 年に比べれば大幅に高まっているが、25 〜 29 歳をピークに仕事を辞める傾向がある。35 〜 49 歳の雇用者率は、韓国は 46％程度、日本は68％程度で、韓日で約 20％ポイントの差がある。中高年層の家族従業者率と自営業者率は韓国のほうが日本に比べて高い。

図表 1-3　女性の年齢階級別、労働力率と従業上の地位別割合（1970 年）

（単位：%）

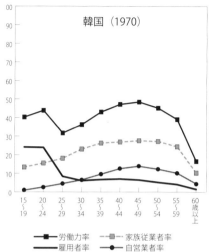

出典：統計庁『人口総調査』1970 年
注：女性 15 歳以上人口に占める割合である。

出典：総務省『労働力調査年報』1970 年
注：女性 15 歳以上人口に占める割合である。

図表 1-4　女性の年齢階級別労働力率・従業上の地位別割合

（単位：%）

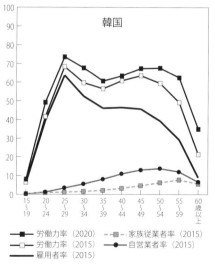
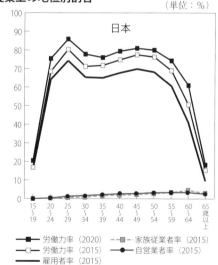

出典：統計庁『人口総調査』2015 年、『経済活動人口年報』2020 年
注：女性 15 歳以上人口に占める割合である。

出典：総務省『労働力調査年報』2015 年、2020 年
注：女性 15 歳以上人口に占める割合である。

3. 女性雇用者労働供給の時系列分析

1）モデルと変数の定義

　伝統的な女性労働供給理論によれば、女性は家族の一員であり、その労働供給は家族構成員の相互依存関係を通しての家計を単位として決定される。女性が労働時間を自由に選ぶことができ、賃金は外生的であると仮定する。女性は市場賃金率が提示されると、予算線と無差別曲線との接点で労働時間を選び効用を極大化する（ただし、レジャーは正常財）。女性の全生涯期間の労働供給又は労働時間はある時期の労働力指標に置き換えられる（理論モデルの詳細は筆者論文（2011 年）参考要）。

　ところが、女性雇用者は、自営業主や家族従業者に比べて、出産や育児等の女性のライフサイクル上の制約を強く受けており、社会・経済的な変数による影響にも比較的敏感に反応する。したがって、従属変数を年齢別「女性雇用者率」にして分析する必要がある。残念ながら、韓国側は年齢別女性雇用者の時系列データが得られないため、従属変数は、韓国側は「女性全体雇用者率」、日本側は「年齢別女性雇用者率」のデータを用いて分析した。

　分析期間は日本の場合は 1972 ～ 2010 年を、韓国の場合は 1980 ～ 2007 年を対象とした。韓国の月別女性雇用者率データが得られるようになったのは1980 年からであり、また男女賃金の 2008 年からの月別データが得られない（調査されていない）ことから、日本と同じ期間の分析ができなかった（**図表 1-5**）。

　分析結果から両国の変数の効果を比較するため対数線形モデルで分析した。従属変数は女性雇用者率で、女性雇用者の女性 15 歳以上人口に占める割合である。ここで i は女性の年齢階級を表すもので、回帰係数が年齢階級間で異なることを示す。説明変数は、世帯主所得（MW）、女性賃金率（WR）、産業構造（IS）、短時間雇用（$H35$）、出生率（BIR）、失業率（U）、u は誤差項である。

$$log(EP/TP_{15}) = a(i) + b_1(i)logMW_{t-1} + b_2(i)logWR_{t-1} + b_3(i)logIS$$
$$+ b_4(i)logH35 + b_5(i)logBIR + b_6(i)logU + u$$

　女性労働供給理論モデルによれば、世帯主所得が増加すると所得効果によって女性労働供給にはマイナス符号が期待される。ここで世帯主所得とは若年層

図表 1-5　変数の定義及びデータ出所

変数の定義 [1]	データ出所及び分析期間 [2]	
	日本	韓国
女性雇用者率 （雇用者人口/15 歳以上人口）	『労働力調査年報』 FREQ M；SMPL 1972：1 2010：12	『経済活動人口年報』 FREQ Q；SMPL 1980：1 1982：4 FREQ M；SMPL 1983：1 2007：12
世帯主所得 （男子の現金給与総額）	『毎月勤労統計調査報告』（調査産業計、30 人以上）（物価調整済み） FREQ M；SMPL 1972：1 2010：12	『毎月勤労統計調査報告書』（調査産業計、常用労働者 10 人以上）（物価調整済み） FREQ M；SMPL 1972：1 2007：12
女性賃金率（女性の現金給与総額/女性の月総実労働時間数）	同上	同上
消費者物価指数 （2005 年を 100 とした総合指数）	『消費者物価指数年報』 FREQ M；SMPL 1972：1 1992：12 FREQ M；SMPL 1972：1 2010：12	『物価年報』 FREQ M；SMPL 1980：1 2007：12
産業構造（製造業＋小売り・卸売り・飲食業＋サービス業就業者）/全産業就業者）	『労働力調査年報』 FREQ M；SMPL 1972：1 2010：12	『経済活動人口年報』 FREQ M；SMPL 1980：1 2007：12
短時間比率（非農林部分の週労働時間 35 時間未満の雇用者/非農林部分雇用者）	『労働力調査年報』 FREQ M；SMPL 1972：1 2010：12	『経済活動人口年報』 FREQ Q；SMPL 1980：1 1982：12 FREQ M；SMPL 1983：1 1992：12 FREQ Q；SMPL 1993：1 1999：4 FREQ M；SMPL 2000：1 2007：12
出生率	『人口動態統計月報』 FREQ M；SMPL 1972：1 2010：12	『人口動態統計月報』 FREQ M；SMPL 1980：1 2007：12
女性失業率（女性完全失業者/女性労働力人口）	『労働力調査年報』 FREQ M；SMPL 1972：1 2010：12	『経済活動人口年報』 FREQ M；SMPL 1980：1 2007：12

注：1）使用データの詳細説明に関しては、筆者の論文（2011 年）を参考要。2）すべての変数は季節調整、四半期調整済み、世帯主所得と女性賃金率データは物価調整済みである。FREQ はデータの期種を表すもので、Q は四半期、M は月次データ、SMPL はデータの期間を示している。

では父親の所得にもなり得るし、有配偶女性層では夫の所得、または息子の所得でもあり得るが、一括して世帯主所得と称する。

　女性賃金が上昇したとき、女性が働くか働かないかは所得効果と代替効果との和で決定され、代替効果が所得効果より高ければ女性労働供給は増加する。特に女性の場合は短時間労働者が多いことを考慮し、時間当たりの賃金率で計測した。

　産業構造が高度化するにつれて家族従業者率は減少し、雇用者率は増加する傾向があるので、産業構造変数は特に女性雇用者率とプラス関係にあることが

予想される。有配偶女性が仕事をしながら家事を可能にする短時間雇用機会の増加は女性雇用者率を高める要因である。

　出生率の変数は特に有配偶女性雇用者とマイナス効果が考えられる。経済発展と共に、既婚女性の雇用者率が高まり、女性の時間の価値の上昇が育児の機会費用を高めるので出生率は低下すると見る。

　景気変動の影響を表す変数として、失業率データを使う。景気変動が女性労働供給に及ぼす効果として、付加的労働力効果と就業意欲喪失効果があることから、失業率変数の符号は、これら二つの効果の中でどちらが大きいかによって決められる。

2）計量分析上の問題

　本分析で使われたデータが時系列データであるゆえ、計量分析上のいくつかの問題に注意を要する。第一に、多くの時系列データはトレンドがあり、分析をする前にトレンドを除去する必要がある。トレンドを除去するためには時系列がトレンド定常過程であるか、階差定常過程であるかを確認する必要がある。そこで一階の自己相関を想定し、ディッキーフラー検定方法による単位根検定（Unit root tests）を行い、階差定常過程仮説が採択された。次に時系列が共和分（Cointegration）であるかどうかをみるため、ディッキーフラー（Dickey-Fuller test）検定を行ったが、共和分ではなかった。

　第二に、計測期間は1973年と1979年の第一次、第二次石油ショック、1997年のアジア経済危機などを含んでいる。これら時期を含むすべての期間について構造変化の有無を判定するためステップワイズ・チョウ・テストを行い、年齢階級ごとに構造変化が認められた期間にはダミー変数を入れて推定してみた。しかし、ほぼ全年齢層にかけてダミー変数の有意性は見当たらなかった。

　第三に、女性賃金率と世帯主所得は時間の経過と共に上方トレンドを持っている。一般的に賃金上昇時には男女賃金は一緒に上昇するので両者間の相関が高く、多重共線性（Multicollinearity）の問題が起こる恐れがある。しかし、分析結果によれば、検定統計量 t 値も高く、自由度修正済み決定係数も高い方であるので、広い意味での多重共線性の問題はない。第四に、時系列分析で一般的に起こる誤差項間の系列相関問題があるので誤差項に一次系列相関を想定した最尤法で推定して、この問題を解決した。（上記①～④の計量テストの詳細は、筆者論文（2011年）参考要）

3）韓日「女性雇用者率」分析結果比較

　従属変数が女性雇用者率（15 歳以上）である場合、韓国と日本の分析結果を
比較する（**図表 1-6、図表 1-7**）。韓国の場合は、世帯主所得とはプラス、産業
構造とはマイナス関係を見せている。女性賃金率や短時間雇用、出生率、失業
率変数とは理論どおりの符号条件をみたしている。日本の場合、すべての変数
が期待どおりの符号条件を満たしている。特に世帯主所得効果と失業率変数に

図表 1-6　韓国の女性雇用者労働供給の時系列分析結果

（従属変数：女性雇用者率、計測期間：1980 年 1 月〜 2007 年 12 月）

	定数項	世帯主所得	女性賃金率	産業構造	短時間雇用	出生率	失業率	R^2	D.W.
女性雇用者率	1.687 (2.04)	0.154* (1.75)	0.081 (1.10)	-0.202* (-1.86)	0.001 (0.08)	-0.028 (-0.73)	-0.055*** (-3.85)	0.983	1.623

注：1）計測方法は、誤差項に 1 次の系列相関を想定した最尤法である。2）（ ）内は t 値で、* は 10%、** は
5%、*** は 1% 有意水準で統計的に有意である。3）R^2 は自由度修正済み決定係数、D.W. はダービン・ワトソ
ン比である。

図表 1-7　日本の女性雇用者労働供給の時系列分析結果

（従属変数：女性雇用労働力率、計測期間：1972 年 1 月〜 2010 年 12 月）

	定数項	世帯主所得	女性賃金率	産業構造	短時間雇用	出生率	失業率	R^2	D.W.
女性雇用者率	-0.920 (-3.74)	-0.037** (-2.24)	0.100*** (2.88)	0.181 (1.57)	0.001 (0.06)	-0.009 (-0.25)	-0.042*** (-3.13)	0.979	1.372
20 〜 24	-0.225 (-0.85)	-0.035 (-1.25)	0.115** (2.04)	0.873*** (4.32)	-0.003 (-0.21)	0.05 (0.93)	-0.030 (-1.32)	0.903	2.408
25 〜 29	-0.459 (-0.86)	-0.006 (-0.16)	0.139* (1.77)	0.297 (1.14)	0.014 (0.63)	-0.167** (-2.07)	-0.130*** (-4.25)	0.979	1.478
30 〜 34	-0.933 (-1.43)	0.082* (1.68)	-0.044 (-0.43)	0.724** (2.14)	-0.041 (-1.40)	-0.134 (-1.28)	-0.099** (-2.48)	0.969	1.51
35 〜 39	0.390 (1.10)	-0.048 (-1.18)	0.280*** (3.90)	0.562** (2.29)	0.088*** (3.98)	-0.505*** (-10.6)	0.007 (0.31)	0.991	2.346
40 〜 54	-0.689 (-1.77)	-0.043* (-1.70)	0.172*** (3.24)	0.459** (2.61)	0.017 (1.12)	-0.800 (-0.15)	-0.775 (-0.38)	0.983	1.283
55 〜 64	-0.624 (-1.10)	-0.047 (-1.23)	0.055 (0.68)	0.442* (1.66)	-0.027 (-1.17)	-0.145* (-1.75)	-0.015 (-0.49)	0.979	1.547

注：図表 1-6 と同じ。

関しては有意なマイナス関係が、女性賃金率とは有意なプラス関係が見られる。女性賃金効果は韓日同じく女性労働供給とプラス関係で、女性賃金が上昇するとき所得効果より代替効果が高いといえるが、日本のほうがより有意である。

　次に、日本の年齢階級別女性雇用者率の変数の効果を比較する（図表 1-7）。世帯主所得効果と女性賃金率は、30 ～ 34 歳を除けば理論どおりの符号条件を満たしている。産業構造の変化は、すべての年齢層で有意なプラス関係であり、短時間雇用は特に 35 ～ 39 歳の女性雇用者率を高める効果がある。出生率変数は、25 歳以上の女性雇用者率と有意なマイナス関係が見られる。失業率変数はマイナス関係で、景気変動に対して付加的労働力効果より就業意欲喪失効果が大きい。

▶ まとめ

　韓国が工業化を始めた 1963 年の女性労働力率は 37.0％で同年の日本の 52％に比べればはるかに低かったが、2020 年には韓国 52.8％、日本 53.2％ で、同水準になっている。しかし女性就業者を従業上の地位別、年齢階級別に比較すると、韓日で大きな差が見られる。

　韓国は、工業化と共に農村の若年層の都市への移動に伴い、都市の工業部門での若年女性雇用者率が増加する一方、農業部門の有配偶女性の家族従業者率が 1970 年代まで高かった。韓国では 1988 年から女性雇用者率（22.6％）が女性の自営業・家族従業者率（21.6％）を上回るようになる。一方、日本では工業化の進行と共に農村の家族従業者世帯が激減し、1966 年からは女性雇用者率（25.3％）が女性自営業・家族従業者率（24.8％）を上回ることになる。

　また、韓日の年齢別女性労働力率は同じく M 字カーブであるが、その中身を見ると、韓国の M 字カーブは、若年女性層での高い雇用者率と有配偶女性層での高い自営家従率が混在して現れた結果で、日本の年齢別労働力率の M 字カーブは若年女性層と有配偶女性層での高い雇用者率が混在して現れた結果である。

　女性労働供給の時系列分析結果からは次の点を指摘することができる。伝統的に女性労働供給理論は女性雇用者を対象にしている。また、女性雇用者は、自営業主や家族従業者に比べて、出産や育児等の女性のライフサイクル上の制約を強く受けていることから、女性労働の供給決定要因は、年齢階級別女性雇用者を従属変数として分析する必要がある。

　韓国の場合は、世帯主所得と産業構造とは理論どおりの関係が見られなかったが、日本はすべての変数が理論どおりの符号条件を満たしており、特に世帯主所得効果と失業率変数に関しては有意なマイナス関係が、女性賃金率とは有意なプラス関係が見られる。

❖参考文献

裴 海善「日韓女性労働供給の時系列分析」日本経済研究センター『日本経済研究』第28号、1995年3月、185〜206頁。

裴 海善「韓日経済変化と女性労働供給の時系列分析」大韓日語日文学会『日語日文学』第51号 2011年8月、267〜283頁。

裴 海善「日本女性労働の構造変化と供給決定要因の時系列分析」東アジア文化学会『日本文化研究』第41号、2012年1月、198〜220頁。

第2章

女性雇用者労働供給
—横断面分析

　女性労働供給の理論的焦点はもともと家事や育児など家庭の中での役割に負われている女性有配偶雇用者を対象としている。特に、韓国と日本の女性雇用者は、結婚・出産と共に仕事をやめ、子育てが一段落してからは非正規雇用として家計補助的に働く傾向がある。本章では、韓国と日本における年齢階級別女性雇用者率の長期推移で見られる特徴を確認すると共に、「年齢別女性雇用者率」を従属変数とし、2010 年の地域別集計データによる横断面分析を行い、分析結果や各変数が持つ意味を確認する。

1. 年齢階級別女性雇用者率の変化

　韓国の年齢別女性雇用者率データは『人口総調査』から得られるが、5 年ごとの調査で、2015 年のデータが最も新しい。**図表 2-1** では、韓国の 1970 〜 2015 年まで、日本の 1955 〜 2020 年までの女性雇用者率の推移を示した。韓日ともに、M字カーブの形状は全体的に大きく上方にシフトしており、15 〜 19 歳以外のすべての年齢層で雇用者率の大幅な上昇が見られる。

　韓国の場合、1970 年の女性雇用者率はすべての年齢層にかけて非常に低く、特に、25 歳以上年齢層の女性雇用者率は 6 〜 7％程度である。45 年が経過した後の 2015 年の雇用者率は、女性の大学進学率上昇を反映し、15 〜 19 歳の雇用者率は下低しているが、他の年齢層の雇用者率は上昇している。しかし、結婚・出産と共に仕事を辞める傾向が根強く、女性雇用者率は 25 〜 29 歳をピークにして減少している。

　日本の女性雇用者率は 15 〜 19 歳を除けばすべての年齢層で高まっており、1970 年からはよりはっきりしたM字カーブになったが、2020 年にはM字カーブの窪みが浅くなった。2015 年の第 2 山での女性雇用者率を韓日で比較する

と、韓国は 40 ～ 44 歳で 41.9％、日本は 45 ～ 49 歳では 66.4％で、24.5％ポイント差がある。

図表 2-1　女性の年齢階級別雇用者率の推移

（単位：％）

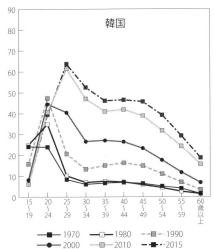
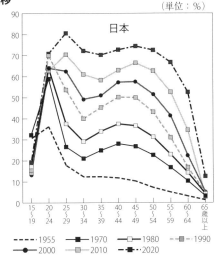

出典：統計庁『人口総調査』　　　　　　　　　　　出典：総務省『労働力調査年報』
注：雇用者率＝（雇用者数 /15 歳以上人口）× 100　　注：雇用者率＝（雇用者数 /15 歳以上人口）× 100

2.　女性雇用者労働供給の横断面分析

1）モデルと変数の定義

　韓日共に、5 年ごとに実施している国勢調査（韓国、「人口総調査」）の結果から、女性の年齢階級別雇用者データが得られる。本節では、2010 年の地域別集計データを利用し、伝統的な女性労働供給理論モデルによる年齢階級別女性雇用者の労働供給決定要因の横断面分析を行う。

　女性の労働供給は雇用者率として計測し、計量経済学的モデルをロジット・モデルに変換する。ここで t は、地域別データで、EP_t は t 地域の女性雇用者人口であり、$TP_{15 \cdot t}$ は t 地域の女性 15 歳以上の人口である。i は女性の年齢階級を表すもので、回帰係数がそれぞれ階級間で異なることを示している。

$$log[(EP_t / TP_{15 \cdot t})/\{1\text{-}(EP_t / TP_{15 \cdot t})\}] = a(i) + b_1(i)logMW_t + b_2(i)logWR_t$$
$$+ b_3(i)logIS_t + b_4(i)CHILD_t + b_5(i)logU_t + u_t$$

　従属変数は「女性雇用者率」と「女性有配偶雇用者率」であり、説明変数は、世帯主所得（*MW*）、女性賃金率（*WR*）、産業構造（*IS*）、児童数（*CHILD*）、失業率（*U*）変数である。分析で使われた変数の定義やデータの出所を**図表 2-2**に示した。

　世帯主所得変数は男性現金給与総額データであり、世帯主の賃金が上昇すると女性の労働供給が減少する傾向があるのでマイナス効果が期待される。女性賃金率変数は、特に日本では女性短時間雇用者が多いことを考慮し、時間当た

図表 2-2　変数の定義及びデータ出所（2010 年）

日本		韓国	
変数の定義	データ出所	変数の定義	データ出所
女性年齢階級別雇用者率：女性の年齢階級別（雇用者人口 /15 歳以上人口）有配偶女性の年齢階級別雇用者率：有配偶女性の年齢階級別（雇用者人口 /15 歳以上人口）	総務省『国勢調査』	女性年齢階級別雇用者率：女性の年齢階級別（雇用者人口 /15 歳以上人口）	統計庁『人口総調査』
世帯主の所得：男性の現金給与額（産業計、10 人以上企業規模計）	厚生労働省『賃金構造基本統計調査』	世帯主の所得：男性の月給与総額（産業計、5 人以上）	雇用労働部『事業体労働力調査』2007 年
女性賃金率：女性の所定内給与額 / 女性の所定内実労働時間数（産業計、10 人以上企業規模計）	厚生労働省『賃金構造基本統計調査』	女性賃金率：女性の定額給与 / 女性の労働時間数（産業計、5 人以上）	雇用労働部『事業体労働力調査（旧事業体賃金勤労時間）』2007 年
産業構造：（製造業＋小売り・卸売り業＋宿泊業・飲食サービス業就業者）/ 全産業就業者	総務省『国勢調査』	産業構造：（製造業＋小売り・卸売り業・宿泊業・飲食業＋教育サービス業就業者）/ 全産業就業者	統計庁『人口総調査』2010 年
児童数：5 歳未満の児童数	総務省『国勢調査』	児童数：5 歳未満の児童数	統計庁『人口総調査』
失業率：完全失業者 / 労働力人口	総務省『国勢調査』	失業率：完全失業者 / 経済活動人口	統計庁『経済活動人口年報』

注：1）韓国の『人口総調査』（2010 年）調査項目では、「労働力人口」の調査項目がないので、ここでは、「主に仕事した」「たまたま仕事した」「一時休職」を合計したものを「労働力人口」と見なした。2）韓国の『事業体労働力調査（旧事業体賃金勤労時間）』は、男女別調査は 2008 からは行われていないので、ここでは 2007 年データを利用した。3）韓国は女性定額給与額を女性労働時間数で割った。定額給与額は日本の所定内給与額、労働時間数は所定内実労働時間数にあたる。

り賃金データを使う。女性賃金率変数は、所得効果と代替効果の大きさによってその符号が決められる。産業構造変数は女性就業者が多く働いている三つの産業の女性就業者の割合であり、女性就業者が多いほどプラス関係が期待される。他に、女性労働に対する景気循環の影響を表す変数として失業率変数を使っており、その符号は付加的労働力効果と就業意欲喪失効果の大きさによって決められる。韓日女性雇用者の多くは出産、子育てを期に就業を中断する傾向であり、これは児童数変数で表した。

　韓日の場合、女性雇用者の年齢階級によって各変数の反応が異なることが予想されるので、年齢階級別分析を行う。ただし、15 ～ 24 歳層では、既婚女性雇用者はごくわずかなので、本分析では 25 歳以上を対象とする。なお、横断面分析であるゆえ、起こり得る問題は以下のように解決した。第一に、分析上、人口規模の異なる各地域別の平均値データを使うことにより、不均一分散が生じるので、ホワイト（1980）方法に基づいて一致推定量を導いた。また、横断面分析でも、地域間での男性賃金と女性賃金が高い相関を持っていると想定されるので、一般に多重共線性が起こりやすいと考えられる。そこで、世帯主所得を落として推定してみたが、女性賃金率の係数推定値に著しい変化は見られないので、広い意味での多重共線性の問題はないと推定される。

2)「女性雇用者」の分析結果比較

　韓国と日本の女性雇用者は出産や育児の制約を多く受けていることから、25 ～ 54 歳層に焦点をおき、その符号条件や有意性を比較した（**図表 2-3、図表 2-4**）。韓日共に、すべての変数は理論どおりの符号条件をおおむね満たしている。まず、世帯主所得効果は、マイナスの符号条件を見せており、特に出産・育児期の女性労働とは有意なマイナス関係で、世帯主所得が増えれば、女性雇用者は仕事を辞める傾向である。

　女性賃金が変化したとき、女性労働供給は所得効果と代替効果の和で決定される。韓日共に、女性雇用者労働供給は女性賃金とはプラス関係で、所得効果より代替効果のほうが大きく、女性賃金率が上昇すれば女性雇用者の労働供給は増加する。

　経済のサービス化に伴う雇用機会の変化は女性雇用者労働供給を増加させると期待される。産業構造変数は、女性雇用者全体ではプラス関係を見せている。ところが、年齢階級別女性雇用者率の底の年齢層である韓国の 35 ～ 39 歳、日

図表 2-3　韓国の女性雇用者率の横断面分析結果

従属変数：年齢別女性雇用者率、2010 年地域別集計データ、N=16（道・ソウル市・広域市データ）

	定数項	世帯主所得	女性賃金率	産業構造	児童数	失業率	R^2
女性雇用者全体	-0.395 (-0.07)	-0.853 (-1.73)	1.453* (2.13)	0.613 (1.40)	-0.028 (-0.45)	-0.676 (-0.02)	0.418
25 ～ 29	-0.815 (-0.18)	-0.865* (-1.94)	1.648** (2.33)	0.498* (2.11)	-0.028 (-0.47)	-0.025 (-0.10)	0.368
30 ～ 34	-1.409 (-0.27)	-1.202*** (-3.89)	2.181*** (3.22)	0.168 (0.59)	-0.017 (-0.32)	-0.141 (-0.50)	0.596
35 ～ 39	2.385 (0.55)	-0.844** (-2.84)	1.145** (2.33)	-0.50 (-0.15)	-0.034 (-0.90)	-0.115 (-0.44)	0.490
40 ～ 54	6.270 (1.62)	-0.900** (-2.40)	0.773 (1.43)	0.267 (0.72)	-0.004 (-0.10)	-0.097 (-0.36)	0.240
55 ～ 64	-0.632 (-0.15)	-0.616 (-1.42)	0.984 (1.78)	0.382 (0.77)	-0.005 (-0.13)	-0.062 (-0.21)	0.174
65 歳以上	-6.598 (-0.64)	-0.063 (-0.07)	0.434 (0.36)	-0.437 (-0.45)	0.053 (0.60)	-0.229 (-0.45)	0.119

注：（ ）内は t 値で、* は 10%、** は 5%、*** は 1%の有意水準で統計的に有意であることを示す。R^2 は自由度修正済み決定係数である。

図表 2-4　日本の女性雇用者率の横断面分析結果

従属変数：年齢別女性雇用者率、2010 年地域別集計データ、N=46（沖縄を除く都道府県データ）

	定数項	世帯主所得	女性賃金率	産業構造	児童数	失業率	R^2
女性雇用者全体	-1.103 (-1.00)	-0.129 (-0.60)	-0.058 (-0.40)	0.194** (2.50)	0.041* (1.80)	-0.421*** (-6.00)	0.612
25 ～ 29	7.506 (4.07)	-1.343*** (-3.77)	0.578*** (2.75)	0.112 (0.74)	-0.040 (-1.17)	-0.544*** (-4.47)	0.540
30 ～ 34	12.12 (4.21)	-2.182*** (-4.06)	0.757** (2.16)	-0.062 (-0.24)	-0.070 (-1.47)	-0.564*** (-3.57)	0.653
35 ～ 39	13.58 (4.08)	-2.450*** (-4.04)	0.642 (1.35)	0.179 (0.687)	-0.077 (-1.58)	-0.720*** (-4.13)	0.734
40 ～ 54	9.514 (4.61)	-1.792*** (-4.57)	0.365 (1.15)	0.463*** (3.13)	-0.030 (-0.79)	-0.780*** (-6.23)	0.775
55 ～ 64	-1.200 (-0.71)	-0.284 (-0.86)	-0.265 (-1.23)	0.035 (0.21)	0.044 (1.09)	-0.777*** (-6.23)	0.543
65 歳以上	-17.64 (-3.28)	2.142** (2.19)	-0.235 (-0.27)	-0.230 (-0.96)	0.054 (1.17)	-0.610*** (-4.39)	0.743

注：図表 2-3 と同じ

本の 30 〜 34 歳層ではマイナス関係が見られる。出産・育児期の女性雇用者と就学前の 5 歳未満の児童数変数とはマイナス関係が見られる。

　失業率変数は、韓日共にマイナスの関係で、特に日本の女性雇用者とは有意なマイナス関係である。女性雇用者は不況の時には付加的労働力効果より就業意欲喪失効果が大きく作用し、非労働力人口になる可能性が高いと言える。

3）日本の「有配偶女性雇用者」の分析結果

　女性労働供給の理論的焦点はもともと家事や育児など家庭の中での役割に負われている女性有配偶雇用者を対象としている。しかし韓国側の女性有配偶雇用者の地域別データが得られないため、日本の女性有配偶雇用者率を対象に実証分析を行った（**図表 2-5**）。

　従属変数が「女性有配偶雇用者率」である場合、期待どおりの符号条件をおおむね満たしている。すべての変数に対して女性雇用者よりは女性有配偶雇用者のほうで反応が大きい。有配偶女性雇用者に大きな影響を与える変数は、世帯主所得変数である。

　世帯主所得効果は 55 歳未満のすべての年齢層で有意なマイナス符号を見せており、特に出産・育児期に当たる 30 〜 39 歳層へのマイナス効果が大きい。したがって、世帯主所得は出産・育児期の有配偶女性の労働供給を決定する主な要因であると言える。女性賃金変数は、女性有配偶雇用者率とはプラス関係で、特に 25 〜 34 歳層で有意なプラス関係にある。したがって、女性の賃金上昇は所得効果より代替効果が大きく、女性賃金率が上昇すれば女性有配偶労働供給は増加すると言える。

　産業構造変数は日本の女性雇用者とおおむねプラス関係であることから経済のサービス化に伴う雇用機会の増加は有配偶女性の労働供給を高めると言える。特に、出産育児が一段落した 40 〜 54 歳層の有配偶女性とは有意なプラス関係を示している。就学前の 5 歳未満の児童数変数は、特に 20 〜 54 歳層の女性有配偶雇用者とマイナス関係で、就学前の子供の増加は有配偶女性雇用にマイナス影響を与える。失業率変数はすべての有配偶女性年齢層で有意なマイナス符号を見せていることから、女性有配偶雇用者は不況の時には就業意欲喪失効果が大きく作用し、非労働力人口になる可能性が高いと言える。

図表 2-5　日本の女性有配偶雇用者率の横断面分析結果

従属変数：年齢別女性有配偶雇用者率、2010 年地域別集計データ、N=46（沖縄を除く都道府県データ）

	定数項	世帯主所得	女性賃金率	産業構造	児童数	失業率	R^2
女性有配偶雇用者計	2.654 (1.67)	-0.773** (-2.49)	0.059 (0.27)	0.290* (2.00)	-0.004 (-0.12)	-0.640*** (-5.39)	0.613
15 ～ 19 歳	7.232 (1.94)	-1.879*** (-2.73)	-0.504 (-0.95)	-0.01 (-0.03)	0.027 (0.44)	-0.779*** (-3.61)	0.415
20 ～ 24	12.95 (3.37)	-2.622*** (-3.71)	0.358 (0.90)	0.229 (0.64)	-0.03 (-0.51)	-0.821*** (-4.00)	0.624
25 ～ 29	13.58 (3.51)	-2.637*** (-3.70)	0.910** (2.46)	0.001 (0.01)	-0.057 (-0.90)	-0.770*** (-3.77)	0.561
30 ～ 34	15.98 (3.77)	-2.946*** (-3.80)	0.905* (1.84)	-0.018 (-0.04)	-0.105 (-1.49)	-0.766*** (-3.30)	0.648
35 ～ 39	16.82 (4.21)	-3.025*** (-4.14)	0.825 (1.44)	0.35 (1.05)	-0.119* (-1.82)	-0.879*** (-3.84)	0.736
40 ～ 54	11.37 (4.71)	-2.114*** (-4.55)	0.442 (1.20)	0.603*** (3.47)	-0.053 (-1.13)	-0.908*** (-6.02)	0.787
55 ～ 64	-0.149 (-0.08)	-0.494 (-1.39)	-0.198 (-0.86)	0.115 (0.65)	0.034 (0.75)	-0.869*** (-6.35)	0.578
65 歳以上	-15.85 (-2.99)	1.865 (1.92)	-0.122 (-0.14)	-0.177 (-0.73)	0.032 (0.64)	-0.713*** (-4.74)	0.703

注：（　）内は t 値で、* は 10%、** は 5%、*** は 1%の有意水準で統計的に有意であることを示す。
　　 R^2 は自由度修正済み決定係数である。

3.　女性有配偶雇用者の家計補助的な就業

　実証分析結果によると、日本の女性雇用者の就業決定に最も大きな影響を与える変数は「世帯主所得」である。特に、従属変数を「女性雇用者率」と「女性有配偶雇用者率」を対象にした分析結果では、有配偶女性雇用者のほうが、マイナス効果が大きく、夫の所得が高くなると妻である女性雇用者は仕事を辞める傾向である。そこで夫の所得と妻の労働供給との関係をより明らかにするため、女性就業者を女性雇用者と女性自営業者と家族従業者に分け、夫の仕事からの収入段階別、妻の年齢階級別雇用者率と自営・家族従業者率との関係を比較した。『労働力調査詳細集計』の単位が「万世帯」であるゆえ、グラフがなめらかに描かれないが、全体的な傾向は把握できる。

図表 2-6　夫の仕事からの収入別、妻の年齢階級別雇用者率

（単位：万円、%）

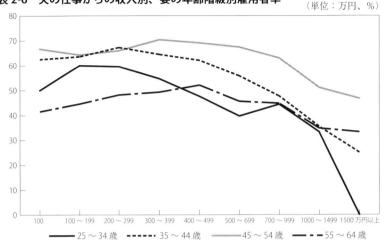

25～34歳　　35～44歳　　45～54歳　　55～64歳

出典：総務省統計局『労働力調査詳細集計』2012 年
注：夫の収入別、妻の年齢階級別（雇用者 / 15 歳以上人口）× 100

　　図表 2-6 は、「夫も仕事からの収入別」妻の年齢階級別雇用者率である。妻
25 ～ 54 歳の雇用者率は、夫の所得とマイナス関係で、特に、出産・育児期で
ある 25 ～ 44 歳層のカーブの勾配が他の年齢層に比べて大きい。45 ～ 54 歳の
女性雇用者は夫の年収が 300 万円未満、55 歳以上の女性雇用者は、夫の年収
が 400 万円未満の場合は、プラス関係にあるが、それぞれ 300 万円と 400 万円
を超えればマイナス関係である。したがって、出産・育児期の妻の雇用者率は
夫の所得と強いマイナス関係であるが、45 歳以上年齢層の女性雇用者は夫の
年収がある程度高くなってから仕事を辞める傾向が見られる。
　　図表 2-7 は夫の仕事からの収入別、妻の 35 ～ 64 歳の自営・家族従業者率と
の関係を示した。25 ～ 34 歳層と 65 歳以上層女性の自営・家族従業者が非常
に少ないため、グラフで示すことができなかった。夫の年収が 500 万円未満ま
では夫の所得が高くなると女性の自営・家族従業者率は下がり、特に出産・育
児期に当たる 35 ～ 44 歳層の勾配が大きい。ところが、夫の年収がおおむね
700 万円以上になると女性の自営・家族従業者率は高くなる。
　　女性の自営・家族従業者の場合、生産性が高い高所得世帯であるほど夫婦共
に働く世帯が多く、夫の所得と妻の就業はプラス関係にある。つまり、夫が高

収入である女性自営・家族従業者の就業動機は生計維持や家計を補助するためというより、夫と共に働く傾向があると言える。

図表 2-7　夫の仕事からの収入別、妻の年齢階級別自営・家族従業者率

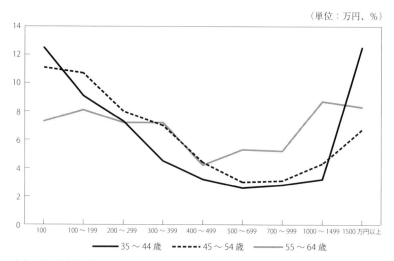

出典：総務省統計局『労働力調査詳細集計』2012 年
注：夫の収入別、妻の年齢階級別（自営業主と家族従業者 / 15 歳以上人口）× 100

まとめ

　本章では「女性雇用者」に焦点を置き、年齢階級別女性雇用者率の長期推移で見られる特徴を確認し、女性雇用者と女性有配偶雇用者の労働供給決定要因を実証分析した。経済変化と共に韓日の年齢別女性雇用者率は高まっているが、多くの女性雇用者は出産と共に仕事を辞める傾向があり、女性の育児・家事の負担は依然として重い。女性雇用者労働供給の実証分析においては、すべての変数は理論どおりの符号条件を満たしている。女性の賃金と産業構造変化は女性雇用者率を高める効果があり、児童数変数と失業率は女性雇用者率を下げる効果がある。特に、日本の女性有配偶雇用者は、所得面で家計補助的に働く傾向が強く、就業決定において、夫の所得の影響を大きく受けていることが確認できた。

❖参考文献

裵 海善「女子労働供給の日・韓比較分析─クロス・セクション分析」名古屋大学経済学部『経済科学』43-1 号、1995 年 6 月、43 〜 58 頁。

Haesun Bae, "Female Employees Labor Supply in Korea and Japan: A Cross-section Analysis", *Journal of Japanese Cultural Studies*, Published by Association of Japanology in East Asia, Vol.49,-Jan.2014, pp.467-490.

Haesun Bae, "Determinants of the Labor Force Participation of Married Female Employment in Japan: Cross-section Analysis", *Journal of Japanese Language and Literature*, Published by Japanese Language and Literature Society of Korea ,Vol.61, Feb.2014, pp.513–528.

第3章

女性雇用者の職業キャリア中断

　韓国と日本は女性の労働市場進出が進んでいるとしても、「男は仕事、女は家庭」という固定的な性別役割分担意識がまだ根強い。また長時間雇用慣行により、女性が長時間労働に耐えて職場でキャリアや経験を積むのは簡単ではなく、既婚女性雇用者の多くは出産、育児により職業キャリアが中断している。子育て中の女性の就業を促進するため、韓国では 2009 年から女性家族部と雇用労働部が「女性セイルセンター」を、日本では、厚生労働省が 2006 年から「マザーズハローワーク」を運営している。

1. 女性雇用者の増加

　韓日共に女性就業者の中で、雇用者として働く女性は増加傾向で、2020 年、韓国 78.3％、日本 91％を占める（**図表 3-1**）。既婚女性雇用者の場合、共働き世帯も増えている（**図表 3-2、図表 3-3**）。

　韓国の有配偶世帯の共働き世帯のデータが確認できるのは 2011 年からで、2019 年までの推移を見ると、共働き世帯は少しずつ増えている。2019 年、専業主婦世帯 54.0％、共働き世帯 46.0％で、既婚女性の 2 人に 1 人は専業主婦世帯である。

　日本の場合、専業主婦世帯（夫が非農林業雇用者で妻が非就業者）と共働き世帯（夫婦共に非農林業雇用者の世帯）を比べると、1997 年から共働き世帯が専業主婦世帯を上回っており、2018 年からは共働き世帯が専業主婦世帯の 2 倍になった。

図表 3-1　女性就業者の雇用者率

（単位：%）

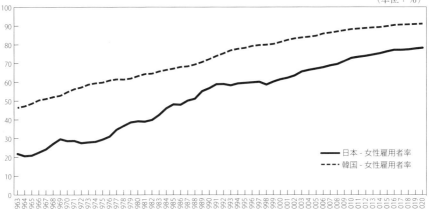

出典：統計庁『経済活動人口調査』、総務省『労働力調査』により筆者作成
注：1）女性雇用者率は、15歳以上の女性就業者の中で、女性雇用者が占める割合である。2）日本の2011年の
　　データは2010年と2012年の平均値である。

図表 3-2　韓国の共働き・専業主婦世帯

（単位：%）

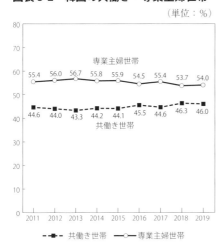

出典：統計庁『地域別雇用調査』
注：共働き世帯比率＝（共働き世帯／有配偶世帯）

図表 3-3　日本の共働き・専業主婦世帯

（単位：百万世帯）

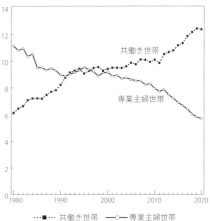

出典：総務省『労働力調査特別調査』、総務省『労働
　　力調査（詳細集計）』
注：2011年は岩手県、宮城県及び福島県を除く。

２．女性の職業に対する意識変化

　韓国では女性が職業を持つことに関しての意識は大きく変わった。女性の職業に対する意識調査によれば（13歳以上の人口を対象）、男性82.8％、女性の90％が「女性は職業を持つ方がほうがよい」と答えている（**図表3-4**）。しかし、現実では、調査年度と同じ年である2019年、15歳以上女性の中で51％が就業者であり、39.8％が雇用者として働いている（統計庁『経済活動人口調査』）。一方、女性は職業を持つ方がよいと答えた人の中で、男性60.3％、女性62.5％は「家庭に関係なく働くのがよい」と答えているが、男女の２割弱は出産前と子の成長後、男女の13％程度は子の成長後に働いた方がよいと答えている。

　韓国で、女性の就業を妨げる要因として（**図表3-5**）、「育児負担」が男女共に５割を占めており、次に「女性に対する社会的偏見」（男性18.1、女性

図表 3-4　女性の職業に対する意識（韓国）　　**図表 3-5　女性の就業阻害要因（韓国）**

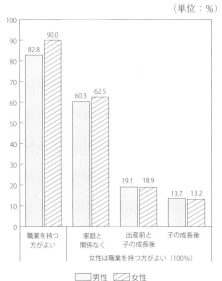

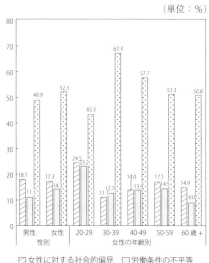

出典：統計庁『社会調査』2019年により筆者作成
注：13歳以上の人口対象。

出典：統計庁『社会調査』2019年により筆者作成
注：13歳以上の人口対象。

17.3%)、「採用、賃金などの不平等な労働条件」（男性11.1%、女性14.3%）の順
である。女性の年齢別の就業阻害要因を見ると、育児負担が最も多く、30 〜 39
歳では7割弱、40 〜 49歳では6割弱を占める。2001年から出産休暇・育児休
業の有給化を実施しており、政府の様々な子育て支援策、仕事家庭両立支援策
にもかかわらず、女性が働き続ける上で育児の負担は相変わらず重い。

　一方、日本の女性の職業に関しての意識調査によれば（内閣府の2019年調査）、
韓国とほぼ同じ割合を見せている（**図表3-6**）。一般的に女性が職業をもつこ
とについて、男女の95%以上は「女性が職業を持つのがよい」と思っている。
ところが、男女の約6割は「子供ができても続けて働くのがよい」、男女の約
2割は「子供ができたら職業をやめ、大きくなったら再び職業を持つ方がよい」
と答えている。

図表3-6　女性の職業に対する意識（日本）

（単位：%）

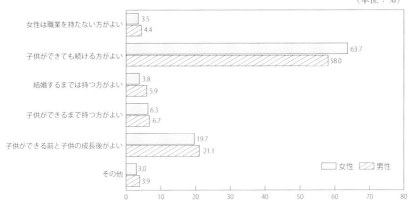

出典：内閣府「男女共同参画に関する世論調査」2019年、により筆者作成
注：18歳以上の人口対象。

3.　女性雇用者の職業キャリア中断実態

1）韓国の女性の職業キャリア中断

　韓国で既婚女性の職業キャリア中断実態のデータが得られるのは2011年

図表 3-7　韓国の既婚女性（15 〜 54 歳）の職業キャリア中断実態

	既婚女性の職業キャリア中断規模			職業キャリア中断女性のキャリア中断理由				
	既婚女性の非就業率 A	既婚女性のキャリア中断率 B	非就業女性のキャリア中断率 C	結婚	妊娠・出産	未就学子供の育児のため	小学校子供の教育のため	家族の世話のため
2014 年	40.7	22.2	54.7	38.5	20.3	29.2	4.3	7.6
2019 年	38.1	19.2	50.5	30.7	22.6	38.2	4.1	4.4
15-29 歳	49.7	28.1	56.6	33.6	31.4	33.5	0.3	1.4
30-39 歳	44.2	31.0	70.1	27.6	26.9	42.0	2.3	1.1
40-49 歳	35.7	16.8	47.0	31.7	18.2	37.6	6.7	5.8
50-54 歳	32.2	6.9	21.5	41.9	10.3	22.9	5.2	19.6

出典：統計庁『地域別雇用調査』4 月結果
注：A＝（非就業既婚女性／既婚女性）、B＝（キャリア中断女性／既婚女性）、C＝（キャリア中断女性／非就業既婚女性）。

からである。統計庁『地域別雇用調査』のキャリア中断女性の定義によれば、「15 〜 54 歳の非就業既婚女性（失業者と非労働力人口）で、結婚・妊娠・出産・育児、小学校子どもの教育のために仕事をやめた女性」である。

　韓国の 15 〜 54 歳既婚女性のキャリア中断実態を 2014 年と 2019 年で比較した（**図表 3-7**）。現在仕事をしていない非就業既婚女性（失業者と非労働力人口）は、2019 年 38.1％で、2014 年 40.7％に比べて 2.6％ポイント減少した。非就業既婚女性の中でキャリア中断既婚女性は 2019 年 50.5％で、2014 年 54.7％に比べて 4.2％ポイント減少し、既婚女性の職業キャリア中断現象はやや改善が見られる。しかし、まだ、既婚女性の 5 人に 1 人は（19.2％）キャリア中断状態で、年齢別には、30 代が 31.0％でもっとも多い。

　職業キャリア中断の主な理由は、2014 年には結婚 38.5％、未就学子供の育児 29.2％順であったが、2019 年の場合、未就学子供の育児 38.2％、結婚 30.7％の順である。また女性の晩婚化により流産や早産のリスクが高まり、妊娠・出産による退職は 2014 年 20.3％から 2019 年 22.6％へと高まっている。

2）日本の女性の職業キャリア中断

　図表 3-8 は、1985 年から 2014 年までの第１子出産前後の女性の就業変化を示している。1985 〜 1989 年と 2010 〜 2014 年の二つの調査結果を比較すると、「妊娠前から無職」の女性は 35.5％から 23.6％へと減少、「出産退職」の女性は

図表 3-8　第 1 子出産前後の妻の就業変化

（単位：夫婦割合％）

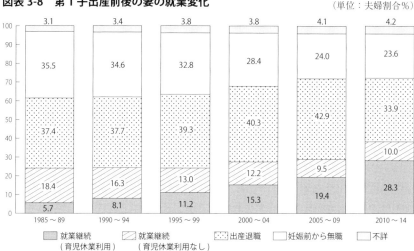

出典：国立社会保障・人口問題研究所『第 15 回出生動向基本調査』（第 2 部夫婦調査の結果）
注：子供が 1 人以上いる初婚どうしの夫婦が対象。就業変化は、妻の妊娠判明時と子供 1 歳時の従業上の地位の変化。

37.4％から 33.9％へと減少した。育児休業を利用して働き続ける妻と育児休業制度を利用しない妻を合わせて、「就業継続」は 24.1％から 38.3％へ増加した。特に、1992 年から「育児休業法」施行、1995 年の「育児・介護休業法」の成立と共に、育児休業を利用しながらの継続就業者は 5.7％から 28.3％へと高まった。

　出産前就業した妻（100％）の中で、出産退職は 60.7％から 46.9％へ減少し、就業継続は 39.3％から 53.1％へと増加した。しかし、2010 ～ 2014 年の調査で、第 1 子出産前後に 46.9％（不詳（4.2％）と妊娠前から無職の人（23.6％）を除いた人の中で、出産退職（33.9％）が占める割合）の妻が出産退職している。約 30 年間、女性の継続就業率は高まってはいるが、キャリアが中断している現象が続いていることがわかる。

4．職業キャリア中断女性の就業支援

1）韓国の「女性セイルセンター」

　職業キャリア中断女性の雇用促進政策は第 17 代李明博大統領（2008 ～ 2013

年）の選挙公約事業として挙げられ、「職業キャリア中断女性等の経済活動促進法」が 2008 年 6 月 5 日制定、12 月から施行された。法第 4 条に基づき、女性家族部長官及び雇用労働部長官は、関係中央行政機関長と協議し、5 年ごとに「キャリア中断女性等の経済活動促進に関する基本計画」（略称、「基本計画」）を樹立し（4 条 1 項）、関係中央行政機関長は、基本計画に基づき、年度別施行計画を樹立し、推進しなければならない（第 5 条 1 項）。

　同法 13 条 1 項に基づき、女性家族部と雇用労働部は、キャリア中断女性等の特性を考慮した相談・情報・就職及び福祉支援サービスを総合的に提供するため、2009 年から「キャリア中断女性支援センター」（略称、「女性セイルセンター」（女性が新たに働くセンターの意味）を運営している。センターは 2009 年 72 か所から、2019 年 158 か所へと増加しており、センターの斡旋による就業者も 2009 年 7 万人から 2018 年 17 万人へと増加した。しかし、センター数と再就業者は量的には増加してきたが、低賃金で、雇用が不安定な仕事斡旋にとどまっているとの評価もある[1]。

2）日本の「マザーズハローワーク・マザーズコーナー」

　日本では、子育てをしながら就職を希望している女性（母子家庭の母・父子家庭の父を含む）の再就職を支援するために、厚生労働省は 2006 年 4 月から全国 12 か所に「マザーズハローワーク」を設置し、マザーズハローワークが設置されていない 36 県の中核となる都市の公共職業安定所に「マザーズサロン」（現、マザーズコーナー）を運営している。2020 年現在、マザーズハローワークは 21 か所、マザーズコーナーは 183 か所である。両施設では、キッズコーナーを設置するなど、子供連れで来所しやすい環境を整備し、担当者制による支援、子育てと両立しやすい求人の提供、保育所等の子育て支援情報の提供等を実施している。

　マザーズハローワークによる就業件数は、2016 年 7.4 万件、2017 年 7.3 万件、2018 年 6.9 万件である。2019 年の場合、新規相談者数約 16.0 万人で、就職件数は約 7.6 万件である[2]。

▶1　国会立法調査処『女性セイルセンター制度の立法影響分析』立法影響分析報告書第 41 号、2019 年 12 月。

▶2　厚生労働省「公共職業安定所の主な取組みと実績」2021 年 3 月よりまとめ。

まとめ

　未婚女性が結婚を見合わせ、結婚しても子供を産まない女性が増えている主な原因として、育児と仕事の両立が難しいことがあげられる。韓日共に、女性が職業を持つことに関しての意識は非常に高いが、既婚女性が仕事を辞める主な理由は出産と育児であり、30代の既婚女性の職業キャリア中断後の再就職率が低い主な理由も育児の負担である。既婚女性の雇用率を高めるためには、キャリア中断を事前に防止し、職業キャリア中断女性の再就職率を高めるための制度づくりを同時に進めなければならない。

❖参考文献

裵 海善「韓国の既婚女性雇用者のキャリア中断実態と雇用促進政策」筑紫女学園大学、人間文化研究所『年報』第 28 号、2017 年 8 月、129 ～ 141 頁。

裵 海善「韓国のワーク・ライフ・バランスの実態―政府政策と成果」筑紫女学園大学『研究紀要』第 16 号、2021 年 1 月、25 ～ 37 頁。

第 4 章

女性雇用政策

　韓国では 1953 年「勤労基準法」制定から 2008 年「職業キャリア中断女性等の経済活動促進法」制定まで、日本では、1947 年 4 月「労働基準法」制定から 2015 年 8 月「女性活躍推進法」制定まで、女性労働のアプローチは母性保護と女性労働者保護から女性雇用促進へと変化してきた。

　両国共に、女性労働関連法に関しては、国際社会の動向に合わせて、国内法を制定・改正してきた。1981 年に発効された女性差別撤廃条約に批准し、「雇用管理」における男女の均等な機会及び待遇を目指して、韓国では男女雇用平等法（1987 年）、日本では男女雇用機会均等法（1985 年）が制定された。また、1995 年 9 月、国連の「第 4 回・世界女性会議（北京）」以後、GAD（Gender and Development）[1]アプローチを定着させる方法として、女性政策のパラダイムが従来の女性の地位向上（WID: Women in Development）からジェンダー主流化（Gender Mainstreaming）[2]へと転換されたことをうけ、韓国では 1995 年 12 月「女性発展基本法」（2014 年 5 月改称、両性平等基本法）、日本では 1999 年 6 月「男女共同参画社会基本法」が制定された。

1．韓国の女性労働関連法の歩み

1）女性政策担当部署の変化

　韓国の工業化は 1962 年第 1 次経済開発 5 か年計画を実施してからである。

▶ 1　ジェンダーと開発（GAD）は 1980 年代以降重視されるようになった。GAD は、開発におけるジェンダー不平等の要因を、女性と男性の関係と社会構造の中で把握し、性別固定的役割分担やジェンダー格差を生み出す制度や仕組みを変革しようとするアプローチで、ジェンダー不平等を解消するうえ、「男性の役割」にも注意を払うと共に、社会・経済的に不利な立場におかれている「女性のエンパワーメント」を重視する。
▶ 2　あらゆる分野でのジェンダー平等を達成するため、すべての政策、施策及び事業について、ジェンダーの視点を取り込むこと。

当時、労働力は豊富で資本が著しく不足していたため、工業化は繊維産業を含めた労働集約的な軽工業産業からスタートした。この段階で、低賃金の製造業分野で働く女性（女工）が増え、女性労働者の低賃金や労働条件が深刻な社会問題となり、女性労働者の保護のために 1970 年に労働庁に労働基準担当官室（1972 年、労働基準官室へと改称）が設置された。

　国際的に、1975 年に国連の「第 1 回・世界女性会議」（メキシコシティ）で、女性の地位向上をめざして「女性の地位向上のための世界行動計画」が採択され、また、1979 年 12 月の国連第 34 回総会で「女性に対するあらゆる形態の差別撤廃に関する条約」（CEDAW）が採択（1981 年 9 月発効）されたことを背景に、国内で女性政策担当部署が必要であるとの認識が広がった。1983 年「女性政策審議委員会」を設置、1988 年 4 月には政務長官（第 2）室を新設し、女性問題を担当した。1998 年 2 月 に は　政務長官（第 2）室は廃止され、女性政策担当部署として大統領直属の「女性特別委員会」が設けられた。

　しかし、政務長官（第 2）室や女性特別委員会が政策を執行するには限界があったため、女性政策を企画・総合する行政機関として、2001 年 1 月「女性部」を新設した。女性部は家族業務と関わって、2005 年「女性家族部」、2008 年 2 月には「女性部」へと名称が変わった。2010 年 3 月には再び「女性家族部」となり、家族、青少年、児童関連業務も合わせて担当している。

2）勤労基準法制定（1953 年）から 1990 年代中頃まで

　韓国での女性労働と関わる法条項は 1953 年制定された「勤労基準法」（第 5 条）の「男女均等待遇」からである。1981 年「職業訓練法」に女性の職業訓練を重視する規定が設けられ、1982 年「職業安定法」には、女性の就業機会拡大及び女性に適した職種開発が努力義務となった。

　政府が女性雇用問題を解決するための政策を樹立しはじめたのは「女性発展基本計画（1983 ～ 1986 年）」からである。1962 年からの約 20 年間の経済発展過程での女性の経済的・社会的不平等を解消し、生産力を高め、経済社会発展を成し遂げるというのが基本計画の趣旨であった。基本計画には、労働市場での男女差別解消、既婚女性の就業拡大、女性労働力の進出可能分野開発等が含まれた。

　国際的には、公平な女性の権利を目的に女性差別の撤廃を定めた多国間条約

▶ 3　1953 年に「勤労基準法」「労働組合法」「労働争議調整法」「労働委員会法」の労働 4 法が制定された。

である「女性に対するあらゆる形態の差別撤廃に関する条約」（CEDAW）が1981 年 9 月発効された。[4]韓国は、1983 年 5 月 25 日、世界で 90 番目の女子差別撤廃条約（CEDAW）の批准国となった。また、国内では 1987 年民主化運動と共に（1987 年 6 月 29 日、盧泰愚（ノ・テウ）大統領候補の民主化宣言）、労働市場での不平等が社会問題となり、1987 年、男女の平等な雇用機会及び待遇の保障、母性保護を明示した特別法として「男女雇用平等法」が制定され、1988 年 4 月から施行に入った。

　第 6 次経済社会発展 5 か年計画（1987 ～ 1991）[5]には女性開発部門が初めて計画に含まれるが、独立した計画ではなかった。女性雇用と関連しては、就業女性の労働条件改善、時間制就業拡大、女性職業訓練強化、などが取りあげられた。引き続き、第 7 次経済社会発展 5 か年計画（1992 ～ 1996 年）では、女性問題が本格的に国家発展計画に含まれ、多様な職種への女性雇用拡大、女性の雇用安定、時間制就業拡大、製造業部門女性技能労働力確保、農工団地内の就業機会拡大、などが推進課題となった。

3）女性発展基本法（1995 年制定）から現在まで

　1995 年 9 月、国連「第 4 回世界女性会議（北京）」以後、ジェンダー主流化が国際社会で重視されるようになったことを背景に、国内でも、政治・経済・社会・文化のすべての領域での男女平等を促進し、女性の発展をはかることを目的とした「女性発展基本法」が 1995 年 12 月 30 日制定された（1996 年 7 月1 日施行）。[6]同法第 7 条（女性政策基本計画の樹立）に基づき、女性家族部長官は「女性政策基本計画」を 5 年ごとに樹立し、中央行政機関や地方自治体は基本計画に基づいて年度別施行計画を樹立・施行することになった。

　基本計画は、男女平等の促進、女性の社会参加拡大、女性の福祉増進などに関する総合計画で、第 1 次基本計画（1998 ～ 2002 年）、第 2 次基本計画（2003 ～ 2007 年）、第 3 次基本計画（2008 ～ 2012 年）、第 4 次基本計画（2013 ～ 2017 年）が実施された。

　女性発展基本法は、2014 年 5 月 2 日に「両性平等基本法」へと改称された

▶ 4　CEDAW が締約国に求める措置は、家庭・社会生活面だけでなく、政治・経済・文化・スポーツなどあらゆる分野に及ぶ。

▶ 5　韓国の経済発展 5 か年計画は 1962 年スタートし、1981 年で終了する。1982 年からは、経済社会発展 5 か年計画へと名称が変わり、1996 年で終了する。

▶ 6　大統領諮問機構である世界化推進委員会が 1995 年 10 月大統領に報告した課題に、女性の社会参加拡大のための 10 大課題の一つとして「女性発展基本法」の制定・推進が含まれていた。

（2015 年 7 月 1 日施行）。その背景として、国際的に女性政策のパラダイムがジェンダー主流化になったこと、また、憲法で保障している「男女平等」の理念の実現を明確にし、政府の責任を強化するためであった。法改称と共に、女性家族部長官は 5 年ごとに「両性平等政策基本計画」を樹立することになった。第 1 次両性平等政策基本計画（2015 ～ 2017 年）は、第 4 次女性政策基本計画（2013 ～ 2017 年）を修正・補完して実施しており、現在、第 2 次両性平等政策基本計画（2018 ～ 2022 年）を実施中である。

　一方、2000 年代に入ると少子高齢化の進展により、2017 年からは生産年齢人口が減少しはじめるとの危機感から、女性の仕事と家庭の両立支援への関心が高まり、2007 年に男女雇用平等法（1988 年施行）は「男女雇用平等と仕事・家庭両立支援に関する法律」へと改称された。1987 年制定の男女雇用平等法に基づき、1994 年から雇用労働部長官は 5 年ごとに、基本計画を樹立してきた。2007 年の平等法の改称により、2008 年からは、「男女雇用平等と仕事・家庭両立基本計画」へと名称が変わり、現在、第 6 次基本計画（2018 ～ 2022）が施行中である。

　また、職業キャリア中断女性の就業を支援するため、2008 年、「経歴断絶女性等の経済活動促進法」（本書では「職業キャリア中断女性等の経済活動促進法」と訳する）を制定し、2009 年から「女性セイルセンター」（女性が新たに働くセンター）を運営している。同法第 4 条に基づき、女性家族部長官と雇用労働部長官は共同で、5 年ごとに基本計画を樹立することになっている。2010 年、第 1 次基本計画（2010 ～ 2014）が樹立されており、現在、第 3 次基本計画（2020 ～ 2024）が実施中である（**図表 4-1**）。

図表 4-1　女性政策担当部署及び女性労働関連法

女性政策担当部署	女性労働関連法
1970 年、労働庁、勤労基準担当官室 ↓ 1883 年、女性政策審議委員会 ↓ 1988 年、政務長官（第 2）室 ↓ 1998 年、大統領直属・女性特別委員会 ↓ 2001 年、女性部 → 女性家族部（2005 年）→ 女性部（2008 年）→ 女性家族部（2010 年～）	1953 年、勤労基準法（女性労働の特別保護と差別禁止） 1981 年、職業訓練法（女性の職業訓練重視規定） 1982 年、職業安定法（女性の就業機会拡大を努力義務化） 1987 年、男女雇用平等法 → 2007 年改称、男女雇用平等と仕事・家庭両立支援に関する法律 1995 年、女性発展基本法 → 2014 年 5 月改称、両性平等基本法（2015 年 7 月施行） 2008 年、職業キャリア中断女性等の経済活動促進法 → 2009 年から「セイルセンター」運営

出典：筆者まとめ

2. 韓国の女性労働関連３法と基本計画

　女性雇用と関連した代表的な法律として、男女雇用平等法、両性平等基本法、職業キャリア中断女性等の経済活動促進法があげられる。これら三つの法律は、法規定に基づき、法制定以来それぞれ基本計画を樹立してきた。本節では、現在施行中の基本計画の課題と政策内容を確認する。

図表 4-2　韓国の女性労働関連 3 法と基本計画

男女雇用平等法 （1987 年制定、1988 年施行） 所管：雇用労働部	女性発展基本法 （1995 年制定→両性平等基本法 2015 年施行）所管：女性家族部	職業キャリア中断女性等の経済 活動促進法（2008 年制定・施行） 所管：女性家族部・雇用労働部
1994 ～ 1998、第 1 次勤労女性 　福祉基本計画 1999 ～ 2002、第 2 次基本計画 2003 ～ 2007、第 3 次基本計画 2007 年、男女雇用平等法→改 　称、男女雇用平等と仕事・家 　庭両立支援に関する法律 2008 ～ 2012、第 4 次基本計画 2013 ～ 2017、第 5 次基本計画 2018 ～ 2022、第 6 次基本計画	1998 ～ 2002、第 1 次女性政策 　基本計画 2003 ～ 2007、第 2 次基本計画 2008 ～ 2012、第 3 次基本計画 2013 ～ 2015、第 4 次基本計画 2015 年、女性発展基本法 　→改称、両性平等基本法 2015 ～ 2017、第 1 次基本計画 2018 ～ 2022、第 2 次基本計画	2010 ～ 2014、第 1 次職業キャ 　リア中断女性等の経済活動促 　進基本計画 2015 ～ 2019、第 2 次基本計画 2020 ～ 2024、第 3 次基本計画

出典：筆者まとめ

図表 4-3　第 6 次・男女雇用平等及び仕事家庭両立基本計画（2018 ～ 2022）
・目標：2022 年までに女性雇用率 60％達成、差別ない公正社会実現
・課題：三つの分野、7 つの政策課題

政策課題	主な政策内容と施行時期
	Ⅰ　差別のない雇用環境の構築
性差別雇用慣行撤廃	▶勤労基準法と男女雇用平等法の「女性保護条項」の全事業所適用（2019 年から段階的施行） ▶労働委に性差別権利救済の手続き新設（平等法・労働委員会法改正、2019 年施行） ▶セクハラ関連の予防と監督の強化（2018 年施行）
良質の仕事環境造成	▶積極的雇用改善措置（AA）対象の拡大（2022 年まで 300 人以上民間企業まで適用） ▶企業の賃金分布公示制の導入（2020 年施行）

II　キャリア中断予防	
出産・育児支援	▶育児休業給付金引き上げ（2019 年から、休業最初 3 か月：80%、残り 9 か月：50%） ▶育児期労働時間短縮制度の利用促進（2018 年から時間短縮は育休の 2 倍） ▶妊娠労働者への支援強化（2018 年から、妊娠期間中育休使用可能） ▶父親の育児休業率向上（2022 年まで段階的適用：配偶者有給出産休暇 10 日、2018 年から父親の育休給付金引上げ） ▶非正規職の出産・育児支援（2018 年から、6 か月以上期間制労働者の育児休業取得） ▶代替要員採用支援
職場保育園支援	▶中小企業の職場保育園設置拡大（2022 年まで、中小企業オリニジップ 100 か所新規設置） ▶大企業の設置義務強化（2019 年施行）
ワーク・ライフ・バランス環境	▶対国民認識改善活動の展開 ▶ファミリー・フレンドリー認定拡大
III　職業キャリア中断後の再就業支援	
キャリア中断女性の再雇用・雇用維持促進	▶再雇用・雇用維持企業への税制支援強化（2018 年施行） ▶女性雇用の優秀企業への投資拡大（2018 年施行） ▶職業キャリア中断女性特化就職成功パッケージ導入（2018 年施行） ▶高学歴キャリア中断女性へ職業訓練及び就職支援（2018 年施行）
分野別雇用機会拡大	▶家事・ケアサービス市場の制度化（2018 年施行） ▶女性科学技術者への就業復帰支援強化（2018 年施行） ▶創業及び社会経済分野の女性の進出拡大（2018 年施行） ▶時間選択制雇用の拡大と柔軟勤務制度促進（2018 年施行）

出典：筆者まとめ

図表 4-4　第 2 次・両性平等政策基本計画（2018 〜 2022）

・目標：成熟した男女平等意識涵養、女性の雇用と社会参加の平等、ワーク・ライフ・バランス、女性の安全と健康増進
・課題：6 大課題、22 中課題、70 小課題　・推進機関：26 中央行政機関及び地方自治団体

大課題	主な課題
男女平等意識と文化の拡大	▶性別固定観念のない進路相談のための教員教育の強化 ▶オンライン利用者・事業者の性平等ガイドライン提供、性差別監視強化 ▶言論・メディア従事者などの専門人材に対する両性平等教育
平等に働く権利と機会の保障	▶地方公企業への積極的雇用改善措置（AA）の適用拡大 ▶男女平等賃金公示制導入、AA 不振事業場の性別賃金格差実態提出義務化 ▶キャリア中断女性向けの事例管理など、カスタマイズ就業支援の強化
女性エンパワーメント強化	▶民間企業の女性役員割合の公開及び両性平等経営支援 ▶女性高位公務員目標制及び公共機関の女性役員目標制の導入と実施 ▶地方公企業の女性管理者目標制の導入と段階的拡大 *500 人以上（2017 年）、300 人以上（18 年）、全て実施（2019 年）

ワーク・ライフ・バランス	▶官民ガバナンスによる共同育児センター及び子育て支援拡大、地域拠点型の公共職場保育園の設置拡大 ▶育児期労働時間短縮期間と給付金増加
社会基盤造成	▶配偶者有給出産休暇期間の段階的拡大 ▶出産休暇・育児休業制度の強化
女性への暴力根絶と女性の健康増進	▶ジェンダー暴力防止国家行動計画樹立及びオンライン性犯罪・ストーカーなどの処罰及び被害者の保護根拠を備える ▶公共機関セクハラの「部・処・庁」の管理・監督強化、事業所内の予防・対応措置強化 ▶日本軍「慰安婦」被害者記念日指定及び研究所設置などの記念事業推進 ▶女性の健康政策基本計画樹立及び国民健康増進計画に性別指標適用
両性平等政策の推進システムの強化	▶両性平等委員会の地位向上 ▶全国性別影響分析評価センターの機能強化のための関連法令の改正推進 ▶部処別性平等実行目標樹立と推進実績評価システム用意

出典：筆者まとめ

図表 4-5　第3次・就業中断女性等の経済活動促進基本計画（2020 〜 2024）

・目標：女性のキャリア維持と能力開発のための社会支援システムの構築
・課題：5大課題、13中課題、102小課題　・推進機関：14の中央行政機関と地方自治団体

大課題	主な課題
在職女性経歴中断予防充実	▶育児休業、出産休暇給付金などの母性保護制度の利用率向上 ▶組織文化コンサルティングなど、キャリア中断予防サービスの拡大
キャリア中断女性の再就職強化	▶職業訓練アクセシビリティ強化及び脆弱階層の能力開発機会の拡大 ▶セイルセンターの類型化及び専門化推進
多様化する働き方・領域への対応	▶時間選択制、柔軟勤務制など柔軟な勤務制度の活性化 ▶創業初期から成長まで段階別対応 ▶社会サービス雇用の質改善
子育て支援体系の強化	▶保育時間の拡大と質の管理 ▶保育・ヘルパーサービスの拡大及び能力強化 ▶地域社会保育サービス体系の強化
経歴断絶女性政策推進システムの整備	▶中央・広域市のセイルセンター機能の強化を通じたサービスの改編 ▶公共職業サービス提供機関間の協力強化

出典：筆者まとめ

3. 日本の労働基準法と女性労働関連3法

1）労働基準法と女性労働者保護規定

　日本での女子労働者をめぐる法案は、工場法以来長い歴史を持っている。日

本の工場法は 1911 年に制定され、1916 年から施行されている。当時の工場法は女性や年少者を低賃金や長時間労働から保護するため、12 歳未満の者の就労禁止、12 時間労働制などが規定された。

第 2 次大戦後、1947 年労働基準法の制定により、工場法は廃止される。工場法は、女性や年少者の保護が中心であったが、労働基準法はすべての労働者の保護のための労働条件の最低基準を定めた法律で、女性保護規定以外にも、主要な労働条件を網羅し内容も拡充された。労働基準法制定当時は、妊産婦等に係る危険有害業務の就業制限、産前産後休業、育児時間などの母性保護措置と共に、女性労働者の坑内労働の禁止、深夜業の原則禁止、時間外労働制限（1 日 2 時間、1 週 6 時間、年間 150 時間）等の女性労働者保護規定が設けられた。

ところが、日本的雇用慣行では、企業は、終身雇用と年功賃金、低い残業割増賃金による長時間労働、配置転換及び転勤など、男性正規雇用中心の働き方を前提とする人材育成戦略をとってきた。したがって、1947 年労働基準法制定以来、女性には時間外労働の制限や深夜業の原則禁止という男性と異なる法規制があったため、企業にとって、残業が制限される女性労働者の期待投資効率は悪く、採用や教育訓練は男性に偏り、女性を単純、補助的な業務に限定するなど、男性とは異なる取扱いをすることが多かった。

また「男は社会、女は家庭」という固定的な性別役割分担意識も加わり、多くの女性雇用者が出産や育児を機に仕事を辞め、育児が一段落してから非正規として再就業することが一般的となり、日本の年齢別女性労働力率がM字カーブと特徴づけられる背景の一つになった。

1985 年に男女雇用機会均等法が制定（1986 年 4 月施行）され、女子労働に対する規制緩和と均等法の強化という時代の流れの中で、労働基準法の女性保護規定の廃止を求める声がつよまったことを背景に、1997 年 6 月の均等法改正（1999 年 4 月施行）に合わせて、労働基準法も 1998 年改正された。改正労働基準法は、工場法以来禁止されていた女性労働者に対する時間外・休日労働の制限、深夜業の禁止などの女性一般の保護は大幅に緩和する反面、妊娠・出産などの母性保護を強化した。1999 年 4 月から女性労働者を午後 10 時から午前 5 時までの深夜の時間帯に使用することができるようになり、また、時間外労働規制については、週 6 時間、年間 150 時間の残業制限も廃止された。

▶ 7　日本の労働 3 法は、労働組合法（1945 年 12 月）、労働関係調整法（1946 年 9 月）、労働基準法（1947 年 4 月）である。

2）男女雇用機会均等法（1985 年）

　高度成長期に女性の雇用率が高まると、働く女性の福祉の増進と地位向上を目的に、1972 年 7 月 1 日から「勤労婦人福祉法」が施行された。1981 年 9 月に「女性差別撤廃条約」（CEDAW）が発効したことを受け、日本は 1985 年、CEDAW の批准に同意し、1985 年に「勤労婦人福祉法」（1972 年公布）の一部改正により、「雇用の分野における男女の均等な機会及び待遇の確保等女子労働者の福祉の増進に関する法律」（略称、男女雇用機会均等法）を制定した（1986 年 4 月施行）。

　1985 年法制定当時の主な内容としては、「募集・採用、配置・昇進についての均等な取扱いについては、事業主の努力義務」「定年・退職及び解雇についての差別的な取扱いの禁止」「女性労働者の結婚、妊娠、出産及び産前産後休業の取得を理由とする解雇の禁止」「一定の教育訓練についての差別的な取扱いについては一部禁止」があげられる。

　生産年齢人口が減少しはじめた 1995 年に「育児・介護休業法」が成立したことをうけ、1997 年の均等法改正（1999 年 4 月施行）により、均等法から育児休業の規定を取り除き、法律名を「雇用の分野における男女の均等な機会及び待遇の確保等に関する法律」へと改称し、均等法の中心的内容も強化した。募集・採用、配置・昇進、定年・退職に至る雇用管理の各ステージにおける性別を理由とする差別を「禁止」とし（法第 5 〜 6 条）、反則企業名公表という制裁措置、ポジティブ・アクション規定、セクシュアル・ハラスメント（略称、セクハラ）の防止の規定が設けられた。

　2006 年法改正（2007 年 4 月施行）では、差別的取扱いの禁止範囲が拡大され、降格、職種の変更、雇用形態の変更、退職勧奨、労働契約の更新が追加された。また、間接差別規定の導入（法第 7 条）、妊娠中又は出産後 1 年を経過しない女性労働者に対してなされた解雇について、事業主の反証がない限り無効となった。また、職場におけるセクシュアル・ハラスメントの対象に「男性」も追加された。2013 年法改正（2014 年 7 月施行）では、間接差別となり得る措置の範囲の見直し、性別による差別事例の追加、セクシュアル・ハラスメントの予防・事後対応の徹底のためのセクハラ指針の見直し、コース等別雇用管理についての指針の制定等が行われた。2016 年改正（2017 年 1 月施行）では、妊娠・出産等に関する上司・同僚による就業環境を害する行為に対する防止措置を義務付ける規定が設けられた。

　2019 年 6 月法改正では、職場におけるハラスメント防止対策が強化された。職場のパワーハラスメント防止措置が事業主の義務となり（2020 年 6 月）（中小企業は、2022 年 3 月までは努力義務）、加えて、セクシュアル・ハラスメント、妊娠・出産・育児休業などに関するハラスメント（マタニティ・ハラスメント）の防止対策も強化された。

3）男女共同参画社会基本法（1999 年）

　1985 年制定された均等法は、「雇用管理」における男女の均等な機会及び待遇の均等確保が目的であるが、1999 年 6 月に公布・施行された男女共同参画社会基本法は、「社会のあらゆる分野」における活動に女性が参画する機会を確保することを目指している。基本法の第 2 章に基づき、政府は、男女共同参画社会の形成の促進に関する「男女共同参画基本計画」を定め、基本計画に準じた責務を「政府や地方公共団体」に求めている。

　2000 年 12 月に第 1 次基本計画が決定され、その後 5 年ごとに閣議決定されており、2020 年 12 月に「第 5 次男女共同基本計画─すべての女性が輝く令和の社会へ」が閣議決定された。女性労働と関連しては、第 2 分野「雇用等における男女共同参画の推進と仕事と生活の調和」で提示されており、2025 年までの主な目標は、「民間企業における男性の育児休業取得率 30 ％」「25 歳から 44 歳までの女性の就業率 82 ％」「第 1 子出産前後の女性の継続就業率 70 ％」「女性活躍推進法に基づく認定（えるぼし認定）を受けた企業数 2500 社」「起業家に占める女性の割合 30 ％以上」などである（**図表 4-6**）。

図表 4-6　第 5 次男女共同参画基本計画（2021 〜 2025 年）
（4 パート・11 分野の政策課題とポイント）

Ⅰ　あらゆる分野における女性の参画拡大
〔第 1 分野・政策・方針決定過程への女性の参画拡大〕
▶政党に対し、政治分野における男女共同参画の推進に関する法律の趣旨に沿って女性候補者の割合を高めることを要請
▶地方議会における取組の要請（議員活動と家庭生活との両立、ハラスメント防止）
▶最高裁判事も含む裁判官全体に占める女性の割合を高めるよう裁判所等の関係方面に要請
〔第 2 分野・雇用等における男女共同参画の推進と仕事と生活の調和〕
▶男性の育児休業取得率の向上
▶就活セクハラの防止
〔第 3 分野・地域における男女共同参画の推進〕
▶地域活動における女性の活躍・男女共同参画が重要

▶固定的な性別役割分担意識等を背景に、若い女性の大都市圏への流出増大。地域経済にとっても男女共同参画が不可欠

▶地域における女性デジタル人材の育成など学び直しを推進

▶女性農林水産業者の活躍推進

〔第 4 分野・科学技術・学術における男女共同参画の推進〕

▶若手研究者ポストや研究費採択で、育児等による研究中断に配慮した応募要件

▶女子生徒の理工系進路選択の促進

Ⅱ　安全・安心な暮らしの実現

〔第 5 分野・女性に対するあらゆる暴力の根絶〕

▶「性犯罪・性暴力対策の強化の方針」に基づき今後 3 年間を「集中強化期間」として取組を推進

▶「生命を大切にする」「性暴力の加害者にならない」「被害者にならない」「傍観者にならない」ことを教える教育

▶新型コロナウイルス感染症に対応するため、DV 相談支援体制を強化

〔第 6 分野・男女共同参画の視点に立った貧困等生活上の困難に対する支援と多様性を尊重する環境の整備〕

▶ひとり親家庭への養育費の支払い確保

▶高齢者、障害者、外国人等が安心して暮らせる環境の整備

〔第 7 分野・生涯を通じた健康支援〕

▶不妊治療の保険適用実現。それまでの間、現行の助成制度の大幅な拡大。仕事との両立環境整備

▶緊急避妊薬について検討

▶「スポーツ団体ガバナンスコード」に基づく各中央競技団体における女性理事の目標割合（40％）の達成に向けた取組

〔第 8 分野・防災・復興、環境問題における男女共同参画の推進〕

▶女性の視点からの防災・復興ガイドラインに基づく取組の浸透、地方公共団体との連携

Ⅲ　男女共同参画社会の実現に向けた基盤の整備

〔第 9 分野・男女共同参画の視点に立った各種制度等の整備〕

▶税制や社会保障制度をはじめとする社会制度全般について経済社会情勢を踏まえて不断に見直し

▶各種制度において給付と負担が世帯単位から個人単位になるよう、マイナンバーも活用しつつ、見直し検討

▶第 3 号被保険者については、縮小する方向で検討

▶旧姓の通称使用拡大

▶夫婦の氏に関する具体的な制度のあり方に関し、国会における議論の動向を注視しながら、司法の判断も踏まえ、更なる検討を進める

〔第 10 分野・教育・メディア等を通じた男女双方の意識改革、理解の促進〕

▶校長・教頭への女性の登用

▶医学部入試について、男女別合格率の開示促進

〔第 11 分野・男女共同参画に関する国際的な協調及び貢献〕

▶我が国が国際会議の議長国となる場合、ジェンダー平等を全ての大臣会合においてアジェンダとして取りあげる

Ⅳ　推進体制の整備・強化

▶EBPM の観点を踏まえ、計画中間年（令和 5 年度目途）における点検・評価を実施

▶男女共同参画の推進に当たっては、若年層を含め国民の幅広い意見を反映

▶地域における男女共同参画センターの機能強化

出典：令和 2 年 12 月 25 日閣議決定「第 5 次男女共同参画基本計画」（説明資料）

4）女性活躍推進法（2015 年）と取り組み状況

　2003 年 6 月、内閣府・男女共同参画推進本部は、2020 年までに指導的地位に女性が占める割合が少なくとも 30％程度になるよう期待する「202030」目標を決定した。しかしながら、女性の活躍においての目標と現実との落差が大きく、少子高齢化により、生産年齢人口減少が予想より早いスピードで進み、出生率と女性の活躍を高めることが経済成長のカギとなってきた。2015 年 6 月「すべての女性が輝く社会づくり本部」において、「女性活躍加速のための重点方針 2015」が決定され、2015 年 8 月「女性の職業生活における活躍の推進に関する法律」（略称：女性活躍推進法）が 2026 年 3 月までの時限立法として採択され、2016 年 4 月施行された。

　推進法の目的は（第 1 条）、男女共同参画社会基本法の基本理念にのっとり、政府は、女性の職業生活における活躍の推進についてその基本方針を定め、特定事業主（国・地方公共団体（都道府県、市町村））及び一般事業主（民間事業者）の責務を明らかにすると共に、女性の職業生活における活躍を推進するための支援措置等について定めることにより、女性の職業生活における活躍を迅速かつ重点的に推進することである。国及び地方公共団体は、女性の職業生活における活躍の推進に関して必要な施策を策定・実施し（第 3 条）、事業主は、その施策に協力しなければならない（第 4 条）。

　推進法制定当時は、常時雇用労働者 301 人以上の企業は、女性採用比率、勤続年数の男女差、労働時間の状況、女性管理職比率を基に行動計画を策定し、都道府県労働局へ届けると共に、社内外にその情報を公開するのが義務付けられた（300 人以下の企業は努力義務）。2019 年 5 月の法改正により、一般事業主の行動計画の策定・届出義務及び自社の女性活躍に関する情報公表の義務の対象が、常時雇用労働者 301 人以上から 101 人以上の企業に拡大され、100 人以下の企業は努力義務となった（2022 年 4 月 1 日施行）。女性活躍に関する情報公表も強化され（2020 年 6 月施行）、①女性労働者の職業生活に関する機会の提供に関する実績、②職業生活と家庭生活との両立に資する雇用環境の整備に関する実績の区分から 1 項目以上公表する必要がある。

　女性活躍推進に関する状況などが優良な地方公共団体、民間企業は、厚生労働大臣から「えるぼし認定」[8]を受けることができる。2019 年の推進法改正により、女性活躍推進の取り組みが特に優良な企業については、「えるぼし認定」よりも水準の高い「プラチナえるぼし認定」が創設された（2020 年 6 月から施行）。認定企業は、女性の活躍推進の取り組み状況を公開することにより、行動計画の策定が免除される。また、改正法では、情報公表違反や虚位の情報公開について、勧告に従わない企業名の公表が追加された。

　厚生労働省によれば、2020 年 6 月末時点で、規模 301 人以上の企業の届出企業数は 1 万 6,341 社、規模 300 人以下企業の届出企業数は 7,126 社で、合わせて 2 万 3,467 社である。しかし、推進計画の策定状況をみると（**図表 4-7**）、えるぼし認定企業数（1,090 社）は対象企業の 4.6％にすぎない。2021 年から実施する第 5 次男女共同参画基本計画では、女性活躍推進法に基づく認定（えるぼし認定）を受けた企業数を 2025 年まで 2,500 社にする目標を設定している。

　えるぼし認定企業数を企業規模別にみると、301 人以上企業が 67％、300 人以下企業が 32.2％である。中小企業は行動計画策定のノウハウをもっていないため、中小企業に対しては、「両立支援など助成金（女性活躍加速化コース）」により、策定及び取り組みを促している（**図表 4-8**）。

図表 4-7　女性活躍推進法に係る認定状況（2020 年 6 月 30 日現在）　　　　（単位：社）

	えるぼし認定企業数	認定段階 1		認定段階 2		認定段階 3		プラチナえるぼし認定企業数
		301 人以上企業数	300 人以下企業数	301 人以上企業数	300 人以下企業数	301 人以上企業数	300 人以下企業数	
合計	1,090	5	1	262	112	474	238	1

出所：厚生労働省「女性活躍推進法への取組状況」(https://www.mhlw.go)
注：えるぼし認定の評価項目は、①採用、②継続就業、③労働時間等の働き方、④管理職比率、⑤多様なキャリアコースの 5 つで、評価項目を満たす項目数に応じて 3 段階で認定される。1 ～ 2 つの基準を満たしている場合は 1 段階目、3 ～ 4 つの基準を満たすと 2 段階目、5 つの基準すべてを満たすと 3 段階の認定を受けることができる。

▶ 8　女性活躍推進法認定マークの愛称である「えるぼし」の L には、Lady（女性）、Labour（働く、取り組む）、Lead（手本）などさまざまな意味があり、企業や社会で、様々な企業や社会の中で活躍し、星のように輝く女性をイメージしている。厚生労働省((https://www.mhlw.go.jp、2016 年 2 月 29 日)

図表 4-8　男女雇用機会均等法・男女共同参画社会基本法・女性活躍推進法

男女雇用機会均等法	男女共同参画社会基本法	女性活躍推進法
1985 年公布・1986 年施行	1999 年公布・施行	2015 年公布・2016 年施行 2026 年 3 月までの時限立法
所管：厚生労働省	所管：内閣府・男女共同参画局	所管：公的部門は（国・地方公共団体）内閣府、民間事業主は厚生労働省
1972 年、「勤労婦人福祉法」公布・施行 1985 年 4 月、「男女雇用機会均等法」（1986 年 4 月施行）「募集・採用・配置・昇進の均等な取扱の努力義務」「結婚、妊娠、出産、産休を理由とする解雇禁止」「教育訓練機会における差別的な取扱いの一部禁止」 1997 年、法律名改称（1999 年 4 月施行）「募集・採用、配置・昇進・定年における差別禁止」「ポジティブ・アクション」「セクシュアル・ハラスメントの防止」 2006 年、改正（2007 年 4 月施行）「差別的取扱い禁止の対象に、降格、職種と雇用形態の変更、退職勧奨、労働契約の更新を追加」「セクシュアル・ハラスメント対象に男性も追加」「妊娠中・産後 1 年以内の解雇は事業主の反証がない限り無効」 2013 年、改正（2014 年 7 月施行）間接差別の範囲の見直し 2016 年、改正（2017 年 1 月施行）妊娠・出産等に関するハラスメント防止措置義務新設 2019 年、改正（2020 年 6 月施行）パワーハラスメント防止措置が事業主の義務（2020 年 6 月）（中小企業は、2022 年 4 月施行）	1999 年 6 月 23 日、「男女共同参画社会基本法」公布・施行 2000 年 12 月、「第 1 次・男女共同参画基本計画」閣議決定 2001 年、「男女共同参画会議及び男女共同参画局」設置 2003 年、「202030（2020 年までに指導的位置の女性割合 30％とする目標）」採択　「女性のチャレンジ支援策の推進について」男女共同参画推進本部決定 2005 年 12 月、「第 2 次・男女共同参画基本計画」閣議決定、「女性の再チャレンジ支援プラン」策定 2010 年 12 月、「第 3 次・男女共同参画基本計画」閣議決定（第 5 分野に「男女の仕事と生活の調和」を掲げる） 2015 年 12 月、「第 4 次・男女共同参画基本計画」閣議決定、男性中心型労働慣行などを見直すことによって、女性の活躍推進をめざす、など 2018 年、「政治分野における男女共同参画の推進に関する法律」公布・施行 2020 年 12 月、「第 5 次・男女共同参画基本計画」閣議決定	2013 年 6 月、「女性活用推進法」「日本再興戦略」の中核に「女性の活躍推進」を位置づける 2014 年 10 月、政府に「すべての女性が輝く社会づくり本部」設置 2015 年 6 月、「すべての女性が輝く社会づくり本部」において、「女性活躍加速のための重点方針 2015」決定 2015 年 8 月、「女性の職業生活における活躍の推進に関する法律」（略：女性活躍推進法）公布（2016 年 4 月施行）（対象：301 人以上企業）（300 人以下企業は努力義務）、認定マーク「えるぼし」 2016 年 5 月、「女性活躍加速のための重点方針 2016」決定 2016 年 6 月、「ニッポン 1 億総活躍プラン」において、「女性の活躍は 1 億総活躍の中核」と位置づける 2017 年 6 月、「女性活躍加速のための重点方針 2017」決定 2019 年 5 月、特例認定マーク「プラチナえるぼし」（2020 年 6 月から）。101 ～ 300 人以下企業も義務化（2022 年 4 月施行）

出典：筆者作成

▶まとめ

　韓国と日本では、女性差別撤廃条約（CEDAW）の批准、国内での少子高齢化社会の進展を反映して、1980 年代中盤から女性の地位向上、雇用促進のための多くの女性雇用関連法律が制定された。本書では、女性雇用関連の基本 3 法と言える、男女雇用平等法（日本、男女雇用機会均等法）、両性平等基本法（日本、男女共同参画社会基本法）、職業キャリア中断女性等の経済活動促進法（日本、女性活躍推進法）に焦点をおき、その共通点と違いを比較した。

❖参考文献

裵 海善「韓国の女性雇用政策—60 年間の政策変化と実態」筑紫女学園大学・筑紫女学園大学短期大学部『紀要』第 10 号、2015 年 1 月、111 ～ 123 頁。

裵 海善『韓国の少子化と女性雇用—高齢化・男女格差社会に対応する人口・労働政策』明石書店、第 8 章「女性雇用政策」2015 年 12 月。

裵 海善「日本の女性雇用政策—労働基準法から女性活躍推進法までの 70 年の歩み」筑紫女学園大学『教育実践研究』第 7 号、2021 年 3 月、181 ～ 191 頁。

韓日比較ポイント　女性労働関連法

韓国	日本
1953 年、「勤労基準法」制定 1987 年、「男女雇用平等法」制定（1988 年 4 月施行） 1995 年 12 月、「女性発展基本法」制定（1996 年 7 月施行）→ 2014 年 5 月改称「両性平等基本法」 　「第 1 次女性政策基本計画（1998 ～ 2002 年）」→「第 2 次両性平等政策基本計画（2018 ～ 2022 年）」 2008 年、「職業キャリア中断女性等経済活動促進法」制定・施行、「第 1 次基本計画（2010 ～ 2014 年）」→「第 3 次基本計画（2018 ～ 2022 年）」	1947 年、「労働基準法」制定 1985 年、「男女雇用均等法」制定（1986 年 4 月施行） 1999 年 6 月「男女共同参画社会基本法」公布・施行。「第 1 次男女共同参画基本計画（2001 ～ 2005 年）」→「第 5 次基本計画（2021 ～ 2025 年）」 2015 年 8 月、「女性活躍推進法」（2016 年 4 月施行）（2025 年までの時限立法）→ 2019 年 5 月法改正（行動計画策定：301 人以上、2022 年 4 月から 101 人以上企業対象）

出典：筆者作成

第5章

韓国の男女雇用平等法

　韓国は、1983年5月25日、女性差別撤廃条約（CEDAW）の世界で90番目の批准国となり、1987年11月に「男女雇用平等法」（以下、平等法）を制定、1988年4月施行した。平等法の制定は、韓国の女性の社会進出に大きな変化をもたらした重大な契機となり、1990年代に入ってから男女平等の実現、女性の雇用促進、男女差別是正のための様々な法律が制定された[1]。

　CEDAW批准国は、女性差別撤廃委員会に定期的に国家報告書（State Report）を提出する義務がある。韓国は1986年2月に1次報告書を提出し、1989年12月（2次）、1994年9月（3次）、1998年1月（4次）、2002年12月（5次）、2006年2月（6次）、2010年1月（7次）、2015年7月（8次）に報告書を提出した。第8次報告書に対する委員会での審議が2018年2月CEDAW第6次セッションで行われ、委員会の勧告内容[2]について、韓国政府は2年後の2020年5月に中間報告書を提出した。

　平等法の制定から34年間、女性差別撤廃委員会からの改善に向けての勧告事項に基づき、女性労働者を取り巻く国内の事情を反映し、また関連法律や制度とかかわりを持ちながら、平等法の施行過程における問題点を是正するための法改正を行ってきた。特に2007年改正では、少子高齢化社会に対応し、女性の雇用促進と仕事・家庭の両立支援を強化するため、法律名を「男女雇用平等法」から「男女雇用平等と仕事・家庭両立支援に関する法律」へと改称し、

▶1　「乳幼児保育法」（1991年）、「職業安定法」（1993年）、「雇用政策基本法」（1993年）、「職業安定法」（1993年）、「性暴力犯罪の処罰及び被害者保護などに関する法律」（1994年）、「女性発展基本法」（1995年制定、2014年改称「両性平等基本法」）、「派遣勤労者保護などに関する法律」（1998年）、「男女差別禁止及び救済に関する法律」（1999年）などが制定された。

▶2　第8次報告書に対する委員会での審議結果として、「雇用分野」においては、「男女雇用平等と仕事・家庭の両立支援に関する法律」の厳重な執行により、同一価値労働同一賃金原則を履行、女性超短時間労働者に対する保護を「勤労基準法」と「期間制及び短時間勤労者保護などに関する法律」で保障すること、意識向上キャンペーンを持続的に実施することが勧告された（韓国女性政策研究院『KWDI Brief』第47号、2018年6月29日）。

「仕事・家庭両立支援」（第３章の２節）を男女雇用平等法の中に取り入れた。

1. 男女雇用平等法の制定（1987年）

　韓国は、1983年５月、女性差別撤廃条約の批准国となった。条約は、1984年12月18日、国会で批准同意を得て、1985年１月26日から国内で発効され、国内法のような効力をもつようになった。条約批准国として、男女平等のための立法措置が必要となったため、1987年10月29日改正された第６共和国憲法で（施行1988年２月25日）、従来の平等（第11条）とは別に、第32条第4項に「女性の勤労は、特別な保護を受け、雇用・賃金と労働条件において不当な差別を受けない」権利を国民の基本権の一つとして明らかにした。また、男女の平等な雇用機会及び待遇の保障、母性保護を明示した特別法として「男女雇用平等法」が1987年12月4日に制定され、1988年4月1日から施行に入った。

　1987年の法制定当時の主な内容は、①労働部長官（現、雇用労働部長官）は、女性の就業促進、男女の平等な機会保証、女性労働者の母性保護に関する事項等が含まれた「勤労女性福祉基本計画」を樹立すること、②女性労働者の募集・採用・教育・配置・昇進・定年・退職及び解雇において、女性であることを理由とした差別待遇の禁止、女性労働者の婚姻・妊娠・出産を退職事由として予定する労働契約の締結を禁止、③生後1年未満の乳児を持つ女性労働者に「1年以内の育児休業（無給）」を許可し、育児休業を理由に不利な待遇禁止、④男女差別に関する紛争を調整するために、地方労働行政機関に「雇用問題調停委員会」を設置することであった。

2. 1989年～2005年改正まで

　1989年4月1日改正・施行では、「男女差別の定義」（第２条１項、新設）（母性保護及び暫定的優遇措置は例外）と「同一事業内の同一価値労働同一賃金」（第8条、新設）[3]が明文化された。また、育児休業期間が「勤続期間」（第19条）に

▶ 3　同一価値労働の基準を「職務遂行に必要な技術、努力、責任および作業条件」とし、事業主がその基準を定めるときは、第25条（紛争の自律的解決）に基づく労使協議会の労働者代表委員の意見を聞かなければならない。

含められた。紛争調整手続きが具体化され、「苦情処理機関の女性代表の参加
及び処理期限明示、雇用問題調停委員会に女性雇用の専門家を含む」ことに
なった。

　1995 年 8 月 4 日改正・施行では、男女差別禁止条項及び育児休業制度、雇
用問題調停委員会の機能に関しての補完が行われた。女性に対する差別禁止条
項として、「女性労働者の募集・採用に当たって、職務遂行に必要がない容貌・
身長・体重などの身体条件を提示又は求めることを禁止」（第 7 条、新設）、「同
一価値労働同一賃金基準判断を定める時は、労使協議会の労働者代表の意見聴
取」（第 8 条 2 項、新設）、「賃金以外の金品支援、資金融資等における女性労働
者に対する差別禁止」（第 9 条、新設）が設けられた。

　育児休業制度においては、女性労働者の代わりに、その配偶者である「男性
労働者」も申請することができるようになった（第 19 条）。「雇用問題調停委
員会」の機能を強化するために、紛争調整機能のほか、女性労働者の就業促進
及び雇用平等に関する事項も協議するようにし、その名称を「雇用平等委員
会」に変更した。

　1999 年 2 月 8 日改正・施行では、事業主の採用基準や労働条件における「間
接差別」の定義を明確にし、職場内のセクハラの予防と被害労働者を保護する
ために事業主に職場内セクハラの予防のための教育実施、加害者の懲戒及び被
害者の不利益措置の禁止などを義務化した。

　2001 年 8 月 14 日改正（2001 年 11 月 1 日施行）では、法律の適用範囲を常時
5 人以上労働者の事業または事業場から「すべての事業または事業場（例外条
項あり）」へと拡大（第 3 条）、育児休業制度を改善、セクハラ予防教育や救済
手続きの強化、名誉雇用平等監督官制度の導入など、実質的な母性保護と男女
雇用平等を実現するための制度的装置を設けた。

　仕事と育児の両立支援として、「出産前後休暇」を有給化（30 日間の通常賃
金に相当する金額を支給）すると共に、女性労働者だけでなく男性も育児休業
給付の対象者とした。また、育休期間中の解雇禁止規定（第 19 条第 3 項）を新
設した。なお、事業場での男女雇用平等に関する紛争の予防と調停のために、
当該事業場の労働者の中で労使が推薦する者を「名誉雇用平等監督官」（第 24
条、新設）に委嘱することができるようになった。

　2005 年 12 月 30 日改正（2006 年 3 月 1 日施行）では、少子高齢化社会の対策
として、女性労働者の積極的活用が重要な政策課題となり、積極的雇用改善措

置（AA）を導入し（第 4 節）、職場内のセクハラと関連して被害を主張する労働者の保護（第 14 条）を強化した。

3. 2007 年～ 2017 年改正まで

　2007 年 12 月 21 日改正（2008 年 6 月 22 日施行）では、少子高齢化社会に対応するため、出生率を高めながら女性の雇用促進を目指して、法律名を「男女雇用平等法」から「男女雇用平等と仕事・家庭の両立支援に関する法律」へと改称し、「仕事・家庭両立支援」（第 3 章 2）を新たに設け、「配偶者出産休暇（3 日間）」（法第 18 条の 2 新設）、「育児期労働時間短縮」（法第 19 条の 2 新設）、「育児期労働時間短縮中の労働条件等」（第 19 条の 3 新設）、及び「仕事と家庭の両立支援基盤助成」（法第 22 条の 3 新設）の条項を新設した。

　2010 年 2 月改正（同年月施行）では、育児休業の要件が「満 3 年未満の子供」から、「満 6 歳以下の小学校就学前の子供」となった。引き続き、2011 年 6 月には関連法の改正（2011 年 12 月）により、保育施設や保育施設従事者の名称を「オリニジップ」と「保育教職員」へと変更された。また保育実態調査の周期を 3 年に短縮し、政策環境の変化をより迅速に把握できるようにすると共に、保育園の園長と保育士の資格検定と資格の交付業務を公共または民間機関・団体に委託できるようにした。

　2012 年 2 月改正（2012 年 8 月施行）では、労働者の仕事と家庭の両立支援制度がさらに強化され、配偶者が出産した労働者に「5 日の範囲で 3 日以上の休暇（3 日は有給）」（第 18 条の 2 第 1 項）、「期間制労働者や派遣労働者の育児休業期間は使用期間又は労働者派遣期間に算入しない」（第 19 条第 5 項新設）、「育児休業代わりに育児期労働時間短縮が申請できる」（第 19 条の 2 第 1 項）（違反した場合には、500 万ウォン以下の過怠金）の条項が設けられた。また、「家族介護休業申請を認めることを事業主の義務」（休業期間は 90 日を限度とし、分割使用可能）（第 22 条の 2）とした。

　2014 年 5 月の法改正により（2015 年 1 月施行）、育児休業取得対象子供の年齢が「満 8 歳以下または小学校 2 年生以下」となった。引き続き、2017 年 11 月改正（2018 年 5 月施行）では、セクシュアル・ハラスメント（略称、セクハラ）の適用範囲を拡大し、職場内にセクハラが発生した時の事業主の措置義務などを強化した。「セクハラ関連不利益の内容に雇用だけでなく、労働条件

も含むこと」（第 2 条第 2 号）、「職場内のセクハラ予防教育を毎年実施」（第 13 条①）、「セクハラ予防教育の内容を掲示し、労働者へ周知」（第 13 条③新設）、「雇用労働部令で定める基準により、職場内セクハラ予防及び禁止のための措置」（第 13 条④新設）、「職場内セクハラ委託教育強化」（第 13 条の 2 の②、新設 2017 年 11 月）、「顧客などによるセクハラ発生時の事業主の措置」（第 14 条 2）などが、事業主に義務付けられた。

　他に、不妊治療休暇制度（第 18 条の 3）を新設し、母性保護を強化した。不妊治療は年間最大 3 日（最初 1 日は有給）受けることができる。また、育児休業取得要件が勤続年数 1 年以上の労働者であったが、施行令改正により（2018 年 5 月 29 日施行）、勤続期間が「6 か月以上」の非正規労働者も育児休業が申請できるようになった。

4. 2019 年～ 2021 年改正まで

　2019 年 1 月改正（2019 年 7 月施行）では、男女賃金格差を解消し、女性の管理職比率を高めるための改正が行われた。

　第一に、男女雇用平等法の適用範囲が「全ての事業場」へ拡大された。男女雇用平等法の適用範囲は、2001 年改正により「全ての事業または事業場」となったが、平等法第 3 条 1 項の「但し」により、施行令第 2 条で、常時 5 人未満の労働者を雇用する事業場は、法律の第 8 条（賃金）、第 9 条（賃金以外の金品等）、第 10 条（教育・配置・昇進）、第 11 条第 1 項（定年・退職・解雇）が適用できなかった。平等法・施行令改正により、平等法の適用事業場の対象が「全ての事業または事業場」となり（施行 2019 年 1 月 1 日）、5 人未満の事業場にも男女間の賃金、昇進、解雇における不合理な差別が生じた場合、労働監督ができる法的根拠がもうけられた。

　第二に、積極的雇用改善措置（AA：Affirmative Action）の対象企業が常時労働者「500 人以上」から「300 人以上」となった。AA 措置は 2005 年の平等法改正により新設され、2006 年 3 月から実施されている。その趣旨は、企業みずから女性活躍推進を取り組み、職場での各種差別と見えないグラスシーリング（glass ceiling）を取り除くよう誘導することである。AA 措置対象企業は採用・昇進・配置において男女雇用状況を分析し、女性が少なく雇われた分野があれば、改善のための女性雇用目標と実施計画を雇用労働部に提出しなけれ

ばならない。

　また、改正前の施行令では、職種別・職級別男女労働者の実態だけを雇用労働部長官に報告することになっていたため、実質的な雇用平等を促進するには、限界があった。改正により、AA 施行計画提出義務がある常時労働者 300 人以上の企業は、職種別・職級別男女労働者の実態だけでなく、男女労働者の賃金実態も報告することとなった（2019 年 1 月 1 日施行）。

　2019 年 8 月改正（2019 年 10 月施行）では、配偶者出産休暇の拡大（5 日休暇・有給 3 日→有給 10 日・1 回分割（新設））、育児期労働時間短縮の分割回数の制限なし（1 回→ 3 か月単位で回数制限なし）、育児以外の目的の労働時間短縮請求権の新設、家族介護休暇制度の新設（年間 10 日）等、ワーク・ライフ・バランス関連制度が全面改編された。改正内容の詳細は第 7 章で紹介する。

　2021 年 5 月改正（2022 年 5 月施行）では、性別、婚姻、妊娠中または出産などを理由に合理的な理由なく差別を受けた場合の労働者の救済手段を明確にした。第一に、募集・採用時に、身体、未婚などの条件を提示し要求することができない対象を「すべての労働者」に拡大した（第 7 条）。第二に、女性労働者は妊娠中から育児休業を取得することができ、妊娠中の育児休業は、例外的に、育児休業分割使用回数に含まれない。第三に、職場での性差別やセクハラの場合、労働委員会が差別的処遇などの中止、労働条件の改善などの措置を行うことができる（**図表 5-1**）。

図表 5-1　男女雇用平等法の主な内容（2021 年 5 月改正案まで）

男女雇用平等法の基本内容	
制定及び 法律名	・1987 年 11 月制定（1988 年 4 月施行）「男女雇用平等法」 ・2007 年 12 月改正、法律名改称（2008 年 6 月施行）「女性・男性雇用平等及び仕事・家庭の両立支援に関する法律」★第 3 章の 2「仕事・家庭の両立支援」新設
管轄	・1987 年制定：労働部 ・2010 年改正：雇用労働部・女性雇用政策課（政府組織法改正による）
目的	・雇用における女性・男性の平等な機会と待遇を確保 ・仕事と家庭の両立支援
適用対象 事業場	・1987 年制定：「勤労基準法」適用事業又は事業場（常時労働者 5 人以上） ・2001 年改正：全ての事業又は事業場（★ 5 人未満の除外条項を施行令に明示） ・2018 年法施行令改正（2019 年 1 月施行）：全ての事業又は事業場

基本計画	・1987 年制定：「勤労女性福祉基本計画」 ・2001 年改正：「男女雇用平等基本計画」へ変更、労働部の雇用平等関連施策策定・施行義務化 ・2016 年改正：基本計画は、5 年に 1 回実施　→「第 6 次・男女雇用平等と仕事家庭両立基本計画」（2018 ～ 2022）		

法の主な内容と改正年度			
雇用における女性・男性の平等な機会及び待遇	募集・採用	・差別禁止（女性）（1987 年制定時） ・職務遂行に必要ない身体条件の提示の禁止（女性）（1995 年新設） ・間接差別範囲の具体化 (2001 年施行) ・男女差別禁止（2021 年改正） ・身体的条件・未婚条件の提示禁止（2021 年改正）	
	賃金以外の金品など	・差別禁止 (女性）（1995 年新設）	
	同一価値労働同一賃金	・同一価値労働の基準と条項 (1989 年 4 月改正・施行)	5 人以上事業場対象（1987 年制定時） → 2019 年 1 月から全ての事業場対象
	福利厚生	・差別禁止 (女性）（1995 年施行） → 禁止 (女性・男性）（2001 年施行）	
	教育・配置・昇進	・差別禁止 (女性）（1987 年制定） → 禁止 (女性・男性）（2001 年施行）	
	定年・退職・解雇	・差別禁止 (女性）・罰金適用 (1987 年制定) →　禁止 (女性・男性）（2001 年施行）	
職場内セクシュアル・ハラスメント禁止・予防	セクハラ予防教育等	・セクハラ予防教育実施（労働者対象、1999 年） →事業主も教育対象（2014 年新設） ・セクハラ予防教育を毎年実施（2017 年改正） ・事業主はクハラ予防教育の内容を労働者に広く周知する（2017 年新設） ・事業主は職場内セクハラ予防及び禁止のための措置を講じる（2017 年新設）	
	セクハラ発生時の措置	・加害者の懲戒及び被害者の不利益措置禁止（1999 年改正） ・職場内のセクハラ発生時の事業主の措置義務を強化（2017 年新設）	
	顧客等によるセクハラ防止	・顧客等によるセクハラ防止及び禁止措置「事業主の努力義務」（2007 年新設）→「事業主の義務」（2018 年施行）	
積極的雇用改善措置	・積極的雇用改善措置（2005 年新設） ・対象企業：公共機関と常時労働者 500 人以上企業 (2006 年施行) → 300 人以上企業 (2019 年 1 月施行) ・事業主の取組に対する国の支援（2006 年施行） ・施行計画に女性・男性労働者の職種別・職級別雇用実態提示（2006 年施行） →施行計画に女性・男性労働者の賃金実態も提示（2019 年改正） ・3 年連続未達成の企業名公表（2014 年新設）		
母性保護	出産前後休暇	・出産前後休暇給付金・一部支援（2001 年改正） ・出産前後休暇給付金・全額支援（2005 年改正） ・流産・死産休暇を取得した場合も給付金支給（2005 年改正）	
	配偶者出休暇	・3 日間（2007 年新設）→ 5 日間（3 日は有給）（2012 年改正） →有給 10 日間（1 回分割可能・新設）（2019 年 8 月改正）	

母性保護	妊娠等による不利益取扱い	・女性労働者の婚姻・妊娠・出産を退職理由とする労働契約締結禁止（1987 年制定時） ・流産・死産休暇期間について給与支給（2006 年施行） ・不妊治療休暇（事業主の義務）（年間最大 3 日、最初 1 日は有給）（2017 年新設）
仕事・家庭の両立支援	育児休業制度	・対象：女性（1987 年制定時） 　→女性代わりに配偶者である男性も取得可能（1995 年改正） 　→女性・男性労働者（2001 年改正） 　→女性労働者は妊娠中から育休取得可能（2021 年 5 月改正） ・子の年齢：満 3 年未満（2005 年改正）→ 満 6 歳以下（2010 年改正） 　→ 8 歳以下（2014 年改正） ・育児休業期間：1 年以内 ・育児休業給付金：無給（1987 年制定時）→有給(2001 年改正) ・育児休業期間は勤続年数に含む（1989 年改正） ・育児休業の分割使用：2 回まで（2020 年 12 月改正） 　（妊娠中の育休は回数に含めない（2021 年 5 月改正）） ・育児施設として「職場保育施設」の明文化（1995 年改正） ・育児休業を理由に解雇やその他の不利な処遇禁止（1987 年制定時） 　→育児期間中の解雇禁止（2001 年新設） ・期間制と派遣労働者の育児休業期間：使用期間に算入しない（2012 年改正） ・非正規労働者の育児休業申請：勤続期間 6 か月以上
	育児期労働時間短縮	・育児期労働時間短縮（2007 年新設）→ 事業主の義務（2012 年改正） ・育児期労働時間短縮の労働条件など（2007 年新設） ・育児期労働時間短縮分割使用：3 か月単位、回数制限なし(2019 年 8 月改正)
	家族介護休業	・家族介護休業（事業主の義務）（2012 年改正） ・家族介護休業期間（年間 90 日まで）（2012 年改正） ・休業期間 90 日の中、10 日は休暇使用可能（新設）・家族の看護と子の養育のためにも使用可能（2019 年 8 月改正）
	家族介護等時間短縮	・家族介護、本人の疾病、引退準備、学業の事由などで請求可能、1 年 (2 年まで延長可能)（新設）（2019 年 8 月改正）
紛争の予防と解決		・地方労働行政機関に「雇用問題調停委員会」設置（1987 年制定時） ・雇用問題調停委員会 → 名称変更及び機能強化「雇用平等委員会」（1995 年改正） ・雇用平等履行実態、その他の調査結果などを公表（1999 年新設） ・「雇用平等相談室」設置・運営および「名誉雇用平等監督官制度」導入（2001 年改正） ・労働者の差別処遇などの是正申請（新設）・労働委員会の調査および尋問（新設）・調整・仲裁（新設）・是正命令など（新設）・是正命令の確定・是正命令履行状況の提出要求（新設）、雇用労働部長官の差別的処遇の是正命令（新設）（2021 年 5 月）

出典：筆者作成

注：男女雇用平等法における「差別」（2001 年改正）とは（第 2 条 1 項）、「事業主が同じ採用条件や労働条件を適用しても、その条件を満たすことができる男性または女性が他の性に比べて著しく少なく、それにより他の性に不利な結果をもたらし、その条件が正当なものであることを証明することができない場合を含む」。例外は、「職務の性格に照らして、特定の性がやむを得ず求められる場合」「女性労働者の妊娠・出産・授乳等、母性保護のための措置を行う場合」「その他、法律により積極的雇用改善措置を行う場合」である。

5. 職場における男女格差の実態

1）性別賃金格差

　男女間の賃金格差は入職時から始まり、特に、女性は出産育児期の職業キャリア中断により格差はより大きくなる傾向がある。平等法での同一価値労働同一賃金規定は 1987 年の平等法制定以来 5 人以上事業場が対象であったが、2019 年 1 月からすべての事業場が対象となった。

　図表 5-2 では、男女別、正規と非正規雇用の時間給の賃金格差を 2006 年と 2020 年で比較した。正規雇用と非正規雇用別、男性賃金を 100 にした場合、女性がもらう賃金比率である。非正規雇用の男女間賃金格差は 75.5％から 73.5％へと若干大きくなっているが、他には格差が緩和されている。2020 年の場合、正規職の男女賃金格差（女性正規は男性正規の 70.7％）が非正規職の男女賃金格差（女性非正規は男性非正規の 73.5％）より大きい。一方、男女別、正規と非正規間の賃金格差は、男性のほう（74.1％）が女性（77.1％）より大きい。

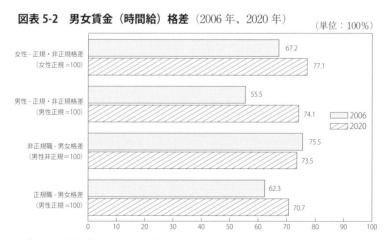

図表 5-2　男女賃金（時間給）格差（2006 年、2020 年）
（単位：100％）

出典：雇用労働部『雇用形態別勤労実態調査』
注：1）時間当賃金総額＝月賃金総額 / 総労働時間。2）5 人以上企業規模計である。3）男性賃金を 100 にした場合、女性がもらう賃金比率である。

2）積極的雇用改善措置（AA）の実施状況

　積極的雇用改善措置（AA：Affirmative Action）は、女性の雇用率および管理職率を高め、雇用上の性差別をなくし、雇用平等を促進するための制度で、適用対象企業と施行方法に関しては平等法の第 4 節に規定されている。2006年施行当時は、公共機関と 500 人以上の民間企業が対象であったが、2013 年から全国の公共機関（50 人未満の公共機関への拡大適用）が対象となり、2019年からは、300 人未満地方公社・公団、常時労働者 300 人以上企業へと拡大された。雇用労働部は AA 対象企業の実施状況を分析・評価し、優秀な企業には表彰し、行政的・財政的インセンティブを提供している。

　図表 5-3 は、AA 適用対象事業場で、女性雇用者と女性の管理職が占める割合である。対象事業場の女性雇用率と女性管理職比率は 2019 年を除き、毎年増加傾向である。2019 年の低下は、適用対象企業が増えたことによる一時的な現象として考えられる。制度が施行された 2006 年に比べると、2020 年は、女性雇用率は 6.92％ポイント、女性管理職率は 10.7％ポイント増加した。

図表 5-3　AA 適用事業場の女性雇用比　率・女性管理職比率
（単位：％）

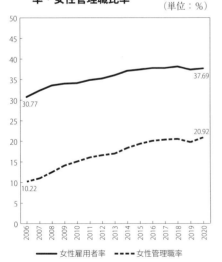

出典：雇用労働部「2020 年度積極的雇用改善専門委員会」分析結果

図表 5-4　AA 女性雇用未達成事業場　実態（2018 年基準）
（単位：％）

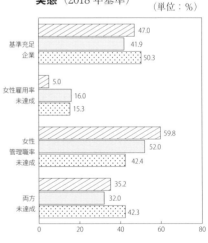

出典：http://www.moel.go.kr 雇用労働部報道資料
2018 年 10 月 31 日

　しかし、基準に達していない企業が多く、平等法第17条の５に基づき、2014年からは、基準に達していない企業名を公表している。AA対象事業場のうち、①３年連続、女性の雇用基準（女性労働者または管理者の割合が業種別・規模別平均70％）に達していない、②実施の催促を受けながら、適切に実施しなかった事業場のうち、事業主の女性の雇用及び仕事家庭両立のための実質的な努力や改善の意志が足りない、と判断された場合は企業名を雇用労働部のホームページに公表している。

　図表5-4は、AAの基準に達していない事業場の実態である。女性雇用比率と管理職比率を共に充足した事業場は、公共機関338社の中で159社（47.0％）、地方公社・公団43社の中で18社（41.9％）、民間企業1,765社の中で888社（50.3％）である。AA対象民間企業1,765社の中で、両方共に達していない企業は、公共企業で35.2％、地方公社・公団で32.0％、民間企業では42.3％である。

▌まとめ

　男女雇用平等法が1987年制定されてから35年が経ち、職場における男女平等を実現するための法律は整えられたが、現実と理想とのギャップはまだ大きい。2019年法改正前まで、女性雇用者の22％は平等法の性差別条項が適用できない５人未満の中小企業で働いていた。2017年政府の発表によると、求職経験女性の72％が「就職活動の過程で、女性として不利益な経験」をしたと答えている。

　また、女性就業者の約８割弱は賃金雇用者として働いており、女性雇用者の仕事と家庭の両立を支援するため、2001年から産休や育児休業の給付金を支給し、制度を改善してきたが、妊娠、出産、育児の理由で、職業キャリアが中断し、女性の生産年齢人口の中で、４割強が非就業状態である。

　また、積極的雇用改善措置対象企業の女性雇用率と管理職比率は高まっているが、まだ４〜５割の企業が基準率を達成していない。AAは主に公企業及び政府傘下機関を対象に実施しており、民間企業は徐々に対象企業を広げていく段階である。制度導入による企業負担を最小限にしながら多様なインセンティブを提供するなど、雇用改善効果を高めるための制度整備が必要である。

❖参考文献

裵 海善「韓国の男女雇用平等及び仕事・家庭両立支援に関する法律・施行令・施行規則」筑紫
　　女学園大学、人間文化研究所『年報』第 30 号、2019 年 8 月、1 ～ 16 頁。
裵 海善「韓国の男女雇用平等法と雇用面における男女平等実態」筑紫女学園大学『研究紀要』
　　第 15 号、2020 年 1 月、55 ～ 67 頁。

第6章

韓国の平等法と日本の均等法

　韓国の「男女雇用平等法」（略称、平等法）と日本の「男女雇用機会均等法」（略称、均等法）は、ほぼ同じ時期に制定されたが、その背景には女性に対する差別撤廃の国際的な動きがあった。国際連合は基本的人権の保障のために、1967 年 11 月に「女性に対する差別撤廃宣言」を採択し、1975 年のメキシコシティでの第 1 回・世界女性会議で「女性の地位向上のための世界行動計画」を採択した。引き続き、1979 年 12 月 18 日、国連第 34 回総会において「女性に対するあらゆる形態の差別の撤廃に関する条約」（CEDAW：Convention on the Elimination of all Forms of Discrimination against Women）（略称、女性差別撤廃条約）が採択され、1981 年 9 月に発効した。

　韓国は、1980 年に女性差別撤廃条約に署名し、1983 年 5 月 25 日に批准国となった。1984 年 12 月 18 日、国会での条約の批准同意を得て、1985 年 1 月 26 日から韓国国内で効力が発生した。1987 年 12 月 4 日、特別法として「男女雇用平等法」が制定され、1988 年 4 月 1 日から施行に入った。

　日本は、1980 年 7 月 17 日に女性差別撤廃条約に署名した。当時の日本は、「国籍法」「家庭科教育」「雇用の分野における男女平等の問題」が明らかに条約に違反していると考えられ、批准を前に改正の方向づけが行われた。そこで、条約批准の前提として、1985 年 5 月 17 日、「雇用の分野における男女の均等な機会及び待遇の確保等女性労働者の福祉の増進に関する法律」（略称、男女雇用機会均等法）が制定された。1985 年 6 月 24 日、国会で女性差別撤廃条約締結が承認され、同年 6 月 25 日に女性差別撤廃条約に批准、7 月 25 日に国内で効力が発生した。

　平等法と均等法の制定から約 35 年間、女性労働者を取り巻く国内外の動向

▶1　条約批准前に国籍法を改正（1984 年）、批准後は中学校家庭科の男女共修（1993 年）、高校家庭科の男女共修（1994 年）を実現した。

を反映し、法改正を行ってきた。しかし、OECD 先進国の男女賃金格差指数、グラスシーリング指数、管理職比率等を比較すると、韓国と日本は低い評価をもらっており、雇用面での男女平等を実現するために多くの課題を抱えている[2]。

1. 平等法と均等法の共通点と違い

　女性差別撤廃条約協約国は、4 年に一度、定期的に「女性差別撤廃委員会」に国家報告書（State Report）を提出し審議を受ける義務があり、女性差別撤廃委員会は報告書を審議し、改善に向けての勧告事項を提示する。韓国は、1986 年 2 月から定期的に報告書を提出しており、2015 年 7 月に第 8 回報告書を提出した。日本は 1987 年 3 月に第 1 回報告書を提出しており、2014 年 9 月に第 7 回及び第 8 回報告書を提出した。両国共に、委員会の勧告に基づき、また国内外の動向を反映し、平等法と均等法の度重なる法改正を行ってきた。

　図表 6-1 では、平等法と均等法での男女の平等な機会と待遇に焦点を置き、差別禁止条項、女性の雇用促進措置、ハラスメント対策の施行年と主な内容を比較する。

　第一に、法律名の改称である。韓国は 2007 年 12 月改正、日本は 1997 年改正により、法律名を改名しているが、その背景として、少子高齢化社会に対応するとの共通点がある。韓国は、1987 年制定時の「男女雇用平等法」から、2007 年 12 月法改正（2008 年 6 月施行）により、「男女雇用平等及び仕事・家庭両立支援に関する法律」へと改称し、法律第 3 章の 2 に「仕事・家庭の両立支援」を新設し、育児休業制度を平等法の中で取り扱うことになった。

　一方、日本では、育児休業制度は、1972 年に成立・施行された「勤労婦人福祉法」において設けられた。1985 年 5 月に勤労婦人福祉法の一部を改正し、「男女雇用機会均等法」を制定することになり、勤労婦人福祉法の育児休業の規定も男女雇用機会均等法に引き継がれた。しかし、1989 年に合計特殊出生率が 1.57 を記録（1.57 ショック）し、少子化の傾向が著しくなったことを背景

▶ 2　韓国では、2000 年の「政党法改正」により、「女性公選クォータ制」を導入し、国会及び地方議会の比例代表議員選挙での政党の候補者 30% を女性にすることを義務付けた（法改正により、現在は 50% 義務化）。日本では、2018 年 5 月 23 日「政治分野における男女共同参画推進に関する法律」が公布・施行され、衆議院、参議院、地方議会の議員選挙において、男女の候補者数の均等を目指している（2021 年 6 月法改正）。

に、1991 年に「育児休業法」が制定された。1995 年に「育児・介護休業法」が成立したことをうけ、1997 年の均等法改正（1999 年施行）により、均等法から育児休業の規定を取り除き、均等法の中心的内容は「雇用の分野における男女の均等な機会及び待遇の確保」を図ることとなった。

　第二に、均等待遇における違いである。韓日共に法制定当時は（韓国 1987 年、日本 1985 年）、「性別を理由とする差別の禁止」の対象が「女性」であったが、韓国は 2001 年、日本は 2006 年の法改正（2007 年施行）により、「女性」から「男女双方」となった。

　第三に、「同一価値労働同一賃金」の規定である。韓国は 1989 年の平等法改正より、第 8 条で定められた。また 2017 年法改正により、違反したときの罰金も 2,000 万円から 3,000 万円へと強化した。一方、日本の均等法には、同一価値労働同一賃金の規定は設けられておらず、2018 年の働き方改革関連法成立により「同一労働同一賃金ガイドライン」を提示し、正規か非正規かという雇用形態にかかわらない均等・均衡待遇の確保、同一労働同一賃金の実現を目指している（2020 年の 4 月施行、中小企業は 2021 年の 4 月 1 日施行）。

　第四に、ハラスメントの取り組みである。職場におけるセクシュアル・ハラスメント対策に関しては、韓国は 1999 年の法改正により「男女労働者」を対象に施行している。2007 年には、顧客などによるセクハラの防止及び措置を新設し、2020 年改正では、顧客などにより被害を受けた労働者への不利な措置を禁止した。

　日本では 1997 年法改正のときは「女性労働者」が対象であったが、2006 年改正により「男女労働者」が対象となった。2019 年法改正により、職場におけるハラスメントの防止が強化され、セクシュアル・ハラスメント対策や妊娠・出産・育児休業・介護休業等に関するハラスメント対策は事業主の義務となった（2020 年 6 月施行）。

　第五に、女性の雇用を促進し、男女間格差を是正する取り組みである。韓国では「積極的雇用改善措置」（Affirmative Action、以下「AA」）、日本では「ポジティブ・アクション」（Positive Action、以下「PA」）を推進している[3]。韓国では 2007 年、平等法改正により、民間企業の場合、常時労働者 500 人以上の企業を対象に AA 施行計画の樹立及び男女労働者の職種別と職級別比率の提

▶ 3　ヨーロッパでは、ポジティブ・アクション、アメリカではアファーマティブ・アクションという。この政策と措置は様々で、クォータ制（割当て）、雇用、賃金、昇進、退職まで広範囲に及ぶ。

示が義務付けられた。2019 年からは「300 人以上事業場」が対象となり、施行計画に「賃金」も含まれた。

　日本の均等法では PA の名称は使っていないが、1997 年均等法改正（99 年施行）により、第 14 条「事業主の取組に対する国の支援」に基づき、PA を推進している。また、1999 年制定された「男女共同参画社会基本法」の第 2 条 2 項には積極的改善措置を定めている。2015 年成立した「女性活躍推進法」では、常用労働者 301 人以上の企業に PA 実施を義務付けており（2022 年 4 月からは 101 人以上企業に義務化）、企業の義務内容や実施の流れは韓国の平等法 AA と共通点が多い。

図表 6-1　平等法（2021 年 8 月施行案まで）**・均等法**（2020 年 6 月施行案まで）

		韓国（男女雇用平等法）	日本（男女雇用機会均等法）
法律名	制定	1987 年 11 月制定（1988 年 4 月施行）「男女雇用平等法」	1985 年 5 月制定（1986 年 4 月施行）「雇用の分野における男女の均等な機会及び待遇の確保等女性労働者の福祉の増進に関する法律」
	改称	2007 年 12 月改正（2008 年 6 月施行）「男女雇用平等及び仕事・家庭両立支援に関する法律」	1997 年 6 月改正（1999 年 4 月施行）「雇用の分野における男女の均等な機会及び待遇の確保等に関する法律」
性差別禁止	募集・採用	・差別禁止（女性）（1987 年制定時） ・差別禁止（男女）（2001 年施行） ・身体的条件・未婚条件の提示禁止（2021 年改正）	・努力義務（女性）（1985 年制定時） ・禁止（女性）（1999 年施行） ・禁止（男女）（2007 年施行）
	同一価値労働同一賃金	・「同一価値労働同一賃金」の基準と規定（1989 年施行） ★適用：5 人以上→全ての事業場（2019 年施行）	・規定なし ★労働基準法第 4 条「男女同一賃金」 ★「パートタイム・有期雇用労働法」（2020 年 4 月）「同一労働同一賃金ガイドライン」施行
	福利厚生	・禁止（女性）（1995 年施行） ・禁止（男女）（2001 年施行） ★適用：5 人以上→全ての事業場（2019 年施行）	・一部禁止（女性）（1985 年制定時） ・禁止（男女）（2007 年施行）
	教育訓練	・禁止（女性）（1987 年制定時） ・禁止（男女）（2001 年施行） ★適用：5 人以上→全ての事業場（2019 年施行）	・一部禁止（女性）（1985 年制定時） ・禁止（女性）（1999 年施行） ・禁止（男女）（2007 年施行）
	配置・昇進	・禁止（女性）（1987 年制定時） ・禁止（男女）（2001 年施行） ★適用：5 人以上→全ての事業場（2019 年施行）	・努力義務（女性）（1985 年制定時） ・禁止（女性）（1999 年施行） ・禁止（男女）（2007 年施行）

	定年・解雇	・禁止（女性）（1987 年制定時） ・禁止（男女）（2001 年施行） ★適用：5 人以上→全ての事業場（2019 年施行）	・禁止（女性）（1985 年制定時） ・禁止（男女）（2007 年施行）
韓国：積極的雇用改善措置（AA） 日本：ポジティブ・アクション（PA）		・平等法第 4 節（積極的雇用改善措置）（2007 年改正） ・対象企業：常時労働者「500 人以上」→ 300 人以上企業（2019 年 1 月施行） ・施行計画の樹立・提出：男女労働者の職種別と職級別、賃金比率提示（2019 年 1 月施行） ・3 年連続未達成企業名公表（2014 年施行）	・均等法第 14 条（国の事業主に対する相談・援助）（1997 年改正 1999 年 4 月施行） ・男女共同参画社会基本法第 2 条 2 項（積極的改善措置） ・女性活躍推進法（2015 年制定）対象企業：300 人以上企業→ 2019 年法改正・101 人以上（2022 年 4 月施行）
セクシュアル・ハラスメント対策		・平等法 2 節（職場内のセクハラ禁止・予防） ・事業主の予防措置義務（男女労働者を対象）（1999 年改正）→予防・禁止の措置の義務化（2017 年新設） ・セクハラ予防教育（労働者対象：1999 年施行）、（事業主と労働者が対象：2014 年施行） ・セクハラ予防教育の毎年実施を義務化（2017 年改正） ・顧客等によるセクハラ：防止及び措置（努力義務、2007 年新設）、被害労働者への不利な措置禁止（2020 年改正）	・1985 年制定時には規定なし ・均等法第 11 条（職場におけるセクシュアル・ハラスメント対策） ・事業主の配慮義務（女性労働者を対象）（1997 年改正 1999 年施行） ・事業主の措置義務（男女労働者を対象）（2007 年施行） ・職場でのハラスメント防止措置義務化（2020 年施行、中小企業 2022 年 4 月施行）

出典：筆者作成

2.　職場における男女格差の比較

1）男女賃金格差と女性管理職比率

　図表 6-2 では、就業形態別に「常用労働者（非正規一部含む）」と「正規労働者」に分け、男性正規職の賃金を 100 にした場合の賃金が占める割合を示した。両国共に、男女賃金格差は改善しているが、正規労働者よりは、常用労働者（日本は一般労働者）のほうが格差が大きく、また、日本より韓国のほうが大きい。正規雇用の場合、2006 年と 2020 年（日本 2019 年）を比較すると、韓国は 64.8％から 72.1％へと 7.3％ポイント、日本は 68.7％から 76.6％へと 7.9％ポイント高くなっている。

　女性就業者の中で、女性の管理職・専門職が占める割合を見ると（**図表 6-3**）、

図表 6-2　男女賃金格差

（単位：％）

出典：雇用労働部『雇用形態別労働実態調査』
注：1) 常用労働者は、契約期間が 1 年未満の臨時雇
　　いと 1 か月未満の日雇いは含まない。2) 男性労
　　働者の賃金を 100 としたときの女性労働者の賃金
　　が占める割合。3) ここで賃金は月給与額で、定
　　額給与と超過給与の合計で、賞与と特別給与は除
　　く。

出典：厚生労働省『賃金構造基本統計調査』
注：1) 常用労働者は、就業形態別に一般労働者と短
　　時間労働者を含む。2) 男性一般労働者の所定内
　　給与額を 100 としたときの女性一般労働者の所定
　　内給与額の値。3) ここで賃金は所定内給与額で、
　　超過労働給与額は除く。

図表 6-3　女性就業者の管理・専門職比率

（単位：％）

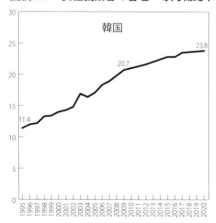

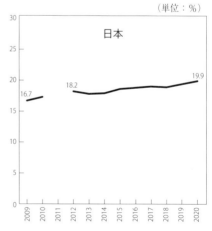

出典：統計庁『経済活動人口調査』
注：1) 女性の管理専門職比率 =(女性の管理専門職 /
　　女性就業者) × 100。2) 職業別就業者は 2007 年
　　標準職業分類 6 次改訂 (2007 年) 基準。

出典：総務庁『労働力調査』
注：1) 女性の管理専門職比率 =(女性の管理・専門・
　　技術職 / 女性就業者) × 100。2) 職業別就業者数
　　は 2009 年 12 月改定職業分類基準。3) 2011 年は
　　東日本大震災の影響により公表されていない。

韓日共に、女性雇用者の量的増加と共に、管理職に占める女性の割合も高まっている。2009年と2020年の女性就業者の管理職比率を韓日で比較すると、韓国は20.7％から増加し続け、2020年23.8％で、3.1％ポイントの増加、日本は、16.7％から19.9％へと、3.2％ポイントの増加が見られる。

2）男女格差の実態―OECD諸国との比較

　女性の労働市場での雇用状況を表す諸指標を見ると、OECD諸国の中でも韓国と日本は女性の年齢別労働力率がM字カーブを描いており、グラスシーリング指数、男女賃金格差は最下位水準であるなど、女性の雇用を促進し地位を改善するためには多くの課題を抱えている。

　世界経済フォーラム（WEF）が2006年から発表しているグローバル・ジェンダー・ギャップ指数（GGGI）によると（2021年）、156か国の中で、韓国は102位、日本は120位である。GGGIは、経済的参加と機会、教育達成度、健康と生存、政治的エンパワーメントの四つの分野のデータから算出される。韓国と日本が、ジェンダー格差が大きい主な理由は、「経済的参加と機会」「政治的エンパワーメント」分野での点数が低いからである（155か国対象）。

　「経済的参加と機会」項目の順位を見ると、韓国123位、日本117位である（**図表6-4**）。経済的参加と機会は、女性の労働力率、男女賃金格差、男女所得格差、管理職や専門職に占める女性の割合で評価されるが、4項目の中で、韓国は賃金と所得の男女格差が大きく、韓日共に、管理職と専門技術職の女性比率が低い。「政治的エンパワーメント」項目では、韓国68位、日本147位である。

　一方、イギリスのエコノミスト紙（The Economist）は、職場での男女平等度を示す尺度として、OECD諸国のグラスシーリング指数（glass-ceiling index）を毎年3月8日の「国際女性デー」に合わせて発表している。企業における管理職への昇進や意思決定の場への登用を妨げる要因として用いられるグラスシーリング指数は10項目[4]で評価している。2021年3月に発表した2020年のグラスシーリング指数によれば、OECD29か国の中で韓国は29位、日本は28位である。100点満点で、1位のスウェーデンは84点で、韓国24.8点、日本

▶4　指数計算に用いられる10項目は、大学教育達成の男女格差、女性の労働力率、男女賃金格差、管理職女性比率、会社の取締役の女性比率、女性のGMATテスト受験、国会での女性の議席数、純保育費の平均賃金に占める割合、母親の有給育児休業、父親の有給育児休業などである。

図表 6-4　雇用部門における男女格差の国際比較 (2021 年)

| | グローバル・ジェンダー・ギャップ指数（GGGI）（2021 年 156 カ国対象) | | | | | | | グラスシーリング指数 2020 年 (OECD 29 カ国) |
	GGGI 順位	経済的参加と機会	女性就業率 (F/M)	同一労働の同一賃金比率 (F/M)	推定稼得所得の女性比率 (F/M)	管理職の女性比率 (F/M)	専門職技術職の女性比率 (F/M)	
韓国	102 位	123 位	92 位	116 位	119 位	134 位	80 位	29 位
日本	120 位	117 位	68 位	83 位	101 位	139 位	105 位	28 位

出典：World Economic Forum(WEF), *The Global Gender Gap Report* 2021. https://www.economist.com,'the-glass-ceiling-index'（Mar.6th 2021）により筆者作成

図表 6-5　OECD 諸国の男女賃金格差（2020 年）（単位 :%)

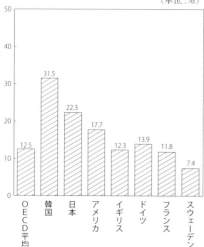

出典：https://data.oecd.org,Gender-wage-gap2020
注：1）男女の賃金格差は、男性と女性の中央値 (median) 所得の差を指数化したものである。データは、正社員と自営業者の所得に基づいている。2）OECD 平均とドイツは 2019 年、フランスは 2018 年、他は 2020 年データである。

図表 6-6　OECD 諸国の上級・中級管理職の女性の割合（2018 年）（単位 :%)

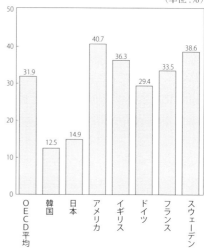

出 典：https://www.ilo.org/ilostat, SDG indicator 5.5.2- Female share of employment in managerial positions (%)
注：1）OECD 平均と韓国のデータは 2017 年、他は 2018 年データである。2）管理職は、国際標準職業分類に基づいて定義される。

31.0 点である。

　グラスシーリング指数の評価 10 項目の中で、男女賃金格差と女性の管理職比率を、韓日とアメリカとヨーロッパ主要国を比較した（**図表 6-5**、**図表 6-6**)。

OECD の男女賃金格差は、正規雇用と自営業者の賃金所得に基づき、男性と女性の中央値（median）所得の差を指数化したものである。

　図表 6-2、6-3 で確認したように、韓日の男女賃金格差は改善が見られており、管理職に占める女性の割合も上昇傾向であるが、OECD 諸国と比較すると、依然として男女間格差は大きく、女性の管理職比率は低い。韓国の男女間賃金格差は 31.5％で、OECD 諸国の中でもっとも大きい。男性の正規雇用の賃金が 100 の場合、女性正規雇用は男性より 31.5％少なくもらうことである。一方、ILO データにより、上級・中級管理職に占める女性の割合を OECD 諸国と比較すると（2018 年）、韓国は 12.5％で最下位であり、日本は 14.9％である。韓日共に、OECD 平均 31.9％をはるかに下回る。

3．同一労働同一賃金の取り組み

1）男女賃金格差の緒要因
　男女賃金格差是正のための「同一価値労働同一賃金」（Equal Pay for Work of Equal Value）の実施は、主として国際労働機関（ILO）を中心に展開してきた。1951 年 ILO 総会で「同一価値労働についての男女労働者に対する同一報酬に関する条約」（ILO 第 100 号条約）が採択、1958 年には雇用及び職業についての差別待遇に関する条約（ILO 第 111 号条約）が採択され、同一労働同一賃金原則が基本的人権として定められた。また、国連が 1979 年に採択した女性差別撤廃条約（CEDAW）の第 11 条 1 項に、「同一労働同一賃金」の原則が定められている。

　一方、ILO「Equal pay」報告書（2013 年）は、男女賃金格差の要因として、「教育と訓練における性別格差」「女性の出産育児による就業中断」「性別職務分離（水平的職務分離：小規模で賃金の低い職務や産業で働く女性が多い）」「女性の非正規雇用率が高い（OECD 諸国で、4 人に 3 人はパートとして働く）」「女性の多くは労働組合組織率が低い中小企業で働く」「賃金差別（女性に対する直接的差別）」をあげている。

2）「同一労働同一賃金」の取り組み
　韓国の 1989 年改正平等法では、「同一労働同一賃金」の条文を設け、第 8 条に「①事業主は、同じ事業内の同一価値労働に対しては、同じ賃金を支給する、

②同一価値労働の基準を職務遂行に必要な技術、努力、責任および作業条件等とする」と規定した。しかし、平等法第３条（法の適用範囲）の「但し」により（法第３条第１項の施行令第２条）、常時５人未満の労働者を雇用する事業場は、法律の第８条（賃金）が適用できなかった。

　韓国の男女賃金格差がOECD諸国の中で最も大きいとの指摘を受け、2018年５月の平等法施行令改正により、2019年からは、同一労働同一賃金規定がすべての事業場で適用できるようになった。

　日本の場合、均等法では同一労働同一賃金の規定がなく、1947年制定の「労働基準法」第４条に「男女同一賃金の原則：使用者は、労働者が女性であることを理由として、賃金について、男性と差別的取扱いをしてはならない」と定めている。ところが、第４条では、性別による賃金差別は法律的に認めないとのことであるが、賃金以外の年齢や勤続年数による賃金の違い、採用や配置、昇進による差別の結果生じる賃金の差については触れていない。

　日本では、2018年６月29日、働き方改革関連法案が成立し、「同一労働同一賃金」は働き方改革の３本柱の一つとなった。1993年制定された「パートタイム労働法」は、2020年４月から「短時間労働者及び有期雇用労働者の雇用管理の改善等に関する法律」（略称、パートタイム・有期雇用労働法）へと改称され、均衡待遇規定（法第８条〜９条）を明確にすると共に、正規雇用労働者と非正規雇用労働者（パートタイム労働者、有期雇用労働者、派遣労働者）との間の不合理な待遇の差を禁止した（常時従業員300人以下の中小企業は2021年４月１日から適用）。

　主なポイントは、第８条により、職務内容・配置の変更・その他の事情を考慮して不合理と認められる相違を設けることが禁止される（不合理な待遇の禁止）。第９条（均等待遇規定）により、正規雇用労働者と非正規との待遇に関して、職務内容・配置の変更の範囲が同一である場合、差別的取り扱いは禁止される。第14条により、事業主は雇い入れの際、待遇内容等に関する説明を行う義務があり、処遇格差の理由を労働者から求められた場合は、説明をしなければならない（事業主の待遇に関する責任義務の強化）。また、事業主と労働者との間の紛争の際の非正規労働者の救済手段として、都道府県労働局長による紛争解決援助や調整会議による調停といった行政ARD（Alternative Dispute Resolution）が整備された。

▎まとめ

　職場で労働者が性別により差別されることなく、その能力を十分に発揮できる男女平等な環境を整備することは、韓国と日本だけでなく、OECD 諸国が取り組むべき重要な課題である。特に韓国と日本は、少子高齢化により生産年齢人口減少（日本 1995 年から、韓国 2017 年から）が進む中で、男女間格差を是正し女性の雇用を促進することは、雇用部門における男女平等を実現するだけでなく、持続的な経済成長を実現するうえで、極めて重要な課題となっている。

　韓日共に、雇用分野における男女格差は改善されてきたが、OECD 先進諸国と比べると、男女格差は依然として大きく、平等法と均等法の今後の実行性を高める制度上の問題を改善しなければならない。まず、日本は女性差別撤廃条約の選択議定書（Optional Protocol）に批准しなければならない。韓国は 2006 年 10 月に選択議定書に批准している。

　また、韓日共に処罰を強化する必要がある。韓国は、男女の平等な機会保障及び待遇（法第 7 ～ 11 条）に関して、違反した場合の処罰を設けており、2014 年からは、積極的な雇用改善措置（AA）の未履行事業主名を公表している。しかし、平等法違反について刑事罰方式の法律は設けられていない。なお、日本の均等法の規定違反に対する罰則規定も強制力がない。

❖参考文献

裵 海善「雇用分野における男女平等法と男女格差実態の韓日比較」大韓日語日文学会『日語日文学』第 85 号、2020 年 2 月、313 ～ 331 頁。

コラム　国連女性差別撤廃条約・選択議定書と個人通報制度

　国際連合は基本的人権の保障のために、1967 年 11 月に「女性に対する差別撤廃宣言」を採択し、1975 年のメキシコシティでの「第 1 回・世界女性会議」で「女性の地位向上のための世界行動計画」を採択した。引き続き、1979 年 12 月 18 日、「第 34 回・国連総会」において「女性に対するあらゆる形態の差別の撤廃に関する条約」（CEDAW：Convention on the Elimination of all Forms of Discrimination against Women）（略称、女性差別撤廃条約）が採択、1981 年 9 月 3 日に発効された。

　女性差別撤廃条約は、公平な女性の権利を目的に、女性差別の撤廃を定めた多国間条約で、合計 6 部、30 個の条項で構成されており、女性差別の定義、男女平等の原理、国が取るべき措置を明らかにしている。雇用分野における女性差別撤廃に関しては、第 3 部 11 条に定められている。なお、同条約第 17 条に基づき、女性差別撤廃条約の実施のため、締約国からの報告書の検討、委員会活動の国連総会への報告、提案及び勧告などを行うために、「女性差別撤廃委員会」が設置された。

　女性にとっての画期的な決定として、各国における女性差別撤廃条約実施を保障することを目的に、第 54 回国連総会において「女性差別撤廃条約選択議定書 (Optional Protocol to the Convention on the Elimination of All Forms of Discrimination against Women)」が 1999 年 10 月 6 日に採択、2000 年 12 月 22 日発効された。女性差別撤廃条約の選択議定書には「個人通報制度」について定めている。現在、女性差別撤廃条約を含めた八つの国際人権条約に個人通報制度が設置されている。

　個人通報制度（Procedure for complaints by individuals）とは、人権緒条約に認められた権利が侵害された被害者が、その国において利用できる国内の救済措置（訴訟等）を尽くした後であれば、条約に基づき設置された委員会に直接訴えて（通報）人権侵害の救済を求める制度で、委員会はその通報を検討し、見解または勧告を各締約国等に通知する。選択議定書を批准する国々は、女性差別撤廃委員会が、すべての国内的救済を尽くした女性の個人あるいは集団からの申立てを検討する権限を認めることになる。

　2021 年 2 月現在、女性差別撤廃条約の締約国数は 189 か国である。2021 年 8 月現在、女性差別撤廃条約選択議定書の締約国数は 114 か国である。韓国は 2006 年 10 月 18 日に選択議定書に批准し、2007 年発効された。女性差別撤廃委員会は日本にこの選択議定書に批准することを求めているが、日本はまだ批准していない。

出典：United Nations Human Rights (https://www.ohchr.org), Amnesty International（https://www.amnesty.or.jp）, 国際人権ひろば No.125（https://www.hurights.or.jp）

第7章

韓国の出産休暇制度・育児休業制度

　韓国では、1961年5月16日、軍事クーデターを起こして政権を掌握した朴正熙軍事政府は、急激な人口増加と高い出生率は貧困を永続化させ経済発展の足かせになるという認識下で、人口増加抑制政策を導入した。ところが、国民年金制度を1988年から実施し、1999年から国民皆年金制度施行を計画していた政府は、少子化により国民年金の積立金が枯渇する恐れがあるという危機感から、1996年7月、従来の人口増加抑制政策を人口資質向上政策へと切り替えた。

　合計特殊出生率が2003年には1.3人で超少子化社会となり、2005年には1.08まで下がると、出生率を改善し、仕事と家庭の両立を支援するため、母性保護関連3法（男女雇用平等法、勤労基準法、雇用保険法）を改正し、出産・育児休業制度を改善してきた。しかし、出生率は改善が見られず、合計特殊出生率が2019年0.92で世界一低くなり、2020年にはさらに低下し0.84まで低くなると、2019年8月と2021年5月に母性保護関連3法の大きな改正が行われた。また、「第4次低出産高齢化基本計画」（2021～2025年）に基づき、育児休業支援を強化するために雇用保険法施行令を改正し、2022年から施行することになった。本章では、韓国の仕事と育児の両立支援制度として、出産休暇制度、育児休業制度に焦点を置き、2019年と2021年の法改正内容、2022年から施行する支援制度の内容、育児休業実施状況を確認する。

1．出産休暇制度（制度名：出産前後休暇制度）

1）出産休暇制度（1953年）・給付金（2001年）

　出産休暇制度及び給付金制度は、勤労基準法第74条、男女雇用平等法第18条、雇用保険法第75条に基づく。出産休暇制度は1953年勤労基準法制定と

共に60日の休暇制度が導入された。2001年11月から出産休暇期間は60日から90日へと拡大され、延長した30日分に関しては雇用保険から給付金が支給されるようになった。しかし、休暇期間60日分の給与全額は事業主の負担であったため、企業側が女性の雇用を避ける要因になった。

2005年5月、母性保護関連3法の改正により、優先支援対象企業（主に中小企業で、製造業の場合500人以下事業場）の場合、勤労基準法上の通常賃金相当額の給与90日分が給付金として雇用保険から支給され、大規模企業の場合は、従来通り最初60日分に関しては事業主が支給し、残りの30日分は雇用保険から支給することになった。違反した事業主には2年以下の懲役または2,000万ウォン以下の罰金が科される（勤労基準法第110条①）。

産休期間中の給付金受給条件は、雇用保険の被保険期間が通算して180日以上である。給付金の限度額は、2021年の場合、月200万ウォン（90日の上限額は600万ウォン）、多胎児の場合は120日の上限額800万ウォンである。

2019年7月からは、被保険期間が180日未満である非正規雇用、1人事業者、特殊雇用職、フリーランス等の雇用保険適用対象外の人にも、150万ウォン（50万ウォン×3か月）の給付金が支給される。また、2021年7月からは、期間制労働者と派遣労働者の場合、出産休暇期間中、労働契約期間が終了しても、労働契約終了日から出産休暇終了日までの給付金が全額支給される。

出産休暇期間の配分は、出産前44日、出産日1日、出産後45日（義務）である。2012年からは、勤労基準法改正（2012年8月施行）により、「出産前休暇44日の分割使用」が可能となった。従来どおりの出産休暇を利用するのを原則とするが、例外的に、安静が必要な場合、妊娠期間中緊急状況が発生した場合、または、流産の経験がある女性労働者は、分割して使うことができる。出産前休暇を分割使用する場合でも、産後休暇は45日以上を確保しなければならない（**図表7-1**）。

2）配偶者出産休暇の有給化（2012年）と給付金（2019年）

配偶者出産休暇（平等法第18条の2）は2007年に「無給3日」が導入された（2008年6月施行）。2012年には法改正により、配偶者出産休暇を「有給3日」とし、必要であれば5日まで（追加2日は無給）使用できるようになった。2012年8月施行当時は常時労働者300人以上の事業場が対象であったが、2013年2月からは1人以上のすべての事業場にも適用され、勤続期間、勤労

図表 7-1　出産前後休暇と配偶者出産休暇

（平等法 2019 年 8 月改正、給付金は 2021 年 1 月基準）

出産前後休暇		
休暇期間	・90 日（産前 44 は分割使用可能、産後 45 日は義務） ★違反した場合、2 年以下の懲役または 2,000 万ウォン以下の罰金	
休暇中の給与	・大企業：最初 60 日は有給（通常賃金の 100％支給）（事業主の義務）	
雇用保険の給付金	・大企業：無給 30 日（上限：200 万ウォン） ・優先支援対象企業：無給 90 日（上限：600 万ウォン）	下限額：通常賃金又は 最低賃金額
給付金支給条件	・雇用保険の被保険期間 180 日以上 ★自営業者、非正規等の雇用保険適用対象外の人：「50 万ウォン× 3 か月」支給	
不利益な取扱禁止	・出産休暇前と同じ業務または同じ水準の賃金を支給する職務へ復帰（罰則付き） ・休暇期間とその後の 30 日間は解雇できない（罰則付き）	
配偶者出産休暇		
休暇期間	・有給 10 日（1 回分割使用可能）（申請期限：出産日から 90 日以内） ★違反した場合、500 万ウォン以下の過料	
雇用保険の給付金 と支給条件	・優先支援対象企業の労働者：5 日分（上限：38 万 2,770 ウォン、下限：最低賃金） ・雇用保険の被保険期間 180 日以上	
不利益な取扱禁止	・解雇または不利な取扱い禁止（罰則付き）	

出典：筆者作成

注：1）最低賃金：2021 年、時給 8,720 ウォン（月給 182 万 2,480 ウォン）、2022 年、時給 9,160 ウォン（月給 191 万 4,000 ウォン）。2）レート：100 円（JPY）≒ 1,000 ウォン（KRW）（2021 年 12 月）。3）優先支援対象企業とは、雇用保険法第 19 条第 2 項及び施行令第 12 条に該当する企業で、13 の産業分類に分かれ、労働者 500 人以下から 100 人以下までが対象となる。例えば、製造業の場合は常時労働者 500 人以下、保健業・社会福祉業は 300 人以下、宿泊・飲食業は 200 人以下である。

形態、職種に関係なく、配偶者が出産したすべての父親が支援対象となった。

2019 年 8 月の平等法改正（2019 年 10 月施行）により、従来の有給 3 日が「有給 10 日」となり、申請期限も、配偶者の出産日から「90 日以内」（従来は 30 日）へと長くなり、「1 回」に限って分割使用が可能となった（図表 7-1）。

なお、有給休暇期間が長くなったことによる中小企業の負担を軽くするため、優先支援対象企業の労働者を対象に雇用保険の「配偶者出産休暇給付金」が新設された。優先支援対象企業の労働者で、配偶者出産休暇を使用し、休暇終了日前までの被保険期間が 180 日以上であれば、雇用保険から有給 5 日分の給付金が支給される（2021 年の場合、上限 38 万 2,770 ウォン）。

3）妊娠・分娩費用の支援（出産支援金と国民幸福カード）

健康保険加入者または被扶養者である妊婦が正常分娩をする場合は、入院診療費のうち自己負担額は全額免除される。また子の出産時に「出産支援金」として 200 万ウォンが支給される。妊婦の経済的負担を減らすための支援制度と

して、2008 年から妊娠・出産した被保険者には、健康保険から「国民幸福カード」が発行された。支援金額は（2022 年基準）、妊娠 1 回当り 100 万ウォン（多胎児 140 万ウォン）で、妊娠・出産関連の本人負担金、子の診療費の決済に使われる（カードの使用期間は子の出産から 2 年目まで）。

4）乳児手当（2022 年新設）と児童手当

　生まれた出生児を対象に「乳児手当」が新設され、2022 年から施行される。幼児（0 〜 1 歳）には「毎月 30 万ウォン」を支給する。支給額を段階的に高め、2025 年には「月 50 万ウォン」を支援する予定である。児童手当は「毎月 10 万ウォン」で、支給対象年齢は、2022 年からは既存の 7 歳未満（83 か月）から 8 歳未満（95 か月）に引きあげられる。

2．育児休業制度（制度名：育児休職制度）

1）育児休業制度（1988 年施行）と給付金（2001 年施行）

　育児休業制度は 1987 年「男女雇用平等法」制定（1988 年施行）と共に導入された。平等法は、2007 年 12 月法改正（2008 年 6 月施行）により、「男女雇用平等法」から、「男女雇用平等及び仕事・家庭両立支援に関する法律」（略称、男女雇用平等法）へと改名し、法律第 3 章の 2 に「仕事・家庭の両立支援」を新設した。

　育児休業制度は 1987 年の平等法制定当時は「女性労働者」のみが対象であったが、1995 年法改正により、女性労働者の配偶者である男性も育児休業が取得可能となり、2001 年法改正により、配偶者である女性が働かなくても男性労働者が育児休業を申請することができるようになった。

　育児休業の対象になる子供の年齢は、「満 1 歳」までであったが、2006 年法改正により 2008 年出生児からは「3 歳未満」、2010 年改正では「満 6 歳以下の小学校就学前」となり、2014 年改正により「満 8 歳以下または小学校 2 年生以下の子供」となった（平等法第 19 条）。

　育児休業期間は、子供 1 人当たり父親と母親がそれぞれ「1 年間」であったが（女性は産後休暇含めて 1 年）、2020 年 2 月からは「父親と母親の同時取得」が可能となり、それぞれ最大 1 年ずつ合計 2 年間の育児休業を申請することができる。

　妊娠期の女性労働者の約 3 分の 1 は出産前に退職していることから、女性の職業キャリア中断を防ぐため、2021 年 5 月の平等法改正により、女性の場合、「妊娠期間中」から育児休業が取れるようになり、育児休業は「2 回」まで分割して利用することができる（妊娠中の育休は回数に含まない）。

　育児休業期間は無給で、事業主は賃金を支払う法的義務はないが、休業期間は勤続年数には含まれる（1989 年 4 月施行）。また事業主は、育児休業終了後は、休業前と同じ業務又は同じ水準の賃金が支給される職務に復帰させなければならない（解雇または不利な処遇をする場合、3 年以下の懲役または 2,000 万ウォン以下の罰金）。

　雇用保険の育児休業給付金は 2001 年 11 月からで、給付金は雇用保険の被保険者期間 180 日以上で、「30 日以上」の育児休業を取る被保険者に支給される（雇用保険法第 70 条）。給付金は、育児休業を有給化した 2001 年当時は、定額制であったが、2011 年 1 月からは定率制へと変更された。育児休業給付金は、2022 年から、子が 1 歳になるまでの 1 年間通常賃金の 80%（月上限 150 万ウォン）が支給される（雇用保険法施行令第 75 条（育児休業給与））。但し、母親の育児休業による経歴中断を予防する目的で、「給付金後払い制度」がある。これは育児休業給付金の 75% は毎月支給されるが、給付金の 25% は育児休業終了後、職場に復職し、6 か月以上続けて働いた場合、合算して一括支給される。

2) 3+3 父母育児休業制度（2022 年新設）

　2022 年から施行れさる「3+3 父母育児休業制度」は、子供が生後 12 か月になるまでに父母が同時または順次に育児休業を取れば、最初の 3 か月間は通常賃金の 100% をそれぞれ支給する制度である。但し、3 か月間の支給額の限度が異なり、最初 1 か月目の限度は月 200 万ウォン、2 か月目には月 250 万ウォン、3 月目には 300 万ウォンの限度内で通常賃金の 100% を支給する。両親が 3 か月を満たせば、それぞれ最大 750 万ウォンずつ、2 人合計 1,500 万ウォンを受け取ることになる。4 か月～ 12 か月に適用される育児休業給付金は通常賃金の 80%（上限は月 150 万ウォン）になる。

3) ひとり親家庭労働者の育児休業給付金制度

　2022 年からは「ひとり親家庭」（単身世帯）である労働者の給付金が改善された。「ひとり親家族支援法」第 4 条 1 項の父親または母親が対象である。育

児休業期間の最初の３か月は通常賃金の 100%（上限 250 万ウォン）、4 〜 12 か月は通常賃金の 80%（上限 150 万ウォン）が支給される。

３．育児期労働時間短縮制度（2008 年施行）・給付金（2011 年施行）

　育児期労働時間短縮制度は 2007 年 12 月平等法改正により新設された（2008 年 6 月施行）（平等法第 19 条の２）。しかし、事業主に使用可否の裁量を与えていたこと、育児休業と違って所得減少分に対する補てんが一切なかったことから、実施率は非常に低かった。平等法改正により、2011 年 10 月から短縮した

図表 7-2　育児休業制度と育児期労働時間短縮制度

（2019 年 8 月・2021 年 5 月平等法改正）　　　　　　　　　　　　（給付金・給付率：2022 年基準）

	育児休業制度	育児期労働時間短縮制度
子の年齢	「妊娠中の女性労働者」と「満 8 歳以下または小学校 2 年生以下の子供を養育する男女労働者」	「満 8 歳以下または小学校 2 年生以下の子供を養育する男女労働者」
取得条件	・雇用保険被保険者期間 6 か月以上（非正規雇用含む）	・雇用保険被保険者期間 6 か月以上 ・短縮後労働時間：週 15 〜 35 時間未満
休業期間	・1 年間（休業期間は勤続期間に含む） ・同じ子に、父親と母親の同時取得可能（それぞれ 1 年ずつ）	・1 年間 ・育児休業未使用期間を追加利用可能（労働時間短縮は最大 2 年間）
回数	・2 回まで分割可能 　（妊娠中の育休は回数に含まない）	・分割回数の制限ない 　（但し、1 回は最低 3 か月単位）
給与	・無給（事業主の支給義務なし）	・労働契約変更に基づく賃金支給
雇用保険給付金	・対象企業：大企業と中小企業（優先支援対象企業）の労働者 ・支給条件：雇用保険の被保険者期間 180 日以上、30 日以上の育休取得又は労働時間短縮	
	・通常賃金の 80%（月上限 150 万ウォン） ★給付金の 25%：職場復帰後 6 か月以上勤務の場合に支給 【3+3 父母育児休業】 父母が「子が 1 歳になるまで」同時または順次に育児休業の場合、 ・最初 3 か月：通常賃金の 100% 　（月上限額：200 → 250 → 300 万ウォン） ・残り 9 か月：通常賃金の 80% 　（月上限額：150 万ウォン）	時間短縮給付金（賃金減少の一部支援） ・1 日 1 時間短縮（週 5 時間分）：通常賃金の 100%（上限額 200 万ウォン、下限額 50 万ウォン） ・残り短縮時間分：通常賃金の 80%（上限額 150 万ウォン、下限額 50 万ウォン）
禁止	解雇または不利な取扱い禁止（罰則付き）	

出典：筆者作成

時間に関しては雇用保険から給付金を支給しており、2012 年からは、育児期労働時間短縮を企業に義務付けた。2014 年法改正により養育する子供の年齢も育児休業と同じく、満 8 歳以下又は小学校 2 年生以下となった。

　2019 年 8 月法改正（2020 年 1 月施行）により、①短縮による労働時間は「週当たり 15 時間以上 35 時間未満」（従来は 1 週 15 〜 30 時間）、②育児休業「1 年間」と育児期労働時間短縮「1 年間」が取得可能で、育児休業を取らずに、労働時間短縮のみ利用する場合は最大 2 年間（従来は育休と短縮合わせて 1 年）、③分割回数制限なし（従来は 1 回）（但し、時間短縮は「3 か月単位」）、④短縮した時間の給付金は、1 日 1 時間短縮（毎週 5 時間分）は通常賃金の 100%（上限額 200 万ウォン、下限額 50 万円）、残りは 80% 支給となった（**図表 7-2**）。

　図表 7-3 は、配偶者出産休暇（有給 10 日）、母親のみ育児休業、3＋3 父母育児休業、育児期労働時間短縮制度の組み合わせの例である。子が生まれたら、

図表 7-3　韓国の育児休業と労働時間短縮の組み合わせの例

（給付金・給付率：2022 年基準）　　　　　　　　　　　　　　　　　　　　　（単位：%、ウォン）

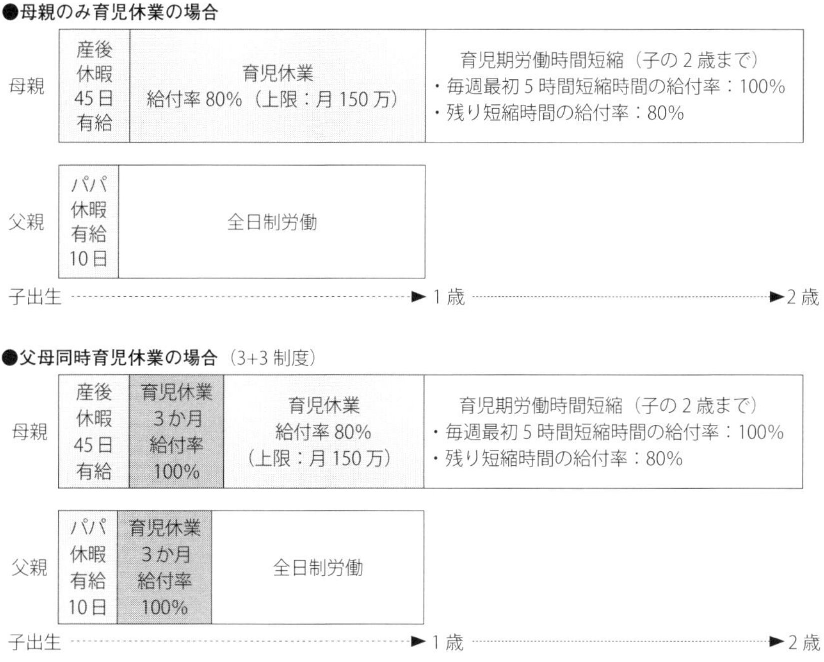

●母親のみ育児休業の場合

●父母同時育児休業の場合（3+3 制度）

出典：筆者作成

母親は「産後休暇 45 日」（有給又は給付金支給）、父親は「配偶者出産休暇」（有給 10 日）を取得する。その後、母親のみ育児休業を取る場合、80％の給付率で子が１歳になるまで育休を取得する。

　父母が同時（または順次）育児休業を取得する場合、父母共に最初３か月は100％の給付率で育休を取得する（上限、２人３か月合計 1,500 万ウォン）。４か月目からは、父は職場に復帰し、母は 80％の給付率で（上限、月 150 万ウォン）子が１歳になるまで育休を取得し、引き続き、子が２歳になるまで、育児期労働時間短縮制度（給付率は、週 5 時間分は 100％、残り 80％）（上限 150 万ウォン）を利用して職場に復帰する。

4.　育児休業・育児期労働時間短縮の実施状況

　育児休業取得者が把握できるようになったのは 2001 年 11 月から雇用保険の育児休業給付金が支給されてからである。**図表 7-4** は、男女別育児休業取得者数（育児休業給付金受給者数）を示している。未婚化と晩婚化の影響で、2016 ～ 2017 年の女性の育児休業利用者数は減少したが、2017 年 9 月から、育児休業開始の最初３か月の給付率の引き上げ（40％から 80％）、引き続き、2019 年 1 月からは育休４か月目からの給付率の引き上げ（40％から 50％）等、制度の改善と共に女性の取得者は再び増加している。

　男性の育児休業取得率は、2014 年「パパ育児休業ボーナス制度」[1]を導入してから改善がみられ、2020 年には、全体育児休業取得者の中で、男性が 24.5％を占めるようになった。**図表 7-5** は 2 番目の育児休業取得者（パパ育児休業ボーナス制度利用者）を男女別に示したもので、主に男性が 9 割を占めている。パパ育休制度導入当時は、給付率が 40％で（月上限 100 万ウォン）、給付金支給も1 か月であったので、施行効果はあまり見られなかったが、2016 年 1 月から、給付率を 100％（月上限 150 万ウォン）で支給期間が 3 か月となり、2018 年 7 月から月上限額 200 万ウォン、2019 年 1 月から月上限額 250 万ウォンへと高まるにつれ、特に男性の利用者が急増している。

　育児期労働時間短縮の給付金は 2011 年から支給したが、使用期間が育児

▶1　共働き世帯の男性の育児休業取得率を高めるため、2014 年に「パパ育児休業ボーナス制度」が導入された。同じ子供を対象に 2 番目に育児休業をとる親（約 9 割が男性）には、最初 3 か月の育児休業給付金を通常賃金の 100％支給する。給付金の月上限は、2021 年の場合 250 万ウォンである。2022 年「3+3 父母育児休業」施行により、廃止された。

図表 7-4　育児休業者数と男性の取得率

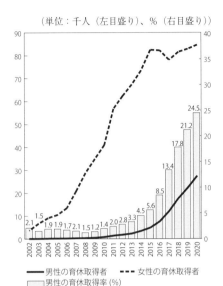

図表 7-5　パパ育休ボーナス制度の男女別取得者

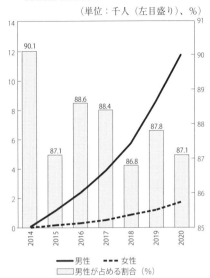

出典：雇用労働部『雇用保険 DB』により筆者作成
注：1）育児休業者数は育児休業給付金受給者である
　　2）男性の育休取得率＝(男性休業者／育児休業者計)

出典：雇用労働部『雇用保険 DB』により筆者作成
注：男性の取得率は、パパ育児休業ボーナス制度利用者の中で、男性が占める割合である。

図表 7-6　育児期労働時間短縮制度利用者数 （単位：千人（左目盛り）、％（右目盛り））

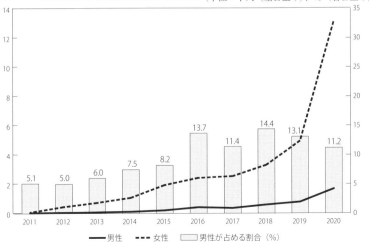

出典：雇用労働部「雇用保険 DB」により筆者作成
注：2011 年から短縮時間に関しては雇用保険給付金支給。

休業と合わせて最大 1 年で、時間短縮給付金が 40％で低かったので利用者も多くなかった。給付金は 2014 年には 60％、2018 年には 80％となった。特に、2019 年 10 月から、1 日 1 時間短縮分に関して給付率 100％になってからは利用者が急増している。労働時間短縮利用者は女性が多く、2020 年、男性の利用者は 11.2％を占める（**図表 7-6**）。

5.　出産育児期の雇用安定事業（事業主支援助成金）

　雇用労働部の『雇用形態別勤労実態調査』（2019 年）によれば、全体女性労働者の中で、20.13％が 5 〜 10 人未満企業で、26.5％が 10 〜 30 人未満企業で働いている。すなわち女性労働者の約 5 割弱が 30 人未満企業で働いている。育児休業制度の改善と共に、育児休業利用者数は増加しているが、企業規模が小さいほど、育児休業を自由に使える企業風土ではない。

　2019 年の出生児の父母の育休使用率を企業規模別に見ると（**図表 7-7**）、企業規模が小さいほど利用率が低い。母親の場合、従事者規模 300 人以上の企業

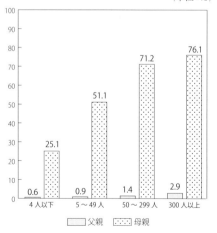

図表 7-7　出生児父母の企業規模別育児
**　　　　　休業使用率**（2019 年）　　（単位：%）

出典：統計庁『育児休業統計』(2019 年) により筆者
　　　作成

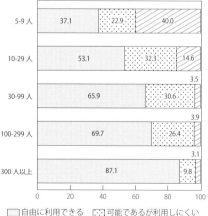

図表 7-8　育児休業制度の企業規模別
**　　　　　実施状況**（2019 年）　　（単位：%）

出典：雇用労働部『仕事・家庭両立実態調査』(2019
　　　年) により筆者作成

では 76.1％（父親 2.9％）、4 人以下の企業では 25.1％（父親 0.6％）である。

　一方、2019 年の全体企業の育児休業実施状況を見ると、28.1％がまったく利用できない、26.4％は可能ではあるが利用しにくいと答えている。企業規模別に見ると（**図表 7-8**）、「育児休業制度が自由に利用できる」のは、労働者 300人以上の大企業では 87.1％であるが、企業規模が小さくなるほど使用しにくくなり、10 ～ 29 人企業では 53.1％、5 ～ 9 人未満企業では 37.1％が自由に利用できると答えている。育児休業がまったく利用できない、または、利用しにくい主な理由として、休業中の代替要員確保が難しい、同僚及び管理職の業務負担、追加要因確保による人件費負担、利用できない職場雰囲気と文化、の順である。

　2021 年現在、育児休業利用者の 65％が従業員規模 300 人以上の大企業と公共機関に勤めている。雇用労働部は、中小企業の育児休業制度の導入率を高めるため、出産育児期雇用安定奨励金の支援対象から大規模企業は除外し、優先支援対象企業を対象に「育児休業支援金制度」を新設し、2022 年から施行する（従来の代替要員人件費支援金制度は廃止）。

　育児休業支援金制度により、育児休業を認める優先支援対象企業には、「月30 万ウォン」を「1 年間」支援する。 特に、生後 12 か月以下の子供に対する育児休業を 3 か月以上認める事業主には最初の 3 か月間は月 200 万ウォンの支援金を支給する。

▌まとめ

　出産育児期女性の仕事と育児の両立を支援し、出生率改善を目指して、2007年に「男女雇用平等法」を「男女雇用平等と仕事・家庭両立支援に関する法律へ」と改名し、少子化対策予算を増やし、出産休暇制度、育児休業制度、育児期労働時間短縮制度を強化してきた。

　しかし、出生率は改善が見られず、韓国は世界で最も出生率が低い国となった。政府の少子化対策が功を奏していない理由として、少子化対策予算の 6 割が雇用や教育等の間接支援で、育児と家庭等の直接支援予算は 4 割にとどまっていること、また、女性の女性雇用者の約 5 割は 30 人未満の中小企業で働いているが、中小企業の育児休業制度導入率が非常に低く、育児休業利用者の65％が従業員規模 300 人以上の大企業と公共機関に勤めていること、また、男

性正規雇用中心の長時間雇用慣行、育児と家事、介護の負担は女性に偏っていること、等があげられる。

　2019 年と 2020 年の平等法改正、2021 年の施行令改正により、2022 年からは、配偶者出産休暇の有給 10 日、育児休業制度の父母同時取得・分割使用・給付金引上げ、育児期労働時間短縮の期間延長（最大 2 年）、中小企業への支援強化など、制度の新設および大幅な改善が行われたことから、今後の効果が期待される。

❖参考文献

裵 海善「育児休業制度の日本・韓国・ドイツの比較」筑紫女学園大学『研究紀要』第 13 号、2018 年 1 月、111 〜 123 頁。

裵 海善「韓国の仕事と育児の両立支援制度」独立行政法人労働政策研究・研修機構（JILPT）『ビジネスレーバートレンド』2018 年 10 月、56 〜 61 頁。

第8章

日本の産前産後休業制度・育児休業制度

　日本での育児休業制度は 1972 年に成立・施行された勤労婦人福祉法に設けられたが、1985 年男女雇用機会均等法の成立により、勤労婦人福祉法の育児休業の規定が男女雇用機会均等法に引き継がれた。1989 年の合計特殊出生率が 1.57 で、1966 年の 1.58（ひのえうまの年）を下回り、過去最低出生率を記録したことを背景に、1991 年に「育児休業等に関する法律」（略：育児休業法）が成立した（1992 年 4 月施行）。

　本章では、韓国の制度と比較するとの観点から、日本の仕事と育児の両立支援制度として、産前産後休業制度、育児休業制度に焦点を置き、2021 年法改正内容、実施状況、企業向けの支援制度を確認する。

1．産前産後休業制度

1）産前産後休業制度と出産手当金

　産前産後休業は 1947 年制定された「労働基準法」第 65 条（産前産後休業）に設けられている。産前休業は 6 週間（多胎妊娠の場合は 14 週間）で、出産予定の女性本人が休業を請求した場合には使用者はその女性を就業させてはならないが、休業請求をしなければ就業可能である。産後休業は 8 週間で、産後 6 週間は義務であるが、残り 2 週間は医師が支障がないと認めた業務であれば就業可能である。

　産休期間中の賃金の支払いについては、労働基準法に規定がなく、ノーワークノーペイの原則により、会社は給料を支払う義務がない。会社が給料を支払わなかった場合、支払われたとしても低額の場合には、健康保険の被保険期間が 1 年以上である場合、出産のため仕事を休んでいた期間の生活費の一部として、健康保険から出産した女性被保険者に「出産手当金」が支給される。

　給付額は、産前 42 日（多胎妊娠の場合は 98 日）・産後 56 日の範囲内で、仕事につかなかった 1 日につき標準報酬月額（社会保険の保険料算出時の基準額で、労働基準法の平均賃金に相当）の平均額の 1/30 の 3 分の 2 相当額、又は賃金と出産手当金との差額である（健康保険法第 102 条）。但し、会社から支払われる給与が出産手当金より多い場合は支給されない。

2）分娩費用の支援（出産育児一時金）

　日本では、出産費用は健康保険の適用外で原則としてすべて自費である（韓国では、正常分娩の場合は自己負担額なし）。分娩費用の補助として健康保険から「出産育児一時金」が出産した女性被保険者に支給される。2006 年 9 月までは 1 児につき 30 万円が支給されたが（当時の平均的な分娩費用は 32 万円）、2006 年成立の医療費制度改革法によって、2006 年 10 月から 35 万円へと増額し、一時金の支払い方法も利用者本人ではなく、健康保険が医療機関に直接支給する方式に改められた。

　2021 年現在、一児につき 42 万円（産科医療補償制度対象外の場合は 40 万 4,000 円）の出産育児一時金が支給される。厚労省によると、2019 年度の出産費用（正常分娩）の全国平均額は約 52 万 4,000 円（産科医療補償制度の掛け金含む）なので、そこから出産育児一時金の 42 万円を差し引くと、約 10 万円が自己負担額になる。

3）児童手当（2012 年導入）

　児童手当は、0 歳から中学校卒業までの児童を養育している一定以下の所得の世帯に支払われる手当である。児童手当の 1 人当たり月額は（2021 年）、「3 歳未満児」には一律 1 万 5,000 円、「3 歳以上小学校修了前」には 1 万円（第 3 子以降は 1 万 5,000 円）、「中学生」には一律 1 万円である。

　児童を養育している人の所得が所得制限限度額以上の高所得者の場合は、「特例給付」として月額一律 5,000 円を支給してきたが、2022 年 10 月以降は、年収 1,200 万円以上の世帯への支給は廃止される。

2.　育児休業制度

　育児休業制度は、1972年に成立・施行された勤労婦人福祉法において初め
て設けられたが、雇用主の努力義務規定にとどまり、対象も女性のみであった。
1985年男女雇用機会均等法の成立により、勤労婦人福祉法の育児休業の規定
が男女雇用機会均等法に引き継がれた。

　1989年の1.57ショックを背景に、1991年5月に「育児休業等に関する法律」
（略：育児休業法）が成立し（1992年4月施行）、育児休業が単独の法律となり、
初めて男性労働者も育児休業の対象となった。制定当時は、常時労働者30人
以下の事業所は1995年3月まで一部規定の適用が猶予されていた。生産年齢
人口が減少に転じた1995年に「育児・介護休業法」が制定され、企業規模や
職種に関係なく、労働者を一人でも雇用する事業主には育児介護休業制度の実
施が義務付けられた。

　育休期間は原則1年で、子が1歳になるまでであったが、2004年法改正
（2005年施行）により、保育所に入れない等の一定の要件を満たす場合は、申
し出により、「子が1歳6か月」に達するまで休業期間と給付金が延長できる
ようになった。

　2009年法改正（2010年施行）では、父親の育児休業取得を促進するための制
度として、「パパ・ママ育休プラス」が導入された（韓国では、2014年に「パパ
育休ボーナス制度」導入）。育児休業対象となる子の年齢は、原則「子が1歳ま
で」であるが、両親が同時に又は別々に育児休業を取る場合、子が「1歳2か
月」に達する日までの「1年間」取得可能になった。また、3歳までの子を養
育する労働者について、「1日6時間」の短時間勤務制度を設けることを事業
主に義務付けた（韓国では1日単位ではなく週単位で短縮）。

　育児休業給付率は、2001年法改正（2002年施行）により、25％から40％へ
引きあげられ、2014年改正で（2014年4月施行）、休業開始から6か月間は
50％から67％へ引きあげられ、残りの期間の給付率は50％となり、現在に
至っている（韓国では2022年から1年間80％）。

　2016年改正では、保育所に入れない等の場合、再度申し出ることにより、
育児休業期間は「子が2歳」になるまで延長できるようになり、給付金も最
長2年まで受給可能となった（2017年10月施行）。また、パートタイム労働者、

派遣労働者、契約社員などの有機契約労働者の育休取得要件が緩和された。期間の定めがある「有期雇用」の場合、産前産後休業は正社員と同じく適用される。育児休業に関しては、①申し出時点で、同一事務所で過去1年以上の継続雇用の者、②子が1歳6か月（1歳6か月〜2歳までの育児休業の場合は2歳）に達する日までに労働契約期間が満了することが明らかでないこと、の二つの要件が設けられた（2021年の法改正で育休就得条件は②のみとなる）。

3．育児期短時間勤務制度（育児のための所定労働時間の短縮措置）

2001年法改正（2002年施行）では、育児期短時間勤務制度の対象となる子の年齢が1歳未満から3歳未満に引きあげられた。2009年法改正により（2010年6月施行）労働者の申し出に基づき、1日の所定労働時間を「原則として6時間（5時間45分〜6時間）」とする措置を含む制度を導入することが事業主に義務付けられた（常時100人以下の労働者を雇用する事業主は2012年7月1日施行）。

短時間勤務制度の対象となる労働者は、①3歳に満たない子を養育する労働者、②短時間勤務制度が適用される期間に育児休業をしていないこと、③1日の所定労働時間が6時間以下でないこと、④日々雇用される者でないこと、⑤労使協定により適用除外とされた労働者でないことである。

短時間勤務制度の適用を申し出たことや制度の適用を受けたことを理由として、解雇、雇い止め、減給等の不利益な取扱いを行うことは育児・介護休業法で禁止されているが、短時間勤務中の働かなかった時間について賃金を支払う義務はない（韓国では時間短縮分に関しては雇用保険から給付金あり）。

4．改正育児・介護休業法（2021年）

男性の育児休業の取得を促す制度、育児休業を取得しやすい雇用環境整備などを含めた改正育児・介護休業法が2021年6月3日、衆院本会議で可決され、2022年4月から順次施行される（**図表8-1、図表8-2**）。

第一に、男性の育児休業取得を促進するため「出生時育児休業（男性版産休）」を新設した。女性は子の出生後、8週間の産休が取得できるので、出生時育児休業は男性のみ利用することができる。男性版産休は、「子の出生後8

図表 8-1　育児休業制度と育児期労働時間短縮措置（2021 年 6 月改正案）

	育児休業制度	育児期労働時間短縮措置
子の年齢	・1 歳に満たない子どもを養育する男女労働者 （保育所に入所できない等の場合は 1 歳半、最長 2 歳）	・3 歳に達するまでの子を養育する男女労働者
取得条件	・同一事業主に引き続き 1 年以上雇用 ★有期雇用：子が 1 歳 6 か月になるまでの間に契約が満了することが明らかではない（2022 年 4 月施行）	・同一事業主に引き続き 1 年以上雇用・1 日の所定労働時間が 6 時間以下でない・育児休業をしていない
休業期間	・1 年以内（保育所に入所できない等、一定の場合は 1 歳半、最長 2 歳まで） ・父母共に育休取得（パパ・ママ育休プラス）：子が 1 歳 2 か月に達するまでの間の 1 年間	・短縮時間：1 日の所定労働時間「原則 6 時間」（義務）
回数	・女性：2 回まで ・男性：「男性産休」（分割 2 回）、計 4 回分割（2022 年施行見込み）	・規定なし
給与	・無給（事業主の支給義務なし）	・短縮した労働時間に応じて減額
雇用保険給付金	・支給条件：休業開始日前 2 年間に被保険者期間 1 年以上 ・給付率：休業開始から 180 日目までは 67%（上限額 30 万 5,721 円）、その後は 50%（上限額 22 万 8,150 円）	・短縮した労働時間の給付金：なし

出典：筆者まとめ
注：育児休業給付金の上限額は 2020 年 8 月基準。

週間以内に 4 週間まで取得可能」で、休業は 2 回分割可能である。現行の申請期限は休業の 1 か月前であるが、「男性版産休」の場合は休みを取りやすくするため「2 週間前」に短縮された（2022 年 10 月施行）。法改正による男性版産休と育児休業分割制度の導入により、雇用保険の育児休業給付金制度も今後、見直されることになる。

　第二に、育児休業等に関して事業主が講ずべき措置を見直した。育児休業を取得しやすい雇用環境整備及び妊娠・出産の申し出をした労働者に対する個別の周知・休業の取得意向の確認のための措置を事業主に義務付けた。怠けた場合は、行政による指導や勧告の対象となり、最終的には企業名が公表される（2022 年 4 月施行）。

　第三に、育児休業を 2 回まで分割して取得することが可能である。今までは、パパ休暇（子の出生日から 8 週間内の育休）を除き、育児休業を分割して取得することができなかった。今後は、女性は 2 回分割、男性の場合は「男性版産休」を含めれば 4 回分割が可能である（2022 年 10 月施行見込み）。

　第四に、有期雇用労働者の育児休業の申し出要件が緩和された。「1 歳 6 か

図表 8-2　産前後休業・育児休業制度

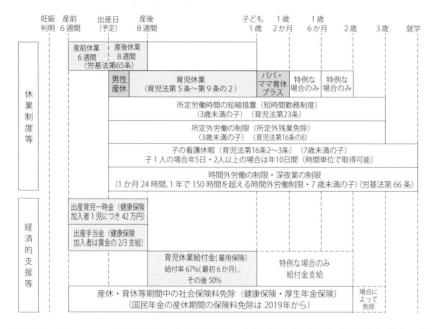

出典：http://elaws.e-gov.go.jp「育児休業、介護休業等育児又は家族介護を行う労働者の福祉に関する法律」、厚
　　　生労働省「男女雇用機会均等法、育児・介護休業法のあらまし」により筆者まとめ。
注：育児休業制度は育児介護休業法に定められているが、社会保険料免除は、健康保険、厚生年金保険の制度と
　　して定められている。

月までの間に契約が満了することが明らかでない」条件を満たせば取得できる。
ただし、労使協定を締結した場合には、無期雇用労働者と同様に、「事業主に
引き続き雇用された期間が１年未満である労働者を対象から除外」することを
可能とする（2022 年４月施行）。法改正により、雇われて１年未満の契約社員、
パートなどの有機契約の労働者も育休がとれるようになるが、雇用保険の「育
児休業給付金」の受給要件が「育児休業を開始した日前２年間に被保険者期間
が 12 か月」であるので、有期雇用の場合は育休は取得できても給付金は受給
できないことがある。

　第五に、企業の育児休業取得率の公表を義務付けた。従業員数 1,000 人超の
企業が対象で、育児休業等の取得状況を公表することになる（2023 年４月施行）。

　図表 8-3 は、男性版産休、育児休業、パパ・ママ育休プラス、育児期短時間
勤務制度の組み合わせの例である。子が生まれたら、母親は健康保険から賃金

図表 8-3　日本の育児休業と短時間勤務の組み合わせの例（2021 年改正案基準）

母親	産後休業 8週間 出産手当金 給付額2/3	育児休業 6か月 給付率67%	育児休業 4か月 給付率50%	短時間勤務→ （子の3歳まで）

父親	男性 産休 1か月	全日制労働	育児休業 5か月 給付率67%	育児休業 給付率 50%

子の出生　01　02　03　04　05　06　07　08　09　10　11　1歳　13　14か月

出典：筆者作成

の3分の2相当の出産手当金で産後休業を取得し、父親は「男性産休」を1か月間取得する。母親は産休後に67%の給付率で育児休業6か月を取得し、次は、子が1歳になるまで50%の給付率で育休を取得し、その後、子が3歳になるまで短時間勤務をする。パパ・ママ育休プラス制度により、両親が共に育児休業を取得する場合、子が1歳2か月まで1年間の休業が可能なので、父親は67%の給付率で5か月間、次は50%の給付率で育休を取得する。

5. 育児休業取得状況

　育児休業給付金は1995年から支給されているので、育児休業取得率は1996年から確認できる（**図表8-4**）。女性の育児休業取得者は、1996年49.1%から増加し続け2020年81.6%である。一方、男性の育児休業率は、配偶者が出産した男性のうち育児休業を開始した者の割合で、1996年0.12%から緩やかに増加し、2020年12.65%である。

　育休取得者の企業規模別実態を見ると（**図表8-5**）、全体育児休業者の中で、女性は85.5%、男性は14.5%を占めている。男女共に、企業規模が大きいほど休業者率が高い。2020年の場合、男性の育児休業者12.65%のうち、28.33%は取得期間5日未満である。

図表 8-4　育児休業取得率

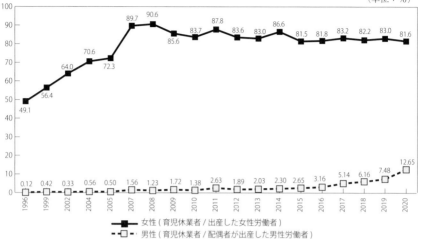

出典：厚生労働省『雇用均等基本調査』により筆者作成

注：1）調査対象は 5 人以上の事業所で、2011 年度の割合は岩手県、宮城県、福島県を除く。2）育児休業取得率
＝（出産者のうち、調査時点までに育児休業を開始者数（開始予定の申請者含む）／調査前年度の 1 年間の
出産者数（男性の場合は配偶者が出産した者）。

図表 8-5　企業規模別育児休業取得者（2020 年）　　　　　　　　　　　　　　（単位：％）

	出産した女性の育児休業者	配偶者が出産した男性育児休業者	取得期間5日未満	育児休業者計	女性	男性
事業所計	81.6	12.65（100.0）	4.58（28.33）	100.0	85.5	14.5
500 人以上	95.2	13.09（100.0）	3.08（23.57）	100.0	83.1	16.9
100 〜 499 人	93.8	17.21（100.0）	2.82（16.38）	100.0	81.2	18.8
30 〜 99 人	71.2	12.65（100.0）	4.58（36.17）	100.0	85.9	14.1
5 〜 29 人	78.0	9.68（100.0）	3.72（38.40）	100.0	88.9	11.1

出典：厚生労働省『雇用均等基本調査』

注：2018 年 10 月 1 日〜 2019 年 9 月 30 日に出産した者又は配偶者が出産した者のうち、2020 年 10 月 1 日まで
に育児休業を開始した者（開始の予定の申し出をしている者を含む）の割合である。

6. 出産育児期の雇用安定事業（事業主支援助成金）

1）出生時両立支援コース（子育てパパ支援助成金）

　出生時両立支援コースは、「男性労働者」が育児休業を取得しやすい職場風土づくりを目的として、男性労働者の育児休業の取得を支援する事業主への助成金である。男性労働者が育児休業や育児目的休暇を取得しやすい職場風土づくりに取り組み、その取り組みによって男性労働者が、子の出生後8週間以内に連続14日（中小企業は連続5日）以上の「育児休業」を取得した場合、または、男性労働者が子の出生前6週間から出生後8週間の期間中に、合計して8日（中小企業は5日）以上の「育児目的休暇」を取得した場合、事業主に助成金を支給する。

　また、2020年には「個別支援加算」を新設し、男性の育児休業を取得しやすい職場風土づくりの取り組みに加えて、対象男性労働者に対し、育児休業取得前に個別面談など育児休業の取得を後押しする取り組みを行った事業主には、追加加算して助成する（**図表8-6**）。

図表8-6　出生時両立支援コース（子育てパパ支援助成金）
（助成金は2021年基準。（　　）内は生産性要件を満たした場合の金額）

		中小企業	中小企業以外	注意
①	1人目の育休取得	57万円（72万円）	28.5万円（36万円）	育児休業等支援コース（育休取得時・職場復帰時）との併給は不可
	個別支援加算	10万円（12万円）	5万円（6万円）	
②	2人目以降の育休取得	・育休5日以上：14.25万円（18万円） ・育休14日以上：23.75万円（30万円） ・育休1か月以上：33.25万円（42万円）		
	個別支援加算	中小企業5万円（6万円）	2.5万円（3万円）	
③	育児目的休暇の導入・利用	28.5万円（36万円）	14.25万円（18万円）	

出典：厚生労働省HP
注：①は当該事業主の下で初めて生じた育児休業取得者。②は1企業当たり1年度10人まで支給（支給初年度のみ9人まで。支給初年度において①に該当する労働者がいない場合は、②のみの支給）③は1企業1回まで。

2）育児休業等支援コース（中小企業事業主のみ対象）

　「Ⅰ. 育休取得時・職場復帰時」助成金は、「育休復帰支援プラン」を作成し、プランに沿って労働者の円滑な育児休業の取得・職場復帰に取り組み、育児休

業を取得した労働者が生じた中小企業事業主に支給する。プランに基づき、対象労働者に、連続3か月以上の育児休業（産後休業の終了後、引き続き育児休業をする場合は、産後休業を含む）を取得させた場合（育児取得時）、また、対象労働者を「原職等に復帰」させ、復帰後も雇用保険被保険者として6か月以上継続雇用した場合（職場復帰時）に支給される。また、代替要員を確保せずに、業務の効率化、周囲の社員により対象労働者の業務をカバーした場合に「職場支援加算」が支給される（「Ⅱ.代替要員確保時」との併給はできない）。

「Ⅱ.代替要員確保時」助成金は、対象労働者が3か月以上の育児休業（産後休業の終了後引き続き育児休業をする場合は、産後休業を含む）を取得し、事業主が休業期間中の代替要員を新たに確保すること、また対象労働者の原職等に復帰させ、雇用保険被保険者として6か月以上継続雇用しているときに助成される。

「Ⅲ.職場復帰後支援」は、対象労働者が1か月以上の育児休業（産後休業を含む）から復帰した後6か月以内において、導入した制度の一定の利用実績

図表 8-7 育児休業等支援コース（中小企業事業主のみ対象）

（助成金は2021年基準。（　）内は、生産性要件を満たした場合の支給額）

コース	内容		支援額	注意
Ⅰ. 育休取得時・職場復帰時		A 休業取得時	28.5万円（36万円）	・AとBともに1事業主2人まで支給（無期雇用の定めのない労働者1人、有期雇用労働者1人） ・「職場復帰時」は、「育休取得時」を受給していない場合申請不可
		B 職場復帰時	28.5万円（36万円）	
		職場支援加算	19万円（24万円） 「B職場復帰時」に加算して支給	
Ⅱ. 代替要員確保時		支給対象労働者1人当	47.5万円（60万円）	・1事業主あたり1年度10人まで支給（5年間）
		有期雇用の場合に加算	9.5万円（12万円）	
Ⅲ. 職場復帰後支援		制度導入時	28.5万円（36万円）	・AまたはBの制度導入時いずれか1回のみの支給。制度導入のみの申請は不可
		制度利用時	A: 子の看護休暇制度 1,000円（1,200円）×時間 B: 保育サービス費用補助制度：実費の2/3	・最初の申請日から3年以内5人まで支給 ・1事業主当たりの上限は、 A：200時間（240時間） B：20万円（24万円）まで

出典：厚生労働省HP

（Aの子の看護休暇制度は10時間以上（有給）の取得またはBの保育サービス費用補助制度（3万円以上の補助））がある場合に助成される（**図表8-7**）。

まとめ

　経済変化と諸制度の整備と共に、女性雇用者数は増加し続け、1997年からは共働き世帯が男性雇用者と無業の妻からなる世帯数を上回り、2018年には、雇用者の共働き世帯が専業主婦世帯の2倍になった。

　韓国と同じく、日本でも育児休業制度は改善されてきたが、家事・育児の負担が女性に偏っているため、出産前に就業していた女性も出産を機に辞める現象が根強く残っている。「第1子出産前後の妻の就業変化」を見れば、出産前に就業した女性72.2％の中で、第1子出産前後に46.9％が出産退職、53.1％が継続就業（出産前に就業72.2％を100％にした場合）している（国立社会保障・人口問題研究所、2016年）。

　特に、男性の育児休業利用率はまだ低く、今後、女性の雇用を促進するためには、長時間労働の削減と多様で柔軟な働き方の実現と共に、女性の仕事と家事・育児などに対する男性の意識変化が必要である。

❖参考文献

裵 海善「育児休業制度の日本・韓国・ドイツの比較」筑紫女学園大学『研究紀要』第13号、2018年1月、111〜123頁。

裵 海善「日本のワーク・ライフ・バランスの取組み」筑紫女学園大学『教育実践研究』第7号、2021年3月、193〜203頁。

韓日比較ポイント　　出産・育児休業制度の歩み

韓国	日本
1953 年、「勤労基準法」制定（出産休暇制度導入）	1947 年、「労働基準法」制定（出産休暇制度導入）
1987 年、男女雇用平等法に育児休業導入（1988 年施行）（女性労働者対象、子の年齢：1 歳未満）	1972 年、勤労婦人福祉法に育児休業導入（女性労働者対象）
2001 年、①産休期間拡大（60 日→ 90 日）と 30 日分の給付金支給開始、②育休給付金支給開始	1985 年、男女雇用機会均等法、育児休業規定
	1991 年、育児休業法公布（1992 年施行）（男女労働者対象、子の年齢：1 歳未満）
2006 年、①出産休暇給付金の支給期間拡大：30 日→ 90 日、②子の年齢：1 歳→ 3 歳未満（2008 年出生児から）	1995 年、育児・介護休業法（介護休業は 1999 年から義務化）。育児休業給付金支給開始（給付率 25%）
2007 年、①配偶者出産休暇導入（無給 3 日）、②労働時間短縮制度新設（育休と時短を合わせて 1 年）	2001 年、①育休給付金：25%→ 40%、②育児期の短時間勤務制度（1 日 6 時間、子の年齢引き上げ：1 歳未満→ 3 歳未満）
2010 年、子の年齢：3 歳未満→ 6 歳以下	2005 年、①育休給付金支給期間の延長：養育する子が 1 歳まで（一定の場合には 1 歳 6 か月まで）、②子の看護休暇制度義務化
2011 年、①育休給付金：定額制→定率制（通常賃金の 40%）★給付金の 15% は、復帰 6 か月後に支給、②育児期労働時間短縮給付金：40%	2007 年、育休給付金：40%→ 50%
2012 年、①配偶者出産休暇：5 日（有給 3 日）、②契約職・派遣労働者の育休期間は使用期間から除く、③出産前休暇の分割使用可能、④育児期労働時間短縮制度義務化	2010 年、①育児期短時間勤務制度義務化（給付金なし）、②パパ休暇（父親の育休は 2 回分割可能：2021 年の法改正で削除）、パパ・ママ育休プラス（子の 1 歳 2 か月まで。給付金は最長 1 年間支給）、③休業中と復帰後 6 か月に分けて支給していた給付を統合し、全額（50%）を休業中に支給
2014 年、①子の年齢：6 歳以下→ 8 歳以下、②パパ育休ボーナス制度（2 番目の育休取得者：最初 1 か月給付金 100%）、③育児期労働時間短縮付金：60%	
2015 年～現在、給付金の 25% は職場復帰 6 か月後に支給	2014 年、育休給付金：最初 6 か月 67%、残り期間は 50%
2016 年、パパ育休ボーナス制度（2 番目育休取得者：最初 3 か月の給付金 100%）	2016 年、①育休給付金支給期間の延長：一定の場合には 1 歳 6 か月→ 2 歳まで、②有期契約労働者育休取得要件緩和（・入社してから 1 年以上継続雇用・子が 1 歳 6 か月になるまでの間に契約が満了することが明らかではない）
2017 年、育休給付金：最初 3 か月 40%→ 80%、残り期間 40%	
2018 年、育児期労働時間短縮給付金：80%	
2019 年、①育休給付金：最初 3 か月 80%、残り 50%、②労働時間短縮給付金：1 日 1 時間短縮 100%、1 時間以上短縮：80%、③非正規に産休給付金支給、④パパ出産休暇：有給 10 日（1 回分割可能）、中小企業労働者には給付金支給	2022 年、①「男性版産休」新設：子の誕生から 8 週間以内に「4 週間取得可能」、②育休分割：2 回（男性版産休含めれば 4 回）（①と②は 2022 年 10 月施行）、③雇用環境整備・個別周知・意思確認、④有期雇用の取得上限緩和（子が 1 歳 6 か月になるまでの間に契約が満了することが明らかではないこと）（③と④は 2022 年 4 月施行）、⑤ 1,000 人超企業の育休取得状況公表の義務化（2023 年 4 月施行）
2020 年、①育休の男女同時取得可能（それぞれ 1 年間）、②育休期間：1 年間（分割 2 回）、労働時間短縮：1 年間（育休と合わせて最大 2 年間、回数制限なし）③女性の育休：妊娠中から使用可能	
2022 年、① 3 ＋ 3 父母育休制導入（3 か月間給付金 100%、パパ育休ボーナス制度廃止）、②育休給付金：1 年間 80%	

出典：筆者まとめ

第9章

公的年金制度と女性の年金権

　総人口の中で65歳以上の人口が占める割合である高齢化率は（2020年）、韓国15.7％、日本28.7％で、特に日本は世界一高齢化率が高い国である。両国共に平均期待寿命が長くなり、1997年と2019年の22年間を比較すれば、韓国は74.7歳から83.3歳、日本は80.5歳から84.4歳へと上昇しており、2019年平均期待寿命の男女差は、韓国6歳（男性80.3歳、女性86.3歳）、日本6歳（男性81.4歳、女性87.4歳）である。韓日共に長い老後を単身で過ごす女性が増えていることから、女性の老後生活の支柱である公的年金制度はますます重要なものとなっている。特に一般国民対象の公的年金の歴史が浅い韓国の場合、65歳以上高齢者の相対的貧困率は43.8％で（日本19.6％）、OECD諸国の中で最も高く、性別には、男性37.1％（日本16.2％）、女性49％（日本22.3％）で、65歳以上女性の2人に1人は貧困状態である。

　一般国民対象の公的年金制度として国民年金制度を発足したのは、韓国は1988年、日本は1961年であるが、全国民を対象に施行したのは、韓国は1999年、日本は1986年からである。韓国と日本は、女性のライフスタイルと雇用構造、女性と関わる労働法では共通点が多いが、公的年金構造、また公的年金制度における女性年金権には大きな違いが見られる。

　本章では、韓国の国民年金と日本の公的年金（国民年金と厚生年金）における女性の年金権に焦点を置き、韓国と日本の共通点と違いを比較するのが目的で、以下3点にポイントを置く。第一に、公的年金の仕組みと女性の年金加入条件における特徴と加入実態を確認する。第二に、公的年金給付金の8割を占

▶1　OECD Health Statistics 2021（Life expectancy at birth by sex,2019）
▶2　2019年のOECD38か国の平均寿命は81歳（男性78.3歳、女性83.6歳）である。OECD加盟国の中で、日本は84.4歳で1位、韓国は83.3歳で4位である。
▶3　OECD平均貧困率は13.5％、性別には男性10.3％、女性15.7％である。（OECD,Pensions at a Glance,2019）

める老齢年金の女性の受給実態、老齢年金に加算される扶養家族年金における妻の取り扱いを比較する。第三に、女性受給者が 9 割を占める遺族年金と分割年金の仕組みと女性の受給権を比較する。

1. 公的年金の加入条件と加入実態

1）韓国の国民年金制度と女性年金権

　韓国の公的年金制度は、一般国民対象の「国民年金」と公務員、軍人、私学教職員、別定郵便局職員対象の「特殊職域年金」（以下、職域年金）の 1 階 2 本建ての仕組みである。[4] 国民年金法は 1986 年 12 月制定され（1988 年 1 月施行）、国内に居住する 18 歳以上 60 歳未満の人が加入対象（職域年金加入者は対象外）である。国民年金の被保険者は、「事業場加入者」「地域加入者」「任意加入者」「任意継続加入者」に区分される。国民年金加入は個人単位が基本で、女性の場合、男性と同じく、就業形態によって、加入条件と保険料負担が異なる（**図表 9-1**）。

　「事業場加入者」の場合、施行当時は労働者 10 人以上事業場の正規職労働者が加入対象であったが、2003 年からは、5 人未満の事業場、短時間労働者（雇用期間 1 か月以上、月労働時間 60 時間以上）も加入対象となり（法第 8 条）、9％の保険料を労使折半で 4.5％ずつ負担する。[5]「地域加入者」制度は、1995 年導

図表 9-1　韓国の公的年金制度（1 階建て）

特殊職域年金	国民年金 (加入者区分)				＜主な給付金＞
・公務員年金 ・軍人年金 ・私学年金 ・別定郵便局 　職員年金	事業場 加入者 （被用者）	地域加入者 （自営業者・ 農漁業者）	任意加入者 （無所得配偶者・ 18 ～ 26 歳の学 生と軍人等）	任意継続 加入者	・老齢年金 　（基本年金 + 　扶養家族年金） ・障害年金 ・遺族年金
	18 ～ 60 歳未満（特殊職域年金加入者は対象外）			60 ～ 65 歳	

出典：筆者作成
注：事業場加入者は、18 歳未満でも勤めていれば自動的に加入対象となる。

▶ 4　2009 年 2 月「国民年金と職域年金の連携に関する法律」が制定（同年 8 月施行）され、加入者本人の申請があれば、国民年金と職域年金の被保険者期間を合算することが可能である。

▶ 5　保険料率は、1988 年施行当時は 3％であったが、1993 年から 6％、1998 年から 9％へと引きあげられ現在に至っている。

入当時は農民漁民が対象であったが、1999 年に都市自営業者も含まれた（法第 9 条）。地域加入者の保険料 9％は自己負担になるが、農漁民には保険料の一部を 1995 年 7 月から国庫支援している（2024 年 12 月まで支援予定）。事業場加入者と地域加入者の無所得配偶者、18 ～ 26 歳の学生と軍人等は「任意加入者」として加入でき、加入と脱退は自由で（法第 10 条）、保険料は自己負担となる。

2）日本の公的年金制度と女性年金権

　日本では一般労働者を対象とする公的年金保険として、1941 年 2 月「労働者年金保険法」が制定され、1942 年から軍需工場や鉱工業で働く 10 人以上の事業所を対象に施行された。女性は加入対象外であったが、1944 年に「厚生年金保険法」に名称変更すると共に、女性労働者も加入対象となった。

　1959 年 4 月には、農林漁業などの自営業者や零細事業所の労働者を対象とした「国民年金法」が成立し（1961 年施行）、被用者対象の「厚生年金保険法（プラス各種共済組合法）」（労働者 5 人以上対象）との 1 階 2 本建ての仕組みとなった。被用者年金被保険者の被扶養配偶者は国民年金の「任意加入」となり、夫が老齢厚生年金を受給することになれば「加給年金」の対象になるという点で、現在の韓国の国民年金制度と似ている。

　1985 年 4 月、国民年金法改正（1986 年施行）により「基礎年金」が導入され、20 歳以上 60 歳未満の者は国民年金の基礎年金に加入し（1 階部分）、被用者は国民年金と 2 階部分の報酬比例型の公的年金（厚生年金と三つの共済年金）にも加入が義務付けられ（2 重加入）、公的年金の「2 階建て」の仕組みが作られた。また、専業主婦が将来無年金にならないように、国民年金の「任意加入制度を廃止」し、被用者年金被保険者の被扶養配偶者は「第 3 号被保険者」として国民年金の加入を義務付け、専業主婦の年金権を確立した。1 階の国民年金は、加入者を第 1 ～ 3 号に区分し（法 7 条）、「第 1 号被保険者」は第 2 号・第 3 号に該当しない者、「第 2 号被保険者」は被用者年金の被保険者、「第 3 号被保険者」は、第 2 号の被扶養配偶者となった。

　2015 年 10 月に「被用者年金一元化法」が施行され、厚生年金と三つの共済年金に分かれていた被用者年金が「厚生年金」に統一され、公的年金は、国民

▶ 6　太平洋戦争が始まる 9 か月の前であるこの時期に成立した背景として、「軍需工場や鉱工業で働く労働者の確保が急務だったこと（働けば年金をもらえるとの誘い）」「軍事費に年金保険料を借用する」との複合的な理由で、年金制度本来の理念や目的にはほど遠かった（「社会保障 70 年の歩み・第 9 回・年金」2019 年 5 月 8 日 ,https://www.nhk.or.jp）

年金と厚生年金の「2階建て」[7]になった。2階の厚生年金では、第1～4号被保険者に分かれ、被保険者は同一の報酬であれば同一の保険料を負担し、同一の公的年金給付を受けるが、保険料運用に関する事務は、被保険者の種別に応じて、各機関が行う（**図表9-2**）。

　女性の場合、夫婦の就業形態によって、年金加入条件と保険料負担が異なる。自営業者・農業従事者の妻は、国民年金の第2号と第3号被保険者でなければ、第1号被保険者となり、「定額の保険料」を自己負担し、「定額の老齢基礎年金」を受給する。国民年金第2号被保険者に扶養されている妻は、国民年金第3号被保険者となり（第3号は、夫が事業主に届け出をし、厚生年金を経由して加入する）、保険料の「自己負担なし」（健康保険の保険料も払う必要がない）で、第1号と同じく老齢基礎年金（定額）が受給できる。第3号の保険料は第2号被保険者全体で負担する仕組みで、日本年金機構が20～60歳の割合、第3号被保険者の割合をベースに算出し、厚生年金保険が基礎年金拠出金として負担している。

図表9-2　日本の公的年金制度（2階建て）

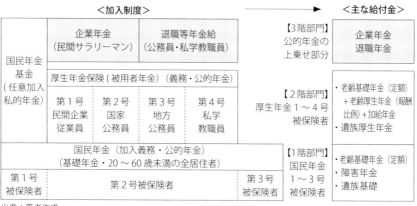

出典：筆者作成

▶7　民間企業の場合、従業員の老後の生活安定のために公的年金に加えて任意に導入している企業年金、公務員・私学教職員の場合は「退職等年金給付」の独自の上乗せ制度があるので、被用者年金は実際3階建ての構造である。自営業の場合（国民年金第1号）、国民年金だけにしか加入しておらず、将来受け取る年金額が少ないので、自営業者等にとっての2・3階部分に当たる「国民年金基金制度」が1991年5月に創設された。国民年金基金の加入は「任意」であるが、いったん加入すれば任意に脱退することはできない。

　女性が被用者として働く場合、男性被用者と同じく、国民年金の第2号被保険者となり、厚生年金の2重加入が義務付けられる。女性がパートタイマーとして働く場合、「年間収入（通勤手当も含）が130万円以上」[8]「1週間の所定労働時間および1か月の所定労働日数が同じ事業所で同様の業務に従事している正社員の4分の3以上」であること、また、正社員の所定労働時間および所定労働日数が4分の3未満であっても、①週20時間以上の労働（残業は除く）、②月額賃金が8万8,000円以上（年間106万円以上）、③雇用期間が1年以上見込まれること（2022年10月からは2月超）、④従業員501人以上の企業に勤務していること（2022年10月からは「101人以上」、2024年10月からは「51人以上」となる）、⑤学生ではない、との5つの要件を満たすと自ら厚生年金に加入することになる[9]。

　第2号被保険者の厚生年金保険料（2階部分）には国民年金保険料（1階部分）が含まれており、事業主と被保険者とが保険料率18.3％を半分ずつ負担する[10]。したがって、共働き世帯の妻は、保険料は自己負担であるが、労使折半なので、保険料負担は第1号被保険者に比べて軽い。

3）女性の国民年金の加入実態

　図表9-3、図表9-4では、韓日の国民年金の加入形態別女性の加入実態を比較した。韓国の国民年金の被保険者は、2019年度末で、1,861万人で、事業場加入者が74.8％で最も多く、次に地域加入者20.9％である。一方、女性被保険者（853万人）の加入形態別占める割合を見ると、事業場加入率が69.5％で最も多く、次に、地域加入者23.4％、任意継続加入者3.9％、任意加入者3.3％順である。

　全体加入者の中で、女性被保険者が占める割合は45.0％で、加入形態別に事業場加入者では女性は41.9％で半分を下回るが、地域加入者では女性が50.4％で男女ほぼ同じ割合である。全体加入者の中で、任意加入者は1.7％、任意継続加入者は2.6％で少ないが、それぞれ女性が85.1％と66.1％を占めている。

▶ 8　被扶養配偶者認定基準になる年間収入は、1986年90万円、1987年100万円、1989年110万円、1992年120万円、1993年130万円未満となった。

▶ 9　2020年5月29日、年金改革法成立により短時間労働者の企業規模による加入条件が緩和された。

▶ 10　1941年2月制定の労働者年金保険法では保険料率は月収の6.4％であったが、1954年、厚生年金保険法により、保険料率は月収の3％（労使折半）となった。年金制度改正に基づき2004年から段階的に引きあげられ、2017年9月を最後に引き上げが終了し、厚生年金保険料率は18.3％で固定された。

図表 9-3　韓国の国民年金の加入形態別被保険者(2019 年)

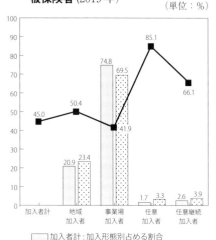

（単位：％）

凡例：
□ 加入者計：加入形態別占める割合
▨ 女性加入者：加入形態別占める割合
―■― 加入者計：加入形態別女性の占める割合

出典：国民年金公団『国民年金統計』2019 年

図表 9-4　日本の国民年金の加入形態別被保険者（2019 年）

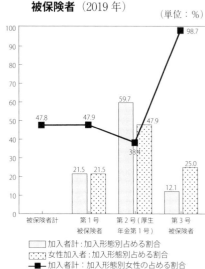

（単位：％）

凡例：
□ 加入者計：加入形態別占める割合
▨ 女性加入者：加入形態別占める割合
―■― 加入者計：加入形態別女性の占める割合

出典：厚生労働省年金局『厚生年金保険・国民年金事業の概況』2019 年

　日本の場合、国民年金第2号である厚生年金被保険者は運用機関によって第1～4号被保険者に分かれている。民間企業従業員が対象である厚生年金第1号は、韓国の「事業場加入者」、厚生年金第2～4号は韓国の「特殊職域年金」に準ずる。2019 年度末で、厚生年金被保険者4,488 万人の中で、厚生年金第1号は4,037 万人で89.9％を占め、厚生年金2～4号が10.1％を占める。図表9-4 では、日本の被用者加入実態を韓国と比較するため、厚生年金第1号の加入率を示した。

　国民年金被保険者数は6,762 万人の中で、第2号（厚生年金第1号）59.7％、第1号21.5％、第3号12.1％の順である。女性被保険者（3,234 万人）の加入形態別の占める割合を見ると、第2号47.9％、第1号21.9％、第3号は25.9％である。全体被保険者の中で女性が47.9％（3,234 万人）を占めており、加入形態別女性被保険者が占める割合を見ると、第1号は女性が47.9％で男女ほぼ同率であるが、第2号は女性が38.4％、第3号は女性が98.7％を占める。即ち、女性被保険者の4人に1人（25.0％）が第3号被保険者であり、第3号の98.7％が女性である。

2. 老齢年金と扶養家族年金（加給年金）

1）老齢年金

　韓国の国民年金の老齢年金を受給するために必要な加入期間は、1988年施行当時は「15年以上」であったが、1999年から「10年以上」となった。加入期間10～20年未満加入者には基本年金を減額支給し、20年以上加入者には満額支給する。女性の場合、夫婦自営業世帯の「地域加入者」の妻、夫婦共働き世帯の「事業場加入者」の妻は62歳から国民年金の「老齢年金の基本年金」が受給できる。女性が専業主婦、または、月労働時間60時間未満の短時間労働者である場合、任意加入していなければ将来「無年金」になる（**図表9-5**）。

　日本の場合、被保険者期間が10年以上（2017年8月より、受給資格期間が25年から10年に短縮）であれば、原則65歳から老齢基礎年金を受給することが

図表 9-5　韓国の国民年金制度と日本の公的年金制度の比較

加入者 区分	韓国の国民年金制度			日本の国民年金制度と厚生年金制度		
	地域加入者	事業場 加入者	任意加入者	国民年金第1 号被保険者	国民年金第2 号・厚生年金	国民年金第3 号被保険者
必要加入 期間	・15年以上→10年以上（1999年から） ・10～20年未満加入者：基本年金の減額支給 ・20年以上加入：基本年金の満額支給			・25年以上→10年以上（2017年から） ・40年加入：老齢基礎年金の満額支給		
支給年齢	62歳（2020年現在）、2033年からは65歳			原則65歳		
保険料率	・9% ・自己負担	・9% ・労使折半	・9% ・自己負担	・定額 ・自己負担	・18.3% ・労使折半	本人の保険料 負担なし
妻の就業 形態によ る年金受 給例	**夫婦自営業世帯** ・夫・妻 （基本年金額）	**共働き世帯** ・夫・妻 （基本年金額）	**妻：専業主婦** ・夫（基本年 金額） ・妻（基本年 金額又は無 年金）	**夫婦自営業世帯** ・夫 （老齢基礎 年金・定額） ・妻 （老齢基礎 年金・定額）	**共働き世帯** ・夫・妻 （老齢基礎年 金・定額） ＋（老齢厚 生年金・報 酬比例）	**妻：専業主婦** ・夫（老齢基 礎年金・定 額）＋（老 齢厚生年金・ 報酬比例） ・妻（老齢基 礎年金・定 額）＋振替 加算
	基本年金額は、年金受給直前3年間の全加入者平均所得月額の平均額（均等部分）と本人の加入期間と加入期間中の基準所得月額の平均額（所得比例部分）によって決まる					

出典：筆者作成

注：1）日本の第1号の保険料率「定額」は1万6,610円（2021年4月～22年3月）。2）日本の第3号の「振替加算」は、妻の国民年金加入期間が1986年以前の「任意加入」期間に対しての加算で、妻が老齢基礎年金を受給することによって夫への加給年金が中止された場合、妻に支給される。

できる。基礎年金の支給額は加入期間に比例するが、納付年数が同じであれば「定額」が支給される。国民年金の基礎年金の財源は、国庫負担２分の1[11]（税金）、現役世代の保険料、年金積立金で賄われている。

　20歳から60歳になるまでの40年間の保険料を納めた場合、満額の老齢基礎年金が支給されるが、保険料免除期間の年金額は国庫負担により定額の1/2となり、保険料の未納期間は年金額計算の対象期間にならない。一方、厚生年金の被保険者（国民年金第２号）は、65歳から老齢基礎年金（定額）と老齢厚生年金（報酬比例）の二つの合計金額を受け取ることになる。

　老齢年金受給開始年齢は、韓国は62歳から、日本は原則65歳であるが、両国共に繰り上げ（早期）支給制度があるので、**図表9-6**では60歳以上人口に占める60歳以上の老齢年金受給権者の割合を韓日比較した。60歳以上の人口の中で、韓国は35.9%が、日本は76.4%が国民年金の老齢年金受給者である。韓国では、特に女性の場合、60歳以上女性の約５人に１人（22.3%）が老齢基本年金を受給しており、老後に無年金者が多い。

　一方、日本の場合、60歳以上女性の77.5%が国民年金の老齢基礎年金を受給している。図表9-4で確認したように、日本は1986年から、年金保険料を払わずに第１号と第２号の女性被保険者と同じく、定額の老齢基礎年金が受給できる第３号被保険者は女性被保険者の25.0%を占めており、第３号被保険者の98.7%が女性である。日本の女性の高い年金受給率は、第３号被保険者制度によってカバーされていると言える。一方、日本の厚生年金第１号（韓国の事業場加入者に相当）の老齢厚生年金受給者は、男性55.2%、女性22.1%[12]で、女性は男性の半分にならない。

　図表9-7は、60歳以上人口の国民年金の老齢年金受給額の男女格差を示した。韓国の場合、女性の受給額は男性の29.0%である。女性の年金加入者数が男性に比べて少ないこと、女性は被用者年金の加入期間が短く、賃金の男女格差が大きいことから、女性が自ら保険料を納付して受給する年金額は男性に比べて少なくなっている。

▶ 11　1986年から基礎年金の国庫負担（税金）は３分の１であったが、2012年に実施された「社会保障と税の一体改革」により、この国庫負担の恒久財源として消費税率の引き上げによる増収分が充てられることになり、国庫負担２分の１の恒久化が決まった。社会保障制度の財源として、消費税率は、2014年8%へ、2019年10月には10%へと引きあげられた。

▶ 12　厚生年金保険（第１号）の受給権者には、特別支給の老齢厚生年金の定額部分の支給開始年齢の引き上げにより、定額部分のない、報酬比例部分のみの65歳未満の受給権者が含まれている。

図表 9-6　60 歳以上人口に占める老齢年金受給者の割合（2019 年）

（対象：60 歳以上受給者、単位：%）

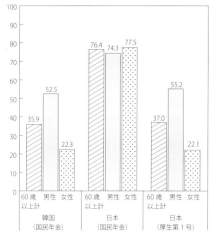

出典：（韓国）統計庁『将来人口推計』2018 年データ、
　　　国民年金公団『国民年金統計』2019 年。（日本）
　　　https://www.stat.go.jp「人口推計 2019 年データ」、
　　　厚生労働省『厚生年金保険国民年金事業の概要』
　　　2019 年により筆者作成
注：日本の老齢基礎年金受給権者には被用者年金が上
　　乗せされている者を含む。

図表 9-7　老齢年金受給額の男女格差（2019 年）

（対象：60 歳以上受給者、男性受給額 =100%）

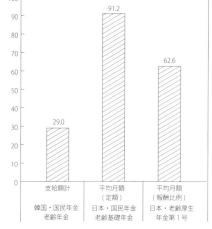

出典：国民年金公団『国民年金統計』2019 年。（日本）
　　　厚生労働省『厚生年金保険国民年金事業の概要』
　　　2019 年により筆者作成
注：1）韓国は支給額総額である。2）日本の厚生年金
　　（第 1 号）の平均年金月額には基礎年金月額を含め
　　ている。厚生年金被保険者 1 ～ 4 号の中で、厚生
　　年金第 1 号が 89.9％を占める。

　日本の場合、老齢基礎年金（定額）と老齢厚生年金第 1 号の老齢厚生年金の平均月額（老齢基礎年金定額と報酬比例部分を含む）を男女比較した。老齢基礎年金は「定額」であるゆえ、女性の平均月額は男性の 91.2％で、受給額における男女格差は小さい。老齢厚生年金の場合、女性の年金額は男性の 62.6％である。これは、被用者年金の女性の加入期間が短く、また男女賃金格差が大きいことが反映されている。

2) 扶養家族年金（韓国）と加給年金（日本）

　公的年金の扶養家族手当てとして、韓国は、国民年金の老齢基本年金額につく「扶養家族年金」があり（国民年金法第 52 条）、日本は、国民年金にはなく、厚生年金の老齢厚生年金額につく「加給年金」（厚生年金法第 44 条）がある。

①韓国の国民年金の扶養家族年金

　韓国の場合、国民年金の被保険者期間が 10 年以上で、62 歳から老齢年金を受給する際に、受給権者の被扶養家族を対象に、基本年金額に扶養家族年金額が加算される。扶養家族の対象は、その受給権者によって生計を維持する配偶者、19 歳未満の子供（または、障害等級 2 級以上の子供）、60 歳以上の親（障害等級 2 級以上の親、父または母の配偶者、配偶者の親を含む）である。国民年金と職域年金など、公的年金を受給している人は扶養家族の対象にならないため、専業主婦の場合、国民年金の任意加入者で、62 歳から自分の老齢年金を受給することになれば、夫の扶養家族の対象になれない。

　扶養家族年金額は加入者の所得と加入期間に関係なく、「定額」が支給される。2020 年の場合、配偶者は年間約 26 万 1,760 ウォン（月 2 万 1,813 ウォン）、19 歳未満の子供と親一人当り年間 17 万 4,460 ウォン（月 1 万 4,538 ウォン）が支給される。扶養家族の対象としては「配偶者」が 88.5％でもっとも多く、配偶者の男女別割合を見ると女性配偶者が 89.8％、男性配偶者は 10.2％である。

②日本の厚生年金の加給年金

　日本の厚生年金の加給年金額は、厚生年金の被保険者期間が 20 年以上で、65 歳（または定額部分支給開始年齢に到達した時点）から老齢厚生年金を受給する際に、その受給権者によって扶養されている 65 歳未満の配偶者または 18 歳未満の子（1 級・2 級の障害のある子の場合は 20 歳未満）を対象に加算される。加給年金額は「定額」で、2020 年の場合、65 歳未満の配偶者は年 22 万 4,900 円、18 歳未満の 1 人目と 2 人目の子供は年 22 万 4,500 円、3 人目の子供は 7 万 4,800 円である。

　妻が 65 歳未満で、第 3 号被保険者である場合、受給権者である夫に加給年金が支給されるが、妻が 65 歳になった時点で、受給権者である夫への加給年金は打ち切られる。しかし、「振替加算制度」（1991 年から実施）があり、加給年金の対象となっていた配偶者（主に妻）で、1926 ～ 1966 年生まれ（1986 年第 3 号制度施行当時、妻 20 ～ 40 歳）の場合、妻が 65 歳に達したときに、夫に支給された加給年金は妻の老齢基礎年金に振り替えて加算される（妻が 65 歳時点で夫が生きていないともらえない）。

　これは、老齢基礎年金が 1986 年 4 月 1 日に発足したため、専業主婦の場合、1986 年以前は「任意加入者」の時代があったため、老齢基礎年金が低額にな

図表 9-8　**扶養家族年金（韓国）と加給年金（日本）**（韓日の支給額は 2020 年基準）

	韓国：国民年金の「扶養家族年金」	日本：厚生年金の「加給年金」
支給対象	・被保険者期間 10 年以上	・被保険者期間 20 年以上
扶養家族対象	・年金受給権者の被扶養配偶者 ・18 歳までの子・親（配偶者の親含む） ※配偶者の年齢制限なし	・年金受給権者の被扶養配偶者 ・18 歳までの子 ※配偶者は「65 歳未満」であること
配偶者の支給中止条件	・配偶者が公的年金受給者	・配偶者が公的年金受給者 ・配偶者の年収 850 万円以上
配偶者への支給額（2020年）	・受給権者の老齢基本年金に加算 ・定額（年 261,760 ウォン,月 21,813 ウォン）	・受給権者の老齢厚生年金に加算 ・定額（年 224,900 円、月 18,741 円） ※振替加算（1926 年 4 月～ 1966 年 3 月生れの妻が対象）

出典：筆者作成

ることが多い被用者の妻への配慮として設けられている。振替加算額は配偶者加給年金額と同額の 22 万 4,900 円で、それ以後年齢が若くなるごとに減額していき、1966 年 4 月以後生まれの人にはゼロとなるように設定されている。

　一方、共働き夫婦の場合、加給年金の支給条件として、受給権者の被扶養配偶者は「65 歳未満である」「妻の厚生年金保険の被保険期間 20 年未満である」（妻が 20 年以上の被保険者期間の場合でも、支給開始年齢になっていない場合は支給）、「年収が 850 万円未満である」ことを満たす必要である。したがって、妻の場合、厚生年金加入期間が 20 年になる前に退職し、年収が 850 万円未満になるように、短時間労働で働いた方が有利になることもある（**図表 9-8**）。

3. 遺族年金と女性の受給権

1）韓国の国民年金の遺族年金

　国民年金の遺族年金は、老齢年金受給権者、加入期間が 10 年以上の加入者または加入者であった者が死亡すると、生計を共にしていた遺族の生活を保障する趣旨がある（法第 72 条）。遺族の範囲が広く、遺族年金支給の優先順位は、配偶者、子（25 歳未満又は障害等級 2 級以上）、親（60 歳以上又は障害等級 2 級以上）、孫（19 歳未満又は障害等級 2 級以上）、祖父母（60 歳以上又は障害等級 2 級以上）の順であるが、遺族年金は「最優先順位者のみ」支給する（法第 73 条）。

　したがって、配偶者である妻が、死亡した夫によって生計を維持した場合は、

妻のみが遺族年金を受給することができる。ただし、妻が死亡又は「再婚」した場合は遺族年金受給権が消滅され、条件を満たす子供、親、孫、祖父母の順で受給権が発生する（法第 75 条）。

　遺族年金受給権者が妻である場合、遺族年金受給権が発生したときから 3 年間は「所得水準に関係なく」遺族年金が支給され、3 年経過後、所得がある業務に従事する場合は支給停止となる（法第 76 条）。しかし、その妻が 25 歳未満の子供（2016 年 11 月以前は 19 歳）又は障害等級 2 級以上の子供の生計を維持する場合、また所得活動に従事していない場合は、支給を停止しない。子が 25 歳を超え、また所得がある業務に従事し、遺族年金支給が中止された妻の遺族年金支給停止解除年齢は、妻の出生年齢によって異なるが[13]、55 〜 60 歳頃に再開し、妻が死亡するまで支給される。

　妻が 62 歳になり、自分の老齢基本年金を受給する場合は、「本人の老齢年金と配偶者遺族年金 30％」（2016 年 11 月以前は 20％）と「配偶者遺族年金」の一つを選択することになる（重複給与の調整、法第 56 条第 2 項）（**図表 9-9**）。

　遺族年金額は、死亡した老齢年金受給権者の加入期間に応じて異なるが、基本年金額の 40 〜 60％（10 年未満であれば 40％、10 年以上 20 年未満であれば 50％、20 年以上であれば 60％）に相当する金額に、「扶養家族年金額」を加えた金額である。高齢化と共に、遺族年金を受給する配偶者数は毎年増加傾向である。

図表 9-9　韓国の妻の遺族年金（年金受給額：2020 年基準）
●**夫の死亡時、妻のみ受給**（条件：妻の年収 4,060 万ウォン未満、再婚していない）

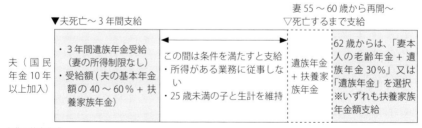

出典：筆者作成
注：配偶者の所得がある業務とは、国民年金全体加入者の基準所得月額の平均額より多い場合で、2020 年の場合、月 243 万 9,000 ウォン以上、給与所得のみの場合は、給与所得控除前の給与が年間約 4,060 万ウォン（12 か月勤務基準）を超える場合である（施行令第 45 条）。

▶ 13　1953 〜 1956 年生まれは 56 歳、1957 〜 1960 年生まれ 57 歳、1961 〜 1964 年生まれ 58 歳、1965 〜 1968 年生まれ 59 歳、1969 年生まれ以降は 60 歳である。

遺族年金の受給権者の中で、90.93％が配偶者であり、配偶者の中で94％が女性である（2019年）。

2）日本の公的年金の遺族年金
①遺族基礎年金と遺族厚生年金

　遺族年金は国民年金の「遺族基礎年金」、厚生年金の「遺族厚生年金」があり、死亡した人が国民年金または厚生年金の被保険者であったかによって、ま

図表 9-10　日本の妻の遺族年金（妻：第3号被保険者である場合の例）
（受給年金額：2020年基準で、40年加入満額の場合）

●夫の死亡時、18歳までの子がいる妻（条件：妻の年収850万円未満、再婚していない）

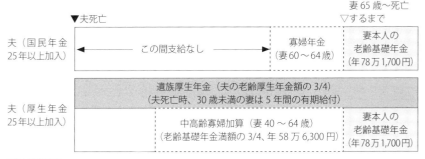

出典：筆者作成

た、その人によって生計を維持されていた遺族の「18 歳までの子の有無」に
よって受ける年金が異なる（**図表 9-10**）。

　死亡した人が国民年金の被保険者である場合、被保険者期間が 25 年以上で
ある場合、その人によって生計を維持されていた「子のいる配偶者」と「18
歳までの子」が、遺族基礎年金の支給対象となる（国法、第 37 条）。支給対象
は「妻と子」に限られていたが、男女差を解消するため、2014 年 4 月からは
「妻」が「配偶者」に変更され、「18 歳までの子がいる夫（父子家庭）」も支給
対象になった。[14]配偶者の遺族基礎年金の受給権は、「婚姻をしたとき」「子が
19 歳以上」「年収 850 万円以上」のいずれかに該当すれば消滅する（国法、第
40 条）。

　遺族基礎年金の配偶者が受け取る受給年額は（国法、38 条）、2020 年 4 月以
降の場合（毎年改定される）、夫の加入期間が 40 年の満額の場合、妻 78 万 1,700
円と「子」の人数により加算額がつく。「子」の加算については、第 1 子と第
2 子にはそれぞれ 22 万 4,900 円、第 3 子以降は各 7 万 5,000 円である。例えば、
夫が死亡し、子 1 人の妻が受け取る遺族基礎年金の年額は 100 万 6,600 円（月
8 万 3,883 円）である。

　死亡した人が厚生年金加入者で被保険者期間が 25 年以上である場合、その
人の遺族は遺族基礎年金と遺族厚生年金を受け取ることができる（厚法、第 58
条）。「18 歳までの子がいる配偶者のみ」に限定されていた遺族基礎年金とは
異なり、遺族厚生年金の遺族対象は広く、遺族の生活を支える保険としての性
質が強化されている。年金受給の優先順位は、配偶者、子、父母、孫または祖
父母の順である。なお、遺族に該当する方が複数いるときは、最優先順位の人
に遺族厚生年金が支給され、最優先順位である配偶者が年金権を取得したとき
は、他は遺族としない（厚法、第 59 条）という点は韓国の国民年金と同じであ
る。

　遺族である妻の年収が 850 万円（または所得 655.5 万円）未満であれば年齢
制限なく遺族厚生年金を受け取ることができる。ただし、夫死亡時に子のな
い 30 歳未満の妻は、厚生遺族年金 5 年間の有期給付となる。遺族が夫、父母、
祖父母の場合は、「55 歳以上」であれば遺族の対象になるが（厚 59 条）、遺族
厚生年金の支給開始は「60 歳から」という年齢制限があるので（厚法 65 条の

▶ 14　妻の死亡が 2014 年 4 月以降の場合に限られるので、それより前にすでに父子家庭であった場合
　　には、遺族基礎年金は受給できない。

2）、その場合は子供が遺族厚生年金を受け取れる。「妻の死亡時に55歳以上で、18歳までの子のある夫」は、60歳前でも遺族基礎年金を受給中の場合に限り、遺族厚生年金も合わせて受給できる。

　遺族基礎年金は「定額」であるが、遺族厚生年金は遺族対象者も広く、被保険者の収入に応じた金額を受け取ることができる。夫を亡くした妻が受け取る遺族厚生年金額は妻の年齢や生まれた年によって異なり、支給額の計算が複雑であるが、おおむね、死亡した夫の老齢厚生年金の4分の3が支給される。

　また、妻が65歳になったとき、妻がもらう遺族年金額は、夫と妻の年金加入種類によって異なる。夫と妻が国民年金第1号であれば、「妻本人の老齢基礎年金」を受給し、夫が第1号・妻が第2号であれば、「妻本人の老齢基礎年金と老齢厚生年金」が受給できる。夫が第2号・妻が第3号であれば、「妻本人の老齢基礎年金と遺族厚生年金（夫の厚生老齢年金の4分の3）」を受け取る。夫も妻も第2号であった場合、妻は、遺族厚生年金と老齢厚生年金を受ける権利があるが、遺族厚生年金額は、「夫の老齢厚生年金額の3/4」または「夫の老齢厚生年金額と妻本人の老齢厚生年金額の平均額」の二通りの計算方法があり、いずれか多い額が支給される。

②国民年金の寡婦年金・厚生年金の中高年寡婦加算と経過的寡婦加算

　国民年金の「寡婦年金」は、国民年金第1号被保険者期間が25年以上（2018年8月1日以後に死亡した場合は「10年以上」）である夫が年金を受けずに死亡した場合に、夫の被扶養者で、婚姻期間が10年以上である妻が支給対象で、妻60歳から64歳までの間に支給される（国法・第49条）。但し、亡くなった夫が障害基礎年金の受給権者であった場合、または、老齢基礎年金を受けたことがある場合は、寡婦年金は支給されない。寡婦年金額は、夫が受けられることになっていた老齢基礎年金額の4分の3である（国法50条）。

　厚生年金の中高齢寡婦加算と経過的寡婦加算は遺族厚生年金の加算給付の一つである。夫を亡くした妻が40～64歳までの間、「生計を同じくしている子がいない」または、「子が19歳以上」となり、国民年金の遺族基礎年金を受け取らなくなった場合、遺族厚生年金に加算して「中高齢寡婦加算」が支給される（2007年3月31日以前に夫が亡くなって、遺族厚生年金を受けられた人は35歳）。中高齢寡婦加算の2020年の金額は58万6,300円で（老齢基礎年金満額の4分の3相当）、この金額が、妻が受ける遺族厚生年金額に加算される。妻が65歳に

なると妻本人の老齢基礎年金が受けられるため、中高年寡婦加算はなくなる。

　国民年金の「経過的寡婦加算」は 65 歳で打ち切られた中高齢寡婦加算に代わって行われる加算である。1956 年 4 月 1 日以前に生まれた妻に 65 歳以上で遺族厚生年金の受給権が発生したときに、遺族厚生年金に加算される制度である（1956 年 4 月 2 日以降に生まれた場合、経過的寡婦加算は加算されない）。支給額は妻の生年月日によって変化し、最大で年額 58 万 6,300 円（2020 年）である。経過的寡婦加算は、国民年金の「振替加算」と同じく、1986 年前まで任意加入者であったため、妻の老齢基礎年金が低額になることが多い第 2 号被保険者の妻への配慮として設けられている。経過的寡婦加算額は、1986 年 4 月 1 日から 60 歳に達するまで国民年金に加入した場合の老齢基礎年金額と合わせると、中高齢寡婦加算額と同額になるよう決められている。

4. 年金分割と女性の受給権

1）韓国の国民年金の年金分割制度

　分割年金は、夫婦が離婚した場合、婚姻期間中に積み立てた「老齢年金額」を分割することができる制度で、国民年金では 1999 年から導入された。離婚件数の増加と人口高齢化と共に、分割年金受給者数は毎年増加傾向で、2012 年 8,280 人から 2019 年には 3 万 5,004 人で、約 4.2 倍増である。分割年金受給者の 9 割弱が女性であるゆえ（2012 年 88.3%、2019 年 88.4%）[15]、ここでは元夫から元妻への年金分割の例を紹介するが、元妻から元夫への分割も仕組みは同じである。

　分割年金を受給するためには、離婚当時の元夫の国民年金加入期間中の婚姻期間が 5 年以上である者が、①配偶者である夫と離婚、②元夫が老齢年金受給権者である（被保険者期間 10 年以上）、③分割年金を請求する元妻自身も老齢年金受給年齢になる（現、62 歳）、という三つの条件をすべて満たしてから「5 年以内」に請求しなければならない（法第 64 条）。

　ところが、離婚した元夫が老齢年金受給年齢になる前に死亡する場合、分割年金を請求することができないという問題があったので、2015 年 12 月法改正により、「分割年金請求の特例」（第 64 条の 3 新設）が導入され、2016 年からは、元妻が老齢年金受給年齢になる前に離婚した場合、離婚してから「3 年以内」

▶ 15　国民年金公団『国民年金統計』2019 年。

図表 9-11　年金の夫婦分割制度（年金受給年齢：2020 年基準）

●韓国：国民年金の夫婦分割制度（1999 年導入）
（例）夫から妻への分割、妻の分割年金受給条件（婚姻期間 5 年以上、離婚してから 3 年以内に請求）

	▼離婚	▽元夫 62 歳▽元妻 62 歳	▽元夫死亡▽元妻死亡
元夫（国民年金被保険者）	（離婚後 3 年以内に請求） この間支給なし	分割年金 （婚姻期間中の元夫の老齢年金額の 5 割＋妻本人の老齢年金	

※合意分割の場合、按分率は夫婦で決める

●日本：厚生年金の夫婦分割制度（合意分割：2007 年 4 月導入、3 号分割：2008 年 4 月導入）
（例）夫から妻への分割、妻の分割年金受給条件（離婚してから 2 年以内に請求）

	▼離婚	▽元夫 65 歳▽元妻 65 歳	▽元夫死亡▽元妻死亡
元夫（厚生年金被保険者）	（離婚後 2 年以内に請求） この間支給なし	分割年金 （婚姻期間中の元夫の厚生年金保険 料納付記録分割＋妻本人の老齢年金）	

※合意分割：按分率は最大 5 割。共働き期間も
　　　　請求可能
※3 号分割：元妻の第 3 号被保険者期間中の元
　　　　夫の年金の 5 割分割。専業主婦であった期間
　　　　がある元妻のみ請求可能

出典：筆者作成

に分割年金を請求しておけば、その後、元夫が老齢年金受給権を得る前に死亡しても、妻が老齢年金受給年齢である 62 歳になると分割年金を支給する。妻自身も老齢年金受給者である場合、妻自身の老齢年金と分割年金を合算した額を死亡するまで支給する（**図表 9-11**）。

　分割年金額は、元夫の「老齢年金額」（扶養家族年金額は除く）のうち、「婚姻期間に該当する年金額」を均等に割った金額（50・50）である（法第 64 条）。なお、2015 年 12 月の法改正により（法第 64 条の 2、「分割年金支給の特例」）、2016 年 12 月 30 日以降の分割年金受給資格のある人は、分割年金の均等割りではなく、裁判所の判決と当事者間の合意により分割比率を異にすることができる。

　遺族年金と異なり、妻が分割年金受給権を取得した後は、妻が再婚しても、また、元夫の老齢年金受給権が消滅しても、分割年金受給権は影響をうけない（2007 年法改正）。もし、再婚した元妻が分割年金受給権を諦めた場合は、元夫に分割年金が発生する前の老齢年金を支給する（法第 64 条の 4）。分割年金の受給権がある妻が死亡した場合、1999 年制度施行当時は、年金分割をした側

である元夫に年金権が戻ったが、2007 年法改正により、妻が死亡すると分割
年金権は消滅してしまう。

2）日本の厚生年金の年金分割制度

　離婚した夫婦の年金分割制度は、国民年金制度には含まれておらず、厚生年
金のみの制度で、2007 年 4 月から導入された（2007 年以前に婚姻している場合
でも分割の対象には含まれる）。したがって、自営業者など、国民年金しか加入
していない人には、年金分割権はない。厚生年金では、第 3 号世帯は厚生年金
保険料を「夫婦で共同負担」したものとみなし、離婚する際は、夫の老齢厚生
年金の給付についても、結婚期間に応じて分割できる制度ができた（厚法・第
3 章の 2、被扶養配偶者である期間についての特例）。

　分割年金は、離婚してから 2 年以内に請求して、元夫が老齢厚生年金の受給
年齢となり、妻本人も老齢基礎年金の受給者になれば、受け取ることができる。
また、分割を行った元夫が死亡しても元妻の受給権には影響がないので、妻が
死亡するまで支給される。年金分割は、年金額の分割ではなく、婚姻期間中に
納めた「厚生年金保険料納付記録」（年金保険料の算定の基礎となる標準報酬）を
分割することになるので、分割は厚生年金の報酬比例部分の額にのみ影響し、
基礎年金の額には影響しない（図表 9-11）。

　年金分割には、「合意分割」と「3 号分割」の 2 種類がある。合意分割は、
①離婚をしてから 2 年を経過していない、②二人の合意や裁判手続きにより年
金分割の割合を定めている（按分割合は最大 2 分の 1）、③ 2007 年以後に離婚し
ている、との三つの条件を満たせば、二人からの請求により婚姻期間中の二人
の厚生年金保険料納付記録（標準報酬）を最大 50％まで分割することができる。
共働き世帯の場合、性別は関係なく、婚姻期間中の二人の厚生年金納付記録を
分けることになり、給料が多かったほうが相手に分ける形になる。

　離婚の際に夫が年金分割に同意しない場合には、調停や審判に移行し、それ
でも分割されなければ、「3 号分割」を利用することになる。3 号分割制度は、
① 2008 年 5 月 1 日以後に離婚、② 2008 年 4 月 1 日以後に、二人の一方に国民
年金の第 3 号被保険者期間がある、③離婚してから 2 年以内に請求、という条
件が必要で、2008 年 4 月以降の第 3 号被保険者期間に係る厚生年金保険料納
付記録の 2 分の 1 を被扶養配偶者に分割する制度である。専業主婦（夫）期間
があった（又は年収 130 万円未満の者）被扶養配偶者からの申請となり、当事者

間の合意はいらない。

　この制度により分割される年金記録は、法律が改正された 2008 年 4 月 1 日以後の国民年金第 3 号被保険者期間中の記録に限られるので、2008 年 4 月 1 日よりも前から婚姻関係にあった夫婦が年金分割を行う場合は、3 号分割ができないので、必ず合意分割が必要になる。分割件数の中で 3 号分割が占める割合は毎年増加傾向で、2014 年 11.07 ％から 2018 年 24.14 ％、2019 年 26.9 ％[16]を占める。

▶まとめ

　韓国の公的年金は、一般国民対象の国民年金制度と特殊職域年金の 1 階 2 本建てであるが、日本は、一般国民対象の国民年金制度があり、被用者はさらに厚生年金に加入する 2 階建ての仕組みである。本章では韓国の国民年金制度と日本の公的年金制度における女性の年金権に焦点を置き、公的年金における女性の加入条件と受給実態、女性が 9 割を占める遺族年金と分割年金における女性（妻）の年金権の共通点と違いを確認した。

　女性の年金権における韓日の大きな違いは、被用者である夫によって扶養されている専業主婦の取り扱いである。韓国の国民年金の場合、保険料は「個人単位」で、夫に扶養されている妻は「任意加入者」として加入する。日本の公的年金制度は、夫は家庭の外で有償労働に従事し、妻は家庭内で家事や育児などの無償労働に従事するという伝統的な性別役割分担モデルに基づいており、夫に扶養されている妻は第 3 号被保険者として、年金料負担なしで、老齢基礎年金権が得られる。

　遺族年金と分割年金の受給権にも韓日で大きな差が見られる。韓国の国民年金の遺族年金は、対象遺族の範囲が広いが、受給権は遺族の中で一人であり、受給者の 9 割弱が女性である。日本の遺族年金は、老齢年金と同様に 2 階建ての構造で、死亡した夫が加入した年金制度、また遺族である妻の年齢と子の有無によって受給権の取り扱いの違いがあり、また妻のみが対象となる寡婦年金、中高齢寡婦年金などの給付設計があるなど、複雑な仕組みになっている。

　また、日本の公的年金制度では、専業主婦（第 3 号）世帯の年金保険料は「夫婦共同負担」したものと見なしているため、片働き世帯と共働き世帯の間

▶ 16　厚生労働省年金局『厚生年金保険・国民年金事業の概況』2018 年。

の高齢期女性が受け取る遺族年金額の不均衡問題があり、遺族が夫又は妻であるかによって取り扱いに違いがあるため、母子家庭と父子家庭における遺族年金受給額に差がある。

　年金分割は、離婚をした場合、当事者間の合意又は裁判所の決定により、婚姻期間中の年金額又は年金料納付記録を分割する制度である。韓国の国民年金の場合、年金額の分割で、元夫の婚姻期間中の老齢年金額の 50％か支給され、再婚しても受給できるが、婚姻期間が 5 年以上でないといけない。婚姻期間を 5 年から短縮すること、また、配偶者の年金額の分割方法から配偶者の保険料納付記録を分割する方案の検討が必要である。

　日本の場合、年金分割は国民年金にはなく厚生年金のみの制度である。厚生年金制度では、専業主婦（第 3 号）世帯の年金保険料は夫婦で共同負担したものと見なし、離婚する際は、結婚期間に応じて夫婦の年金記録を分割する制度ができており、分割方法も合意分割だけでなく、専業主婦のみ請求可能な 3 号分割がある。

　以下、女性の年金権と関連して韓日両国が抱えている問題と今後の課題を確認する。韓国の場合、国民年金の女性の加入条件と保険料は個人単位であることから、年金制度は働き方に中立的であり、受給権における配偶者の取り扱いも男女平等であると言える。しかし、韓国の有配偶世帯の専業主婦世帯比率は 54％（統計庁『地域別雇用調査』2019 年）で、多くの専業主婦が国民年金に任意加入しておらず、高齢者女性の 2 人に 1 人が老後は無年金で貧困状態である。

　日本の場合、被用者世帯の専業主婦は、第 3 号被保険者として年金権が確保できたが（女性被保険者の 4 人に 1 人）、自営業者世帯と共働き世帯の保険料負担と給付の不公平問題、女性の自由な就労選択を妨げていることが指摘され[17]ており、とりわけ既婚女性の非正規雇用率を高めている要因であり、男女雇用均等政策、男女共同参画政策を阻害する要因になっている。

　両国は、女性の年金加入条件、遺族年金と分割年金の受給権における制度面での差があるが、女性は自ら就業し保険料を納付したほうが、男性に比べて長い単身での老後生活を保障することになる。しかし、韓日同じく、労働市場での男女賃金格差、出産・育児期の職業キャリア中断現象、女性の高い非正規雇

▶ 17　2001 年、厚生労働省は「女性のライフスタイルの変化等に対応した年金の在り方に関する検討会」を設置し、3 号制度の見直しを議論したが、具体的な改革案は示されなかった。2020 年 5 月 29 日の参議院本会議で成立した年金改革関連法では、第 3 号の加入条件としての企業規模の要件を段階的に緩和した。

用率は、女性の現役時代の所得だけでなく、将来受け取る女性の年金額にも影響を及ぼしていることから、両国の政府が進めている年金改革は、女性の雇用促進政策、家庭と仕事の両立支援政策、働き方改革と同時に図るべきである。

❖参考文献

裵 海善「韓国の国民年金制度と女性の年金権」筑紫女学園大学『人間文化研究所年報』第31号 2020年8月、157～171頁。

Haesun Bae, 'Women's Pension Rights in the Korean National Pension and the Japanese Public Pension',*The Korean-Japanese Journal of Economics & Management Studies,* Vol.90,28 February 2021, pp.85-100.

韓日比較ポイント① 韓国の国民年金制度と日本の公的年金制度

【韓国の国民年金制度】

加入者区分と保険料負担	
対象	・国内に居住する 18 歳以上 60 歳未満の人（特種職域年金加入者は対象外）
加入者区分と保険料率	・事業場加入者：1 人以上の事業場の労働者と事業主 ・非正規労働者の事業場加入条件：①短時間労働者：雇用期間 1 か月以上、月労働時間 60 時間以上、②日雇い労働者：1 か月以上働き、1 か月 8 日又は 60 時間以上勤めた場合 ※保険料率（労使折半で負担）：1988 ～ 92 年 3 ％、1993 ～ 97 年 6 ％、1998 年以後 9 ％
	・地域加入者：自営業者と農漁業者 ※保険料率（自己負担）：1995 年 7 月～ 2000 年 6 月 3 ％ 2000 年 7 月～ 2005 年 6 月：毎年 1 ％ずつ調整、2005 年 7 月以後 9 ％
	・任意加入者：国民年金、特種職域年金の加入者及び受給者の無所得配偶者 ・18 歳～ 26 歳の学生と軍人、基礎生活受給者等 → 本人の希望により加入 ※保険料率（自己負担）：1993 年 3 月までは、事業場加入者と同率を適用 （保険料の上限額と下限額の間で本人の希望による保険料を納付）
	・任意継続加入者（60 ～ 65 歳）：加入期間が 10 年に満たない人 （保険料納付能力がない者、老齢年金及び返還一時金受給者は対象外） ※保険料率（自己負担）
保険料の国庫支援	「農漁業従事者」と「低所得労働者」の場合、一定の条件を満たす場合、保険料の一部支援 【2020 年の国庫支援金】 ・農漁業従事者：①基準所得月額が 97 万ウォン以上の場合：月保険料 4 万 3,650 ウォン定額支援、②基準所得月額が 97 万ウォン未満の場合：月保険料の 1/2 定率支援 ・低所得労働者：10 人未満の小規模事業所で働く労働者で、月給と所得 215 万ウォン未満の場合、労使への保険料支援（新規加入者には 90 ％、既存加入者には 30 ％支援）
老齢年金	
最低被保険者期間	・1988 年施行当時 15 年以上→ 1999 年から 10 年以上 ・加入期間 10 ～ 20 年未満：基本年金額の減額支給 ・加入期間 20 年以上：基本年金額の全額支給
支給開始年齢	・2012 年までは 60 歳。2013 年からは 5 年ごとに 1 歳ずつ引きあげられる ・2020 年現在 62 歳、2033 年（1969 生まれ）からは 65 歳から支給
所得代替率	（40 年加入基準） ・1988 年法施行 70 ％、1998 年法改正 60 ％ ・2007 年法改正により、2008 年 50 ％、2009 年から毎年 0.5 ％ずつ段階的に引き下げられ、2018 年 45 ％、2028 年 40 ％になる見通し
支給額（2020年）	・基本年金額：年金受給直前 3 年間の全加入者の平均所得月額の平均額（均等部分）と本人の加入期間と加入期間中の基準所得月額の平均額（所得比例部分）によって決まる ・扶養家族年金額（定額、支給額は毎年変動）：配偶者（年 26 万 1,760：月 2 万 1,813 ウォン）、19 歳未満子供と親（1 人当り年 17 万 4,460：月 1 万 4,538 ウォン） ※ 60 ～ 64 歳までの人で、所得活動をしている人に支給する老齢年金、分割年金、返還一時金、死亡一時金など、一時金として支給する給付には扶養家族年金額を支給しない

繰り上げ （早期） 支給制度	・加入期間 10 年以上、所得月額が 235 万ウォン以下の場合、年金受給年齢到達 5 年前から請求可能（2020 年の場合、57 歳から） ・支給額：（老齢年金額×年齢に応じた減額支給率）＋扶養家族年金額 ※減額支給額：受給年齢 5 年前 70％、4 年前 76％、3 年前 82％、2 年前 88％、1 年前 94％を支給
繰り下げ 支給制度	・加入期間 10 年以上、60 ～ 65 歳未満の場合、1 回に限って、65 歳前の年金の全額又は一部の支給を繰り下げることができる ・65 歳から老齢年金を受給するとき、繰り下げ期間については「扶養家族年金額なし」
年金受給 中の就労	・年金受給年齢に達した後、5 年以内に所得がある業務に従事する場合 ・所得月額が 243 万 8,679 ウォン（2020 年の国民年金加入者の 3 年間の平均所得月額の平均額）を超えると、金額に応じて減額支給

出典：国家法令情報センター「国民年金法」の制定・改正・沿革（http://www.law.go.kr）により筆者まとめ
注：為替レート（100 円≒1100 ウォン、2020 年 6 月）。2020 年の韓国の最低賃金は時間給 8,590 ウォンである。

【日本の公的年金制度】

公的年金の対象と加入期間	
対象	・国民年金：20 ～ 60 歳未満の日本国内の全居住者 ・厚生年金：原則 65 歳未満の被用者
加入期間	・10 年以上（2017 年から）（最低限必要となる被保険者期間）
加入者区分と保険料率	
国民年金 第 1 号 被保険者	・保険料率：定額（2021 年 4 月から、1 万 6,610 円） ※ 2019 年 4 月から施行する第 1 号被保険者の産前産後の保険料全額免除のための財源は、第 1 号被保険者全体で負担する ・納付方法：自己負担で、個人で納める ・年金支給（老齢基礎年金）：日本年金機構が支給
国民年金 第 2 号 被保険者 （厚生年金第 1 ～ 4 号被保険者）	・国民年金保険料（1 階部分）：厚生年金保険料（2 階部分）に含まれている ・厚生年金保険料：労使折半、事業主がまとめて納付（18.3％：2017 年 4 月から） ・年金支給：老齢基礎年金は日本年金機構が支給。厚生年金（報酬比例部分）は事業主が所属している機構や連合会が支給 【高齢厚生年金担当機関】 厚生年金第 1 号（厚生労働大臣）（民間サラリーマン）：日本年金機構 厚生年金第 2 号（国家公務員）：国家公務員共済組合及び連合会 厚生年金第 3 号（地方公務員）：地方公務員等共済組合及び連合会等 厚生年金第 4 号（私学教職員）：日本私立学校振興・共済事業団
国民年金 第 3 号 被保険者	・保険料率：本人の保険料負担なし ・年金料納付：配偶者が加入している厚生年金機関が第 2 号と第 3 号被保険者の保険料を一括してまとめて納付 ・年金支給（老齢基礎年金）：日本年金機構が支給

老齢年金	
支給開始 年齢	・国民年金（老齢基礎年金）：原則 65 歳（1961 年 4 月以後の生まれから） 　★ 1961 年 4 月以前に生まれた人の場合は、61 歳〜 64 歳で受給できる ・厚生年金の報酬比例部分：60 歳（2013 年から段階的に引上げ、男性は 2025 年までに、 　女性は 2030 年までに 65 歳）
繰り上げ （早期） 支給制度	・国民年金（老齢基礎年金）：60 〜 64 歳まで繰り上げで受給可能であるが、繰り上げ年 　齢に応じて基礎年金支給額が一定の率で減額 ・厚生年金（老齢基礎年金）：繰り上げ可能であるが、国民年金（老齢基礎年金）も同時 　に繰り上げが必要
繰り下げ 支給制度	・繰り下げには、老齢基礎年金の繰り下げと老齢厚生年金の繰り下げがあり、それぞれに 　繰り下げ時期を選択できる ・70 歳まで繰り下げ（支給額の増額）：66 歳以降 70 歳までの間で繰り下げて請求でき 　る。繰り下げ受給の請求をした時点に応じて、最大で 42%年金額が増額される
国民年金 国庫負担	・国民年金の基礎年金給付金の 1/2
年金受給 中の就労	・60 〜 65 歳未満の在職老齢年金：賃金額と年金の合計額が 28 万円（支給停止線）を超 　えた場合、年金の一部又は全部が支給停止 ・65 歳以上の在職老齢年金：賃金額と年金の合計額が 47 万円（支給停止線）以下の場 　合、年金の支給停止はない。47 万円を超えた場合、金額に応じて年金の一部又は全部 　を支給停止

出典：日本年金機構（https://www.nenkin.go.jp）、私学共済事業（https://www.shigakukyosai.jp）参考

韓日比較ポイント② 　韓国の国民年金・日本の公的年金の歴史

韓国の国民年金制度	日本の公的年金制度
1986 年 12 月、「国民年金法」公布	1941 年 2 月、「労働者年金保険法」制定（1942
1987 年 8 月、国民年金法施行令制定	年施行）：完全積立方式・保険料 6.4％・男性
1987 年 9 月、国民年金法施行規則制定	の年金支給開始年齢 55 歳
1987 年 9 月、国民年金管理公団設立	1944 年 2 月、労働者年金保険法→厚生年金保険
1988 年 1 月、国民年金制度施行	法に改称、女性労働者の加入拡大、厚生年金
「事業場加入者」対象：10 人以上事業場の正規	の保険料徴収開始
職労働者	1953 年 8 月、厚生年金保険法改正（1954 年 5 月
1992 年 1 月、「事業場加入者」対象拡大：5 ～ 9	施行）：修正積立方式・保険料率は月収の 3％
人事業場の正規労働者	（労使折半）・男子支給開始 55 歳→ 60 歳
1993 年 1 月、事業場加入者の年金保険料率引き	1959 年、国民年金法制定、被用者の無業妻や学
上げ（3％→ 6％）、「特例老齢年金」支給開始	生は国民年金の「任意加入者」
1995 年 7 月、「地域加入者」導入：農漁業者及	1961 年、国民年金対象拡大：農林漁業者と自営
び郡地域自営業者が対象	業者対象（国民皆年金体制実現）
1995 年 8 月、外国人労働者加入	1973 年、給付金の物価スライド制の導入
1998 年 1 月、事業場加入者の年金保険料率引き	1985 年 4 月、国民年金法・厚生年金保険法改正
上げ（6％→ 9％）	（1986 年施行）：全国民対象の国民年金の基礎
1999 年 4 月、「地域加入者」対象拡大：都市地	年金制度創設（公的年金の 2 階建て仕組み）・
域自営業者	第 3 号被保険者制度スタート・女性の年金支
1999 年、離婚分割制度導入	給開始年齢 60 歳
2000 年 7 月、農漁村地域に特例老齢年金支給	1991 年、20 歳以上学生の国民年金強制加入制度
2003 年 7 月、「事業場加入者」対象拡大：5 人未	開始
満事業場、非正規労働者	1994 年、厚生年金保険法改正（定額部分の支給
2004 年 4 月、都市地域に特例老齢年金支給	開始年齢 60 → 65 歳引上げ：2001 年開始）・
2004 年 7 月、「事業場加入者」対象拡大：健康	厚生年金「産休期間」の保険料免除制度導入
保険、雇用保険加入事業場	1997 年、全ての年金制度に共通した「基礎年
2006 年 1 月、「事業場加入者」対象拡大：労働	金番号」の導入・三共済（JR 共済、JT 共済、
者 1 人以上の事業場	NTT 共済）を厚生年金に統合
2007 年 7 月、国民年金管理公団→国民年金公団	2000 年、学生納付特例制度導入・厚生年金法改
に改称	正（報酬比例部分の支給開始年齢の 65 歳へ引
2008 年、老齢年金支給開始（加入期間 20 年以	上げ：2013 年開始）
上）・国民年金「出産クレジット制度」導入	2002 年、65 ～ 69 歳の在職者に対する在職老齢
2009 年 8 月、公的年金の連携事業施行：国民年	年金制度の創設
金と特種職域年金の加入期間の連携	2004 年、マクロ経済スライドの導入・保険料水
2011 年 1 月　社会保険徴収統合：国民健康保険	準固定方式の導入
が社会保険料徴収業務担当	2005 年、若年者納付猶予制度の導入
2012 年 7 月、10 人未満の低所得労働者への年金	2007 年、厚生年金の報酬比例部分の分割制度導
保険料支援事業施行	入（離婚分割）・在職老齢年金制度などの見直
2015 年 12 月、老後準備支援法制定・施行	し（65 歳以降の老齢厚生年金の繰り下げ制度
2016 年 8 月、失業クレジット施行	導入・70 歳以上の被用者に対する在職老齢年
2016 年 11 月、職場就業中断女性対象の保険料	金制度の適用）
後納制度	2008 年、離婚 3 号分割制度導入
2018 年 8 月、建設業日雇い労働者への加入基準	2009 年、基礎年金の国庫負担割合 1/2 の実現
改正（月 20 日→月 8 日）	2010 年、社会保険庁廃止→日本年金機構設立

韓国の基礎年金（無償の社会保障給付）	2012 年、社会保障と税の一体改革により、国庫負担割合 1/2 の恒久化決定
・2014 年 5 月、「基礎年金法」制定・同年 7 月施行 ・受給条件：満 65 歳以上・韓国国籍・国内居住・所得認定額が所得下位 70％未満以下（特殊職域年金受給者とその配偶者は対象外） ・財源：租税（国費と地方費） ・受給期間：満 65 歳～死亡まで、毎月受給 ・基準年金月額（2021 年）：月 30 万ウォン（国民年金受給者の場合、受給月額 45 万ウォン以上の場合は基礎年金の減額）	2015 年、被用者年金制度一元化法（共済年金を厚生年金に統一） 2016 年、納付猶予制度の対象年齢拡大（30 歳まで→ 50 歳まで）・短時間労働者の厚生年金適用拡大 2017 年、老齢基礎年金などの受給資格期間を 10 年に短縮 2018 年、マクロ経済スライドによる調整のルールの見直し（キャリーオーバー制度[1]を導入） 2019 年、年金生活者支援給付金制度[2]の開始・国民年金「産休期間」の保険料免除制度導入

出典：（韓国）国民年金公団『国民年金統計年報』2019 年、（日本）日本年金機構『マニュアルレポート 2019』に基づき、筆者作成

注：▶1 キャリーオーバー制度：マクロ経済スライドによって前年度よりも年金の名目額を下げないという措置は維持したうえで、未調整分を翌年度以降に繰り越す仕組み。
　　▶2 年金生活者支援給付金制度：消費税の引き上げ分を活用し、老齢基礎年金・障害基礎年金・遺族基礎年金それぞれで要件を満たす対象者に対し、生活の支援を図ることを目的として、年金に上乗せして支給する制度。

第2部

経済社会変化と労働政策のパラダイム転換

第10章

非正規雇用の定義と女性非正規雇用の実態

　韓日共に女性の雇用者率は高まっているが、非正規として働く女性雇用者が増えている。多くの女性雇用者は、出産、育児による職業キャリア中断後、再び労働市場に参入する際は、非正規雇用として低賃金で働くことになる。女性雇用者の中で非正規雇用が占める割合は、2020年、韓国45％、日本54.4％で、女性雇用者の2人に1人は非正規雇用である。

　ところが、非正規労働者の定義に関しては国際的に統一した基準がない。OECD は国際比較のため、週労働時間30時間未満の「短時間労働者（Part-time Employment）」と「テンポラリー労働者（Temporary Employment）[1]」のデータを公表しているが、テンポラリー労働者の定義は国によって異なる。また、企業の雇用慣行や非正規雇用の増加背景、法・税制・社会保険制度等も国によって異なるため、非正規雇用の処遇格差もある。本章では、韓国と日本の非正規雇用の区分と定義を確認し、女性の非正規雇用実態、社会保険の加入基準と非正規雇用の加入実態を確認する。

1. 非正規雇用の区分と定義

1）韓国の非正規雇用の区分と定義

　韓国で非正規職労働が社会問題になり始めたのは1997年末の IMF 経済危機からである。当時、非正規職労働の定義やその規模及び実態をめぐって労働者側と使用者側、また政府側との意見が一致していない状態であったため、1998年1月15日発足した政労使委員会（現、経済社会労働委員会）は、2001年7月

▶1　テンポラリー労働者のデータとして、統計庁は「期間制労働者、短期期待労働者、派遣労働者、日雇い労働者」の資料（8月基準）を、日本の場合は、総務省『労働力調査』から非農林業における「1年以内の契約で雇われている臨時雇・日雇」の資料を OECD に提供している。

23 日「非正規職労働者対策特別委員会」を発足し、非正規労働の定義と統計調査整備に合意した。2002 年 7 月 22 日の政労使委員会の合意に基づき、非正規は「限時的労働者」「時間制労働者」「非典型労働者」と区分された。

　「限時的労働者」とは、雇用の持続性を基準にした分類で、「雇用契約有無」によって「期間制労働者」と「非期間制労働者」に分けられる。「期間制労働者」は、「一定期間の労働契約期間を締結した労働者」で、契約期間の長短や契約の反復更新、名称（契約職、嘱託職、臨時職、季節労働者、契約社員等）とは関係ない。「非期間制労働者」とは、一定期間の労働契約を定めていないが、会社の都合によりいつでも労働契約が終了するとの条件で働く労働者である。

　「時間制労働者」（労働基準法第 2 条 8 項による「短時間労働者」である）は、「労働時間」を基準にした分類で、同一事業所での同一業務に従事する労働者の所定労働時間（普通は週 40 時間又は 44 時間前後）より 1 時間でも短い労働者で、普段 1 週 35 時間以下で働くパートタイム労働者が当てはまる。

　「非典型労働者」は、「労働提供方式」による分類で、派遣労働者、請負労働者、特殊形態労働従事者、在宅労働者、呼出し（短期）労働者が含まれる。「派遣労働者」は、派遣法第 2 条により労働者派遣契約の内容に基づき派遣元となる事業主と雇用関係を維持し、派遣先の指揮命令のもとで働く労働者である。「請負労働者」は、請負業者が依頼主（注文主）と請負契約を締結し、依頼主の事業所で業務に従事する人で、雇用関係は業務を受注する請負業者との間にあり、業務上の指揮命令も請負業者から受ける（例、掃除請負、警備請負等）。

　「特殊形態労働従事者」とは、独自の事務室、店舗または作業場を保有しておらず、非独立的な形態で業務を遂行しながら労働提供の方法や労働時間などは独自に決め、個人的に募集・販売・配達・運送などにより顧客に商品やサービスを提供し、自分の成果によって収入を得る勤務形態である。

　なお、非正規職問題の対策のためには、その規模と実態をより正確に把握する必要があるとの認識が広がり、統計庁は 2002 年 7 月の政労使定義に基づき、2003 年から、「経済活動人口調査」の「勤労形態別付加調査」により、限時的労働者、時間制労働者、非典型労働者の雇用動向を調査している。ただ、2019 年からのデータは過去の経済活動人口調査で把握できなかった期間制労働者データが追加されたので、期間制労働者規模に影響を受ける限時的労働者、非正規職、正規職のデータは 2018 年以前と厳密な比較ができないこと、また、非正規雇用内の類型別データが重複しているので解釈の際は注意が必要である。

2）日本の非正規雇用の区分と定義

　日本の場合、短時間労働者及び有期雇用労働者の雇用管理の改善等に関する法律（2020年4月の法改正により改称：パートタイム・有期雇用労働法）では、非正規労働者は短時間労働者と有期雇用労働者に分類される。

　統計上の非正規雇用の区分と定義は出所により異なり、統一されていない。総務省の『労働力調査』は労働者の就業状況を把握するのが目的で、会社・団体等の役員を除く雇用者の雇用形態を「勤め先での呼称」によって、「正規の職員・従業員」「パートタイマー」「アルバイト」「労働者派遣事業所の派遣社員」「契約社員」「嘱託」「その他」の七つに分類している。

　厚生労働省の『就業形態の多様化に関する総合実態調査』では、労働者を「正社員」「出向社員」「契約社員（専門職）」「嘱託社員（再雇用者）」「パートタイム労働者」「臨時労働者」「派遣労働者（受け入れ）」「その他」の八つの就業形態に区分し、「正社員」以外の七つの区分の労働者を合わせて「正社員以外の労働者」という。

　厚生労働省の『賃金構造基本統計調査』と『毎月勤労統計調査』は主に労働者賃金と労働時間の実態調査で、常用労働者（期間を定めずに雇われている労働者と1か月以上の期間を定めて雇われている労働者を含む）を対象とする。『賃金構造基本統計調査』は、常用労働者を「就業形態」によって、一般労働者と短時間労働者で分類し、雇用形態別にそれぞれ、「正社員・正職員」と「正社員・正職員以外」に区分しているので、短時間労働者には正規労働者も含まれている。『毎月勤労統計調査』は、一般労働者とパートタイム労働者に区分している。

　『就業形態の多様化に関する総合実態調査』の用語の定義では、「出向社員」は他企業より出向契約に基づき出向してきている者（出向元に籍を置いているかどうかは問わない）、「契約社員」は特定職種に従事し、専門的能力の発揮を目的として雇用期間を定めて契約する者、「嘱託社員」は定年退職者等を一定期間再雇用する目的で契約し雇用する者、「パート労働者」は常用労働者のうちフルタイム正社員より1日の所定労働時間が短いか、1週間の所定労働日数が少ない者、「派遣労働者（受け入れ）」は労働者派遣法（1986年施行）に基づき派遣元事業所から派遣されてきている労働者である（**図表 10-1**）。

　図表 10-2 では、韓国の政労使委員会と日本の総務省『労働力調査』の非正規の区分と定義に基づき、非正規雇用の雇用形態別内訳を示した。非正規雇用

図表 10-1　日本の非正規労働者の定義と類型化

出所	就業形態		
短時間労働者及び有期雇用労働者の雇用管理の改善等に関する法律	**短時間労働者**		**有期雇用労働者**
	1 週間の所定労働時間が同一の事業主に雇用される通常の労働者に比し短い労働者		事業主と期間の定めのある労働契約を締結している労働者
『労働力調査』総務省(勤め先での呼称による分類)	**正規職員・従業員**	**非正規の職員・従業員**	
	勤め先で一般社員又は正社員と呼ばれている人	パートタイマー、アルバイト、労働者派遣事業所の派遣社員、契約社員、嘱託、その他	
『就業形態の多様化に関する総合実態調査』厚生労働省	**正社員**	**正社員以外の労働者**	
	「いわゆる正社員」「多様な正社員」	出向社員、契約社員（専門職）、嘱託社員（再雇用者）、パートタイム労働者、臨時労働者、派遣労働者（受け入れ）、その他	
『賃金構造基本統計調査』厚生労働省	**一般労働者**	**短時間労働者**	
	「短時間労働者」以外の者	同一事業所の一般の労働者より 1 日の所定労働時間が短い、または 1 日の所定労働時間が同じでも 1 週の所定労働日数が少ない労働者	
『毎月勤労統計調査』厚生労働省	**一般労働者**	**パートタイム労働者**	
	常用労働者の中、パートタイム労働者以外の者	常用労働者のうち、「1 日の所定労働時間が一般労働者より短い者」、または「1 日の所定労働時間が一般労働者と同じで、1 週の所定労働日数が一般労働者よりも少ない者」	

出典：筆者作成

図表 10-2　非正規雇用の性別・雇用形態別内訳（2020 年）　　　　　　（単位：％）

		正規雇用率	非正規雇用率	2002 年 7 月政労使委員会による区分（類型別重複）		
				限時的労働者（雇用契約有無：契約、嘱託、臨時雇、季節雇等）	時間制労働者（短時間労働者：1 週 35 時間以下）	非典型労働者（労働提供方式：派遣、請負、在宅、特殊形態、呼出等）
韓国	雇用者計	63.7	36.3 (100%)	62.1	43.8	27.9
	男性	70.6	29.4 (100%)	62.3	27.4	36.3
	女性	55.0	45.0 (100%)	61.8	57.1	21.0

		正規雇用率	非正規雇用率	勤め先での呼称による区分					
				パート	アルバイト	派遣労働者	契約社員	嘱託社員	その他
日本	雇用者計	63.0	37.0 (100%)	49.0	21.4	6.7	13.4	5.6	3.9
	男性	71.9	21.9 (100%)	18.4	33.8	8.1	22.1	11.3	6.3
	女性	44.3	54.3 (100%)	63.2	15.7	6.0	9.4	2.9	2.8

出典：統計庁『勤労形態別付加調査』2020 年 8 月、総務庁『労働力調査』2020 年
注：1）非正規雇用内類型別割合は非正規雇用を 100％にしたときそれぞれ占める割合である。2）韓国の非正規雇用内類型別データは重複しているため、類型別非正規雇用者率を合計すると 100％を超える。3）日本の非正規雇用率は、役員を除く雇用者の中で非正規の職員・従業員が占める割合である。

率は、韓国36.3％、日本37.0％で、韓日でほぼ同じ水準である。性別には韓日共に男性に比べて女性の非正規雇用率（女性雇用者の中で女性非正規雇用が占める割合）が高く、韓国45.0％、日本54.3％である。

　韓国と日本は非正規雇用の区分と定義が異なり、また韓国の場合は非正規雇用内の類型別データが重複しているので、非正規雇用構造の厳密な韓日比較はできない。韓国では、女性非正規雇用者は主に、限時的労働、時間制労働として働いている。日本では女性非正規雇用の中、パートが63.2％で最も多く、アルバイト15.7％を合わせて、女性非正規雇用の約8割弱がパート・アルバイトとして働いている。

2．女性非正規雇用の実態

1）女性非正規雇用者率推移

　韓国では、2002年7月の政労使の非正規雇用の定義に基づくデータは2003年から得られるので、2003年以後の女性の非正規雇用の実態を日本と比較する。韓国の場合（**図表10-3**）、性別雇用者の中で非正規雇用が占める割合を見ると、男女共に非正規雇用率は若干低下する傾向であったが、2019年から高まり、2020年、男性29.4％、女性45％である。非正規雇用の中で女性非正規が占める割合は2003年50.3％から徐々に高まっており、2020年55.1％で、非正規雇用の2人に1人は女性である。

　日本の場合（**図表10-4**）、男女共に非正規雇用率が上昇する傾向である。女性雇用者の場合、2003年の非正規率は51.2％で、非正規雇用が正規雇用を上回っており、2020年女性非正規率は54.4％である。非正規雇用の中で、女性非正規雇用が占める割合は、2020年68.2％である。

2）女性非正規雇用の年齢階級別・企業規模別実態

　図表10-5、**図表10-6**では、2020年の女性雇用者の年齢階級別、正規と非正規者数を示した。年齢階級区分が韓日で異なるため、厳密な比較はできないが、全体的な傾向は把握できる。両国共に、女性雇用者数は出産育児期の30〜34歳で底、40〜49歳で第二山のM字カーブである。女性正規雇用者数は韓国では逆U字型、日本は緩やかなM字型である。女性非正規雇用の場合は、韓国では30〜39歳、日本では25〜29歳で底となり、中高年層で増加する。

図表 10-3　韓国の性別非正規雇用者率

（単位：％）

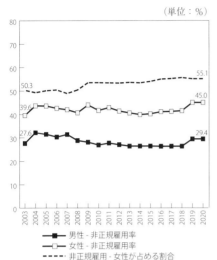

- ■- 男性 - 非正規雇用率
- □- 女性 - 非正規雇用率
- --- 非正規雇用 - 女性が占める割合

出典：統計庁『経済活動人口調査付加調査』
注：1) 性別雇用者の中で正規・非正規が占める割合
　　である。2) 付加調査の 8 月調査結果である。

図表 10-4　日本の性別非正規雇用者率

（単位：％）

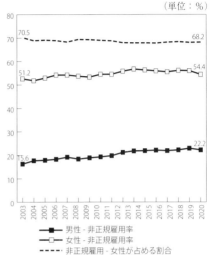

- ■- 男性 - 非正規雇用率
- □- 女性 - 非正規雇用率
- --- 非正規雇用 - 女性が占める割合

出典：総務省『労働力調査詳細集計』
注：性別役員を除く雇用者データ、2011 年データは
　　2010 年と 2012 年の平均値である。

**図表 10-5　韓国の女性の年齢別正規・
　　　　非正規雇用**（2020 年）

（単位：千人）

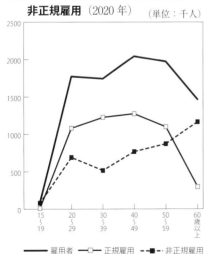

- — 雇用者　-□- 正規雇用　-■- 非正規雇用

出典：統計庁『経済活動人口調査付加調査』2020 年
　　8 月調査

**図表 10-6　日本の女性の年齢別正規・
　　　　非正規雇用**（2020 年）

（単位：万人）

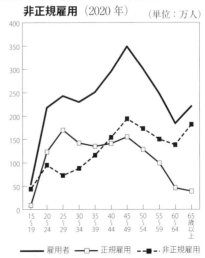

- — 雇用者　-□- 正規雇用　-■- 非正規雇用

出典：総務省『労働力調査』2020 年
注：役員を除く雇用者の正規・非正規雇用者数。

図表 10-7　韓国の女性雇用者の企業規模別に占める割合

（単位：％）

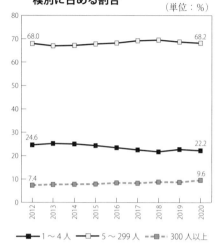

出典：統計庁『経済活動人口調査付加調査』
注：全産業女性雇用者が対象。

図表 10-8　日本の女性雇用者の企業規模別に占める割合

（単位：％）

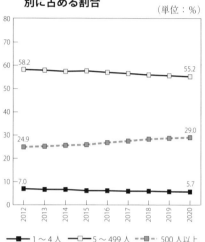

出典：総務省統計局『労働力調査』
注：非農林業の役員を除く女性雇用者が対象。

図表 10-9　韓国の企業規模別女性非正規雇用者

（単位：千人、％）

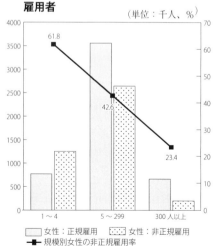

出典：統計庁『経済活動人口調査付加調査』2020 年

図表 10-10　日本の企業規模別女性非正規雇用者

（単位：万人、％）

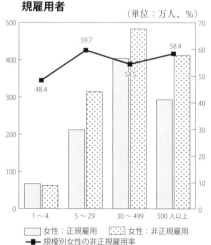

出典：総務省統計局『労働力調査』2017 年

　企業規模別女性雇用者の占める割合を見ると（**図表 10-7**、**図表 10-8**）、5 人未満の企業で働いている女性雇用者比は、2020 年、韓国 22.2%、日本 5.7% である。韓国の 300 人以上、日本の 500 人以上の大企業で働いている女性雇用者率は徐々に高まっており、2020 年、韓国 9.6%、日本 29.0% である。

　企業規模別、女性の非正規雇用者数を見ると（**図表 10-9**、**図表 10-10**）、韓国では、5 〜 299 人規模で働く女性が最も多く（女性の非正規率 42.6%）、日本では 30 〜 499 人規模（女性の非正規率 54.5%）である。

　韓国の場合（2020 年）、女性雇用者の 22.2% が 5 人未満企業で働き、5 人未満企業の女性雇用者の 61.8% は非正規雇用である。ところが、韓国の勤労基準法は 5 人未満の事業所は原則、法適用対象外であるので、零細中小企業で働く多くの女性雇用者は、賃金、社会保険等の処遇面で不利な立場に置かれている。

3．非正規雇用の社会保険加入条件と加入実態

　公的社会保険には労災保険、雇用保険、国民年金、健康保険がある。非正規雇用が社会保険の給付金を受給するためには、定められた加入条件を満たす必要がある。労災保険は韓日同じく雇用形態に関係なく労働者 1 人以上のすべての事業所が対象であり、保険料全額を事業主が負担する。

　図表 10-11 では、労災保険以外の 3 種保険の短時間労働者とパートタイマーの加入条件を韓日で比較した。非正規雇用が雇用保険の被保険者になるためには、韓国では、週労働時間が 15 時間以上、日本では 20 時間以上必要である。女性非正規雇用が雇用保険の被保険者になると、条件を満たす場合、失業給付の基本手当てのほか、雇用保険から「出産前後休暇給付金」（日本は健康保険から「出産手当金」支給）と「育児休業給付金」が支給される。

　韓国の被用者対象の国民年金と健康保険の「事業場加入者」加入条件は、週労働時間 15 時間以上で、雇用期間 1 か月以上の者が対象である。2015 年 7 月からは 2 か所以上の事業場の月労働時間が 60 時間以上であれば、本人の希望により「事業場加入者」になれる。

　日本の厚生年金と健康保険の加入条件は、所定労働時間が正社員の 4 分の 3 以上（週労働時間 30 時間以上）である。2016 年 10 月からは、厚生年金と健康保険の短時間労働者の加入条件が緩和され、「所定労働時間が正社員の 4 分の 3 未満」の場合は、①週所定労働時間 20 時間以上、②月額賃金 8.8 万円以上

図表 10-11　非正規雇用（短時間労働者・パートタイマー）の社会保険加入条件

（2020 年 12 月基準）

韓国（対象：労働者 1 人以上の事業所）		日本（対象：労働者 1 人以上の事業所）	
雇用保険	国民年金・健康保険	雇用保険	厚生年金・健康保険
①労働時間が月 60 時間以上（週労働時間 15 時間以上）②雇用期間 1 か月以上	①労働時間が月 60 時間以上（週労働時間 15 時間以上）②雇用期間 1 か月以上★事業場加入者の無所得の配偶者は国民年金適用対象外で、本人の選択により「任意加入者」に加入	①所定労働時間が週 20 時間以上②雇用期間 1 か月以上の見込み	・所定労働時間が正社員の 4 分の 3 以上（週 30 時間以上）・所定労働時間が正社員の 4 分の 3 未満の場合：①週 20 時間以上　②月額賃金 8.8 万円以上（年収 106 万円以上）　③雇用期間 2 か月超見込み（2020 年 10 月から）　④学生ではない　⑤従業員 501 人以上の企業★対象企業：101 人以上（2022 年 10 月）→ 51 人以上（2024 年 10 月）

出典：筆者まとめ

図表 10-12　雇用形態別社会保険加入実態（韓国：2020 年、日本：2019 年）　（単位：%）

		雇用保険	韓：国民年金日：厚生年金	被用者健康保険
韓国	正規雇用	94.4	98.3	98.5
	非正規雇用（特殊形態除く）	74.4	61.7	64.9
	限時的労働者	43.9	39.5	41.1
	時間制労働者	81.1	77.6	79.0
日本	正規雇用	92.7	96.1	97.2
	非正規雇用	71.2	58.1	62.7
	契約社員（専門職）	85.0	86.7	89.9
	パートタイム労働者	64.0	43.1	48.7
	その他	83.3	79.3	83.0

出典：雇用労働部『雇用形態別勤労実態調査』（2020 年 6 月調査、1 人以上事業所対象）、厚生労働省『就業形態の多様化に関する総合実態調査』（2019 年）

（年収 106 万円以上）、③雇用期間 2 か月超見込み（2020 年 10 月から）、④学生ではない、⑤従業員 501 人以上の企業、の全ての条件を満たす者を対象にする。対象企業は 2022 年 10 月からは 101 人以上、2024 年 10 月からは 51 人以上企業へと拡大され、従業員 50 人以下の企業については労使合意があった場合に適用される。

　非正規雇用は雇用が不安定で、特に労働時間が短い短時間労働者は雇用保険に加入できないことがあり、また国民年金と健康保険の場合、保険料を労使折半で負担する正規雇用と、本人が全額負担する非正規雇用との処遇格差が生じる。雇用形態別の3種保険の加入実態を見ると（**図表10-12**）、韓国の非正規雇用の加入率が日本より若干高い。

　韓国の時間制労働者の約8割、日本のパートタイム労働者の4〜6割が社会保険に加入している。特に被用者対象の年金と健康保険における加入率の韓日間の差は被扶養配偶者の取り扱いとも関連する。韓国では、非正規労働者が国民年金の加入基準を満たさない被扶養配偶者である場合、国民年金適用対象外で、本人の選択により「任意加入者」として加入する。日本の場合は、国民年金第3号被保険者となり、本人の保険料負担なしで、基礎年金が受給できる。

▌まとめ

　韓国と日本は非正規雇用の区分と定義が異なるので、厳密な比較はできないが、両国の非正規雇用は増加傾向である。非正規雇用の中で女性非正規雇用が占める割合は、2020年、韓国55.1%、日本68.2%である。

　非正規雇用は正規雇用に比べて雇用保険と健康保険の加入率が低いため、出産や育児と関わる支援制度を利用するのが難しい。特に国民年金の場合、加入条件を満たさない非正規既婚女性の場合、韓国では「任意加入者」となるが、日本の場合、夫が加入している厚生年金を通して保険料負担なしで国民年金の第3号被保険者となり、これが日本の女性の非正規雇用率を高める原因の一つになっている。

　今後、韓日の非正規雇用の処遇改善のためには、非正規雇用の賃金上昇（同一労働同一賃金保障）、社会保険加入拡大及び保険料負担の軽減、非正規雇用の正規雇用化などといった共通の課題を抱えている。

❖参考文献

裵 海善「日本の非正規雇用の増加と多様化─その実態と背景」大韓日語日文学会『日語日文学』
　　第65号、2015年2月、341〜360頁。
裵 海善「日本の非正規労働者の雇用不安と処遇格差─実態と政府対策」大韓日語日文学会『日

　語日文学』67 号、2015 年 8 月、271 〜 290 頁。

裵 海善「韓国の非正規雇用の労働条件と政府の非正規職総合対策案」筑紫女学園大学・筑紫女
　学園大学短期大学部『紀要』11 号、2016 年 1 月、129 〜 139 頁。

裵 海善「非正規職女性の雇用構造と処遇格差実態の韓日比較」大韓日語日文学会『日語日文学
　69 号、2016 年 2 月、275 〜 293 頁。

第11章

非正規職保護法と非正規職の雇用不安

　韓国と日本では、労働法上、正規雇用の解雇は非常に厳しく、「強い雇用保障」が特徴である。多くの非正規雇用は有期労働契約を結んでいるため、景気悪化の際、正規雇用よりも解雇の対象になりやすい。また、近年の両国の雇用構造における大きな特徴は、非正規雇用の増加と雇用形態の多様化である。非正規雇用の規制緩和が進む一方、非正規雇用の雇用保護も立法化してきた。

　韓国では、1997年末の経済危機を克服する過程で、労働市場の柔軟性を高めるという政府の失業対策と共に人件費節約のための企業の雇用調整等により、非正規職労働者が急激に増え非正規職労働者の雇用保護や待遇などが社会問題になりはじめた。非正規職労働者の雇用保護のための対策は不十分な状況であったため、2001年7月から政労使委員会の議論を経て、2007年7月1日から「非正規職保護法」が施行された。

　日本では、1985年9月のプラザ合意による円高不況期である1985年に労働者派遣法が制定され、高度成長期から1990年代にかけてパートタイマーが増加したことを背景に1993年にパートタイム労働法が制定され、また1990年代以後から契約社員が増加したことを背景に2007年に労働契約法が制定された。本章では、韓国と日本の非正規職保護3法の内容と特徴を確認すると共に、特に、景気変動による企業の雇用調整手段になりやすい派遣労働者に焦点を置き、労働者派遣の業務範囲と受け入れ期間制限、派遣労働者の正規雇用への転換コースを韓日で比較する。

1. 韓国の非正規職保護法

1) 非正規職保護3法（2006年）

　韓国では1997年の経済危機の際、労働市場の柔軟性を高めるとの趣旨で、

1998 年の労働法改正により「整理解雇制度」が導入された。また「派遣労働者保護などに関する法律」（略称、労働者派遣法）が 1998 年 2 月 20 日制定され、1998 年 7 月 1 日から施行された。しかし、非正規職労働者が持続的に増加し、非正規職労働者を差別と濫用から保護できる法的・制度的基盤が必要となった。政労使委員会は 2001 年 7 月「非正規職労働者対策特別委員会」を構成し、2 年間にわたって制度改善法案を論議した。

　政労使委員会での論議を経て、非正規雇用に対する不合理的な差別を是正し、保護を強化することを目的に、非正規職保護 3 法が 2004 年 11 月 8 日に国会に提出され、2006 年 11 月 30 日に可決された。非正規職保護 3 法は、「期間制及び短時間労働者保護などに関する法律」（略称、期間制法）（2006 年 12 月制定）、「派遣労働者保護などに関する法律」（2006 年 12 月改正）と「労動委員会法」（2006 年 12 月改正）である。

　保護 3 法の中で、期間制法は 2006 年 12 月制定、労働者派遣法と労働委員会法は 2006 年 12 月に法改正が行われ、2007 年 7 月 1 日より従業員 300 人以上の企業と公共機関、2008 年 7 月 1 日から 100 人以上 300 人未満の企業、2009 年 7 月 1 日からは 5 人以上～ 100 人未満の企業に適用された。5 人未満の企業または事業場は、大統領令の定めにより、期間制法の一部規定のみ適用される。

　期間制労働者と短時間（時間制）労働者、派遣労働者は非正規職保護 3 法により保護されるが、以外の非正規労働者、つまり限時的労働者の中で非期間制労働者、非典型労働者の中で請負労働者、特殊形態労働従事者、在宅労働者、一日呼出労働者は非正規職保護法の保護を受けることができず、一般的な労働者関連法令により保護される（**図表 11-1**）。

図表 11-1　非正規職保護 3 法（2007 年 7 月施行）

（2009 年 7 月、常時労働者 5 人以上の事業場対象）

法律の名称	保護対象	保護内容
「期間制及び短時間労働者保護などに関する法律」（期間制法）	期間制労働者 短時間労働者	使用制限、差別禁止、 差別是正など
「派遣労働者保護などに関する法律」（労働者派遣法）	派遣労働者	派遣制限、差別禁止、 差別是正など
労働委員会法	期間制労働者 短時間労働者、派遣労働者	差別是正の手続き

出典：筆者作成

2）期間制労働者の使用期間・派遣労働者の派遣期間の制限（2年）

　非正規職保護3法の柱は、非正規労働者の増加を抑制し、非正規労働者の雇用不安を緩和する目的で、期間制労働者と派遣労働者の使用期間を「2年」に制限したことである。

　「期間制労働者」とは、期間が決まっている労働契約を締結した労働者で、契約職、臨時職、嘱託職などの名称と関係なく労働契約期間が決まっている場合はすべて期間制労働者に含まれ、期間制法の保護を受けることができる。期間制法第4条により、事業主は期間制労働者の使用期間「2年」を超えてはならない。期間制労働契約の反復更新の場合には総期間が2年を超えてはならない。2年を超える場合、その労働者は期間の定めがない「無期労働契約」を締結したとみなす（無期契約転換義務）。

　但し、次の場合は2年を超えて期間制労働者で使うことができる。①事業の完了または特定の業務の完成に必要な期間を決めた場合、②休職、派遣などで欠員が発生して該当の労働者が復帰するまでその業務を代わりにする必要がある場合、③労働者が学業・職業訓練などの履修により、その履修に必要な期間を決めた場合、④55歳以上の高齢者と労働契約を締結する場合、⑤専門的知識・技術の活用が必要な場合など[1]である。

　なお、期間制法第5条により、使用者は期間の定めのない労働契約を締結しようとする場合には、当該事業または事業場の同種または類似業務に従事する期間制労働者を優先的に雇うよう努力しなければならない。

　派遣労働者の場合、労働者派遣法第6条により、派遣期間は「2年」を超えてはならない。不法派遣に該当する場合、また2年を超えて派遣労働者を使う場合、派遣先は直接雇用として転換しなければならない（派遣先の直接雇用義務）。

　雇用保険は、期間制労働者・派遣労働者の無期契約雇用への転換を支援するため、「正規職転換支援事業」を実施している。6か月以上雇われた期間制、派遣労働者を正規職又は無期契約雇用へ転換した中小・中堅企業事業主には正規職又は無期契約転換による賃金上昇分の70％（若年層は80％）及び間接労務費の20万ウォンを1年間支援している（支援金額は2021年基準）。

▶1　高等教育法改正により、2014年1月から、大学の「非常勤講師」は廃止され、「講師」が新設され、任用期間は1年以上とした。従来の「非常勤講師」に比べてその地位向上を図ってはいるが、期間制法施行令第3条第3項第4号により、大学の契約職の講師、兼任教員、名誉教授、招聘教員等は、期間制労働者の無期契約転換義務の例外に該当する。

3）非正規職差別是正効力拡大

2014 年 9 月 19 日から施行される改正期間制法と改正労働者派遣法では差別是正制度が拡大された。使用者が非正規職労働者（期間制、短時間、派遣労働者）に対して、賃金や労働条件などにおいて合理的な理由なく（非正規職と正規職の同一待遇を要求することではない）不利な待遇をすることを禁止している。雇用期間が 2 年を超えていない期間制・短時間・派遣労働者の差別是正申請期間は、差別処遇があった日から「3 か月以内」から「6 か月以内」へと拡大された。

また、今までは差別是正申請をした労働者に対してのみ是正命令をすることになっていたが、2014 年 9 月からは、一つの事業場で一人の非正規職労働者の差別が認められると、同じ条件にある他の労働者にも同じ補償をしなければならない。

4）期間制法・労働者派遣法の懲罰的損害賠償制度

2014 年 3 月 18 日の期間制法および派遣法の改正（2014 年 9 月 19 日施行）により「懲罰的、金銭賠償命令制度」が導入された。企業が正規職と同じ業務を遂行する非正規労働者を賃金・福利厚生面で差別すれば、損害額の最高 3 倍を賠償しなければならない。対象は、会社が直接雇用する「期間制法」に基づく契約職労働者と「労働者派遣法」に基づく派遣労働者である。会社の指示を受けない下請会社の労働者等は対象外である。

例えば、生産ラインで正規職、短期契約職、下請業者（韓国では「下都給」という）労働者が一緒に働き、100％まったく同じ仕事をした場合、正規職 100 万ウォン、非正規職 50 万ウォンのように賃金差別があれば、差額である 50 万ウォンの 3 倍である 150 万ウォンを追加支給しなければならない。

2．日本の非正規職保護法

1）労働者派遣法（1985 年制定）

日本では 1985 年 6 月に「労働者派遣事業の適正な運営の確保及び派遣労働者保護などに関する法律」（略称、労働者派遣法）が制定され、1986 年 7 月施行された。これは 1985 年のプラザ合意による円高不況下で企業の人件費削減が主な目的であった。

　1999 年派遣法改正により派遣業務は原則自由化（ネガティブリスト化）となった。また、2003 年法改正により、2004 年 3 月から製造業派遣の解禁が行われたが、2008 年 9 月のリーマン・ショックとそれに連鎖したグローバル経済危機の影響による製造業における雇用調整過程で派遣労働者が主な人員調整の対象となった。

　派遣労働者の雇用の安定やキャリアアップ、待遇改善に向けた見直しが必要となり、2015 年 9 月法改正では、派遣社員のキャリアアップに向けて計画的な教育訓練を行うことなどが派遣会社の責務となった。また、専門 26 業務は廃止され、無期雇用の派遣労働者は期限制限の対象外となり、有期雇用の派遣労働者は「事業場単位」と「個人単位」の 2 種類の期間制限が課された。

　2019 年からの働き方改革関連法の施行に伴い、派遣法も改正され（2020 年 4 月施行）、派遣労働者のキャリアアップや待遇改善といった規定はさらに強化されており、派遣元は労働者の賃金を決める際に、「派遣先均等・均衡方式（原則）」または、「派遣元の労使協定による待遇決定方式」のいずれかを選ぶことが義務付けられた。

2）パートタイム労働法（1993 年制定）
（2020 年改称：パートタイム・有期雇用労働法）

　有配偶女性のパートタイム労働は、日本経済が高度経済成長期に入り、労働力需給が逼迫した 1955 年代後半から増加しており、1980 年代中頃から 1990 年代にかけて非正規雇用は主に女性のパートで占められていた。1980 年代後半以後の派遣労働者、有期契約労働者の増加等、非正規雇用の雇用形態が多様化し、非正規雇用が日本の経済活動に重要な役割を果たすことになったが、適切な雇用管理が行われていない等の様々な問題が指摘されたため、1993 年 6 月に「短時間労働者の雇用管理の改善等に関する法律」（略称：パートタイム労働法）が制定され、1993 年 12 月施行された。

　パートタイム労働法では、1 週間の所定労働時間が、同一の事業場に雇用される通常の労働者、いわゆる正社員と無期雇用フルタイム労働者に比べて短い「短時間労働者」が対象である。例えば、パートタイマー、アルバイト、嘱託、契約社員、臨時社員、準社員など、呼び方は異なっても、この条件に当てはまる労働者であればパートタイム労働法の対象となる。

　パートタイム労働法は、パートで働く労働者の適正な労働条件の確保や正

社員への転換の推進などを図るために制定された法律である。2007 年法改正
（2008 年施行）により、「無期雇用のパートタイム労働者」について、通常の労
働者との待遇（賃金、教育訓練、福利厚生等）の差別的取扱いが禁止され、その
他のパートタイム労働者についても、通常の労働者との均衡のとれた待遇の確
保を図るため事業主が講ずべき措置が定められた。また、通常の労働者への転
換を推進するための措置を講じる義務が設けられた。2014 年法改正（2015 年
施行）では、差別的取扱いの禁止対象範囲が有期労働契約労働者にまで拡大さ
れた。

　働き方改革関連法の施行に伴い、2018 年パートタイム労働法改正により、
「短時間労働者及び有期雇用労働者の雇用管理の改善等に関する法律」（略称：
パートタイム・有期雇用労働法）へと法律名が改称され、2020 年 4 月から施行
されている。

3）労働契約法（2007 年制定）

　労働契約法は、労働契約に関する基本的な事項を定めた法律で、2007 年 12
月公布され、2008 年 3 月施行された。労働基準法で最低労働基準については
規定されているが、就業形態が多様化し、個別労働関係紛争を解決するための
労働契約に関する民事的なルールについては、体系的な成文法は存在していな
かったことが法制定の背景である。

　派遣社員やパートタイム労働者の場合には、契約期間が定められていないこ
ともあるが、契約社員は契約期間に定めがあることが一般的で、専門的職種に
従事させることを目的に契約に基づき雇用され、契約期間の満了によって労働
契約は自動的に終了することとなる（ただし、更新により契約期間を延長するこ
とがある）。有期労働契約は、1 年契約、6 か月契約など契約期間の定めのある
労働契約のことで、パート、アルバイト、契約社員、嘱託など職場での呼称に
かかわらず対象となる。1 回当たりの契約期間は、高度の専門的知識などを有
する労働者、満 60 歳以上の労働者との契約などの一定の場合を除いて、「最長
3 年」である。

　2012 年 8 月、労働契約法改正（2013 年 4 月施行）では、労働契約法第 18 条
（無期労働契約への転換ルール）が定められた。有期労働契約が繰り返し更新さ
れて「通算 5 年」を超えたときは、労働者の申し込みにより、期間の定めのな
い労働契約（無期労働契約）に転換できる（派遣社員、パートタイム労働者につい

ても、契約期間が定められる場合は同様）[2]。

4）働き方改革と正規と非正規との不合理な待遇差禁止

　2018 年 6 月 29 日に成立し、2019 年 4 月から順次施行する働き方改革関連法案の 3 本柱の一つは「同一労働同一賃金の実現」で、改正「パートタイム・有期雇用労働法」と「労働契約法」は 2020 年 4 月 1 日から（中小企業は 2021 年 4 月適用）、改正「労働者派遣法」は企業規模に関係なく 2020 年 4 月 1 日から施行された。

　同一企業内において正規雇用労働者と非正規労働者（パートタイム労働者、有期雇用労働者、派遣労働者）の間での処遇差を禁止するため、非正規職関連 3 法共に以下 3 点が統一的に整備された。第一に、正規雇用労働者との不合理な待遇を禁止し、個々の待遇ごとに、当該待遇の性質・目的に照らして適切と認められる事情を考慮して判断されるべき旨を明確化した。第二に、正規雇用労働者との待遇差の内容・理由等に関する説明を義務化した。第三に、不合理な待遇差を解消するための規定の整備の義務や待遇に関する説明義務について、行政による履行確保措置及び裁判外紛争解決手続（行政 ADR）を整備した。

3. 派遣労働者の業務範囲と正規雇用への転換コース

1）労働者派遣の業務範囲と受け入れ期間制限

　韓国では、派遣業務は 32 業務に制限され（日本は、1999 年に派遣業務の原則自由化）、製造業派遣は禁止されており（日本は 2003 年、製造業派遣解禁）、同一事業場での派遣受け入れ期間が 2 年を超えると直接雇用が義務付けられている（日本は 2015 年、派遣元と派遣労働者の契約形態による）。

　韓国では派遣労働者数はまだ少ない。2020 年現在、派遣労働者が雇用者全体で占める割合は 0.8％（日本 2.5％）、非正規雇用労働者全体で見ると 2.2％（日本 6.6％）である（韓国「勤労形態別付加調査」、日本「労働力調査」）。派遣業務や派遣期間に対する規制が強いため、派遣法から免れるための業務請負が増え、

▶ 2　大学等の研究者の場合は、2013 年 12 月「研究開発システムの改革の推進等による研究開発能力の強化及び研究開発等の効率的推進等に関する法律及び大学の教員等の任期に関する法律」改正により、労働契約法の特例が設けられ、大学等及び研究開発法人の研究者、大学の常勤と非常勤の教員等については、無期転換申込権発生までの期間（原則）が 5 年から 10 年となった（2014 年 4 月 1 日施行）。

請負労働者が非正規雇用の7.4％（2020年）を占めている。請負労働者の増加と共に、特に製造業での偽装請負（請負の名目で、派遣契約を締結せずに労働者を受け入れ、指揮命令する）が大きな問題となっている。

　日本では、派遣労働者による常用労働者（正職員）の代替防止のため、1985年の制定当時は専門13業務を対象とした。バブル崩壊後の長期不況の中で、派遣対象業務と派遣期間の規制を緩和するための法改正が進み、1999年には派遣受け入れ期間「1年」という条件を設け、派遣業務を原則自由化し（「ポジティブリスト」から「ネガティブリスト」へ）、専門26業務の受け入れは「最長3年」となった。

　2003年改正では製造業派遣（期間1年）を解禁し、2007年改正では製造業の受け入れ期間が延長（1年→3年）された。自由化業務の受け入れは「1年→3年」、専門26業務は「期間制限なし」となった。2015年の法改正により、専門26業務は撤廃され、派遣労働者の受け入れの期限制限が事実上なくなり、派遣元と派遣労働者の契約形態に着目し期間制限を果たす仕組みになった。

2）韓国の派遣労働者の正規雇用転換コース

　勤労基準法第16条により、有期労働契約期間は1年を超えることができない。派遣法第6条により、派遣期間は「原則1年以内」で、延長する場合も「1年以内」で、同一派遣労働者の総派遣期間は「2年」を超えることができない（派遣労働者が55歳以上の高齢者の場合は、2年を超えることができる）。派遣先の同一派遣労働者の総受け入れ期間が2年を超えた場合「直接雇用義務」が発生する。

　ところが、直接雇用が無期契約または正規雇用であるかに関しては規定され

図表11-2　契約期間が満了した期間制労働者の正規職転換比率　　　　　　（単位：％）

	2014	2015	2016	2017	2018	2019	2020
企業規模計	8.7	7.0	6.9	10.3	8.2	10.0	4.7
5～299人	7.0	6.5	5.8	10.1	8.2	13.5	5.7
300人以上	12.4	8.4	9.1	10.6	8.1	5.5	2.9

出典：雇用労働部『事業体期間制勤労者現況調査』により筆者作成
注：1）契約期間が満了する期間制労働者の中で、正規雇用転換者の占める割合。2）2014～2016年は第四四半期、2017～2020年は下半期データである。

ていない。したがって、派遣労働者が 2 年経過後、直接雇用になっても正規職として採用されなければ、有期契約の期間制労働者、無期期間制雇用、短時間労働者として働くことになる（**図表 11-5**）。

　派遣労働者が有期契約の期間制労働者として採用されれば、期間制法第 4 条2 項により、2 年後、無期契約に切り替えられるが、この場合も、正規職になれなければ、無期契約雇用として働き続けることになり、正規職になるのは非常に難しい。

　契約期間が満了する期間制労働者の正規職転換率は 2014 年 8.7％で、2017年には 10.3％まで高まったが再び低下し、2020 年 4.7％である（**図表 11-2**）。企業規模別には、2017 年前は 300 人以上企業での正規職転換率が 300 人未満企業より高かったが、2018 年からは 300 人以上企業の転換率は低下傾向で、2020 年 2.9％である。

3）日本の派遣労働者の正規雇用転換コース

　2015 年法改正により、派遣労働者の派遣先での受け入れ期間制限は事実上なくなり、派遣元と派遣労働者の契約形態によって期間制限を果たす仕組みになった。派遣元で無期雇用の派遣労働者は、期間制限がない。派遣元で有期雇用の派遣労働者には、「事業所単位」と「個人単位」という 2 種類の期間制限が課される。

　「事業所単位」の期間制限とは、「同一事業所」で有期雇用派遣労働者を「3年」超えて継続して受け入れた場合は、3 年が経過する 1 か月前まで、過半数労働組合の意見聴取が必要である。労働組合から受け入れ反対または是正すべき点などの意見があった場合は、対応方針を説明しないといけない。

　「個人単位」の場合、同一の有期雇用派遣労働者の同一の組織単位（例：課、班）での派遣就労期間は「3 年」が上限である。「事業所単位」の期間制限が延長された場合は、組織単位を変えれば、同一有期派遣労働者を他の組織でまた 3 年間受け入れることが可能である（例：総務課 3 年→人事課 3 年）。

　「事業所単位」と「個人単位」の期間制限を違反した場合は、派遣先が当該有期派遣労働者に労働契約の申し込みをしたと見なされ（労働契約申込み見なし制度）、その派遣労働者が承諾すると、労働契約が成立する（派遣禁止業務、無許可派遣元からの受け入れ、偽装請負などの違法派遣の場合も、労働契約申し込み見なし制度が適用される）。

　また、2015年法改正では、派遣労働者の雇用安定措置（第30条）の実施を派遣元に義務付けた。「雇用安定化措置義務」により、有期派遣労働者の同一の組織単位で派遣就業見込みが3年であり、継続就業を希望する場合、派遣元は、次のいずれかを実施することが義務付けられた：①派遣先への直接雇用を依頼、②新たな派遣先の提供、③派遣元での無期雇用（派遣労働以外）、④安定した雇用の継続が確実に図られる措置（就業見込みが1年以上3年未満の場合は、①〜④のいずれかの措置を講じる努力義務、派遣元事業主に雇用された期間が通算1年以上の場合は、②〜④のいずれかの措置を講じる努力義務）。

　派遣元の雇用安定措置の実施状況によれば（**図表11-3**）、派遣先で3年就業見込みがある派遣労働者の場合、「新たな派遣先提供」（45.3％）が最も多く、

図表11-3　派遣元の雇用安定措置の実績（2018年）　　　　　　　　　（単位：％）

	派遣先への 直接雇用の依頼		新たな 派遣先 提供	派遣先で 派遣以外 の無期雇 用	紹介予定派遣・ 有給の教育訓練等	
		中、派遣先で直 接雇用された者				うち、紹介 予定派遣
割合	6.1	（56.4）	34.4	1.6	3.7	（19.5）
うち、3年見込み	26.8	（47.9）	45.3	10.7	8.9	（6.6）

出典：厚生労働省『労働者派遣事業報告』2018年

図表11-4　派遣労働者を正社員にする制度の有無・採用の有無別事業場割合

（単位：％）

	事業 場計	派遣労働者を正社員に採用する制度の有無								
		派遣労働 者を正社 員に採用 する制度 ある	過去1年間の採用の有無			派遣労働 者を正社 員に採用 する制度 ない	過去1年間の採用の有無			不明
			派遣労働 者を正社 員に採用 したこと がある	派遣労働 者を正社 員に採用 したこと がない	不明		派遣労働 者を正社 員に採用 したこと がある	派遣労働 者を正社 員に採用 したこと がない	不明	
2008	100	12.7	4.8	7.9	0.0	86.5	4.3	82.0	0.2	0.8
2012	100	13.0	1.7	11.3	0.0	82.9	1.3	80.8	0.8	4.1
2017	100	13.1	1.5	11.5	0.2	83.8	1.5	81.7	0.6	3.0

出典：厚生労働省『派遣労働者実態調査』
注：「正社員に採用する制度」とは、就業規則等で制度として定められている場合に限る。制度として定められて
　　いなければ、仕事の実績等を勘案して正社員に採用する慣行がある場合でも、「制度がない」とした。

　次に「派遣先への直接雇用の依頼」（26.8％）が多い。また、直接雇用の依頼措置が講じられた者のうち、約半数が派遣先で直接雇用されているなど、一定の雇用の安定には繋がっていると評価できる。

　ところが、派遣労働者としての 3 年経過後、派遣先で正規雇用として直接雇用される可能性は非常に低い（**図表 11-4**）。厚生労働省『派遣労働者実態調査』によれば、2017 年、派遣労働者を正社員に採用する制度がある事業場の割合は 13.1％で、このうち過去 1 年間に「派遣労働者を正社員に採用したことがある」は 1.5％となっている。

図表 11-5　派遣先の同一事業所における派遣労働者の正規雇用への転換コース

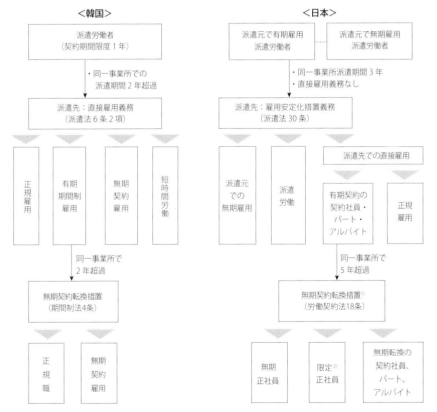

出典：筆者作成

注：1）労働契約法 18 条の無期契約転換措置は、2013 年に施行され、施行後 5 年目になる 2018 年 4 月から適用。
　　2）限定正社員は無期雇用で、職務限定型、勤務地限定型、勤務時間限定型、地域一般職型がある。

まとめ

　韓国と日本では、雇用者の４割弱が非正規雇用として働いており、非正規雇用形態も多様化してきた。両国共に、非正規雇用の保護のための法律を整備し、雇用安定、処遇改善などに向けた法改正を行ってきた。

　本章では、特に、派遣労働者に焦点をおき、派遣労働者の雇用不安と正規職への転換コースを韓日比較した。派遣労働者は必要な時に雇い、契約を更新しなければ人員削減できる点で、景気変動に対応する労働力需給機能面で有効であり、企業の競争力を高める効果がある。労働者側も、仕事と家庭の両立を目指す女性労働力の増加、高齢労働者の増加と共に、都合のいい時間に働き、専門的な技能を生かすために派遣労働を選ぶこともある。派遣業務と派遣期間の制限緩和、製造業の派遣解禁は派遣労働の機会を拡大して雇用を創出し、偽装請負になりやすい請負労働者を派遣法で保護することもできる。

　しかし、韓国の場合は、派遣対象業務や派遣受け入れ期間に関しての規制が強いため、労働法の保護などが受けられない業務請負や偽装請負が増えている。また、韓日共通の問題は、派遣労働者が正規雇用になるのは非常に難しく、正規雇用として雇われる能力と意思をもっている労働者が派遣労働を選択せざるを得ない状況、また、派遣労働者としての雇用不安が続く可能性がある。

❖参考文献

裵 海善「韓国の非正規職保護法と非正規職雇用計画」筑紫女学園大学・短期大学部、人間文化研究所『年報』第 25 号、2014 年 8 月、127 ～ 140 頁。

裵 海善「韓国の期間制労働者と派遣労働者―保護法案と課題―」筑紫女学園大学『研究紀要』第 12 号、2017 年 1 月、113 ～ 124 頁。

裵 海善「派遣労働者の雇用実態と課題の韓日比較―派遣業務と派遣期間を中心に―」韓日経商学会『韓日経商論集』第 74 号、2017 年 2 月、155 ～ 177 頁。

韓日比較ポイント　労働者派遣法の改正の歩み

	韓国	日本
法律名	「派遣労働者保護などに関する法律」	「労働者派遣事業の適正な運営の確保及び派遣社員の就業条件の整備等に関する法律」→ 2012年改名「労働者派遣事業の適正な運営の確保及び派遣社員の保護等に関する法律」
職業安定法	・1961年12月制定（1962年1月施行） ・労働者供給事業は原則禁止	・1947年制定 ・専門11職業のみ有料職業紹介を認める
労働者派遣法	・1998年2月制定（1998年7月施行）	・1985年6月制定（1986年7月施行）
労働者派遣事業	・労働者派遣事業は「許可制」 　（有効期間3年）	・旧派遣法：特定労働者派遣事業「届出制」一般労働者派遣事業「許可制」（有効期間3年） ・2015年改正：労働者派遣事業はr全て新しい許可基準による「許可制」へと一本化
派遣業務範囲	・1998年制定：ポジティブリスト方式（26業務） ・2006年改正：ポジティブリスト方式（32業務）	・1985年制定：ポジティブリスト方式・13業務→1986年改正・16業務→1996年改正・26業務 ・1994年改正：高齢労働者はネガティブリスト方式採用 ・1999年改正：派遣受け入れ1年、派遣業務の原則自由化（ネガティブリスト方式）
派遣禁止業務	・建設業務、港湾運送業務、船員、産業安全保険法28条による有害又は危険業務	・建設業務、港湾運送業務、警備業務、医療関連業務等　→　（2021年4月から）へき地の医療機関に限り、看護師等の労働者派遣可能
製造業派遣	・製造業派遣禁止	・2003年改正：製造業派遣解禁（受け入れ期間1年） ・2007年改正：製造業派遣受け入れ期間延長（1年→3年）
日雇い派遣	・規定なし	・2012年改正：労働契約期間30日以内の日雇い派遣を禁止
派遣先の派遣受け入れ期間制限	・原則「1年」：派遣元、派遣労働者、派遣先の合意があれば延長可能であるが、1回の延長期間は1年以内とし、延長期間含めて総派遣期間は「2年以内」	・1999年改正：自由化業務の派遣受け入れ期間「上限1年」 ・2003年改正：自由化業務「1年→最長3年」、専門26業務「期間制限撤廃」 ・2015年改正：①自由化業務と専門26業務の期間区分撤廃　②派遣元と派遣労働者の契約形態によって期間制限を果たす仕組み（派遣元で無期雇用の派遣労働者：期間制限なし）（派遣元で有期雇用の派遣労働者：事業所単位と個人単位）

派遣期間制限の対象外	・55歳以上の高齢者の派遣 ・出産、疾病などによる一時的人材派遣は「3か月以内」、1回に限って3か月範囲内で延長可能	・60歳以上高齢者の派遣 ・派遣元と無期雇用契約を締結した労働者 ・「日数限定業務」「産前後休業、育児休業、介護休業を取得する労働者の代替業務」「予め終期が決まっている有期プロジェクトへの派遣」
直接雇用義務	（2012年8月施行） ・派遣先の同一派遣労働者の総受け入れ期間が「2年」を超えた場合 ・派遣対象業務外業務への派遣または無許可の派遣元からの労働者派遣などの違法派遣の場合 ・一時的人材派遣期間が6か月を超えた場合	・1999年改正：派遣自由化業務は「1年」を超える場合、派遣先企業は直接雇用義務。 ・2012年改正：雇用期間1年以上の派遣労働者の希望に応じ、無期雇用または直接雇用への転換措置（努力義務）、労働契約申込みみなし制度（2015年施行） ・2015年改正：直接雇用義務廃止（継続して「3年間」派遣される見込みがある派遣労働者の派遣期間終了後の雇用安定措置を派遣元に義務化）

出典：筆者作成

第12章

韓国の期間制労働者と雇用調整
―実証分析

　雇用調整とは、企業が景気の変動や事業活動の増減によって生ずる労働力需要の変化に応じて、雇用人員や労働時間を調整することである。韓国で雇用調整が大きな社会問題になったのは1997年のIMF経済危機からで、整理解雇や名誉退職といった言葉が広く使われはじめた。

　期間制労働者（期間の定めのある労働契約を結んだ労働者）は、韓国の非正規雇用者の中で最も多くの部分を占めている雇用形態である。統計庁の2020年8月データによれば、賃金労働者の19.2％、非正規雇用の53.0％が期間制労働者である。期間制労働者の増加を防ぎ、雇用不安を緩和する目的で、「期間制及び短時間労働者保護などに関する法律」（以下、期間制法）が2007年7月から施行され、法第4条により、期間制労働者の使用期間は「2年」に制限されている。

　企業は、景気後退期に生産量が減少した際は期間制労働者の契約更新を行わない（雇止め）ことで人員を削減する可能性が高い。したがって、期間制労働者に雇用不安のリスクが集中し、企業の雇用量調整のバッファ（調整弁）として使われる傾向がある。本章では、期間制労働者の雇用動向で見られる特徴を確認すると共に、期間制労働者の雇用不安を実証分析により検証する。

1．非正規雇用の雇用形態別推移

　非正規雇用は2002年7月22日の政労使合意により、限時的、時間制、非典型労働者に区分され、また限時的労働者は期間制と非期間制に分かれる。2002年の政労使の非正規雇用区分と定義に基づき、非正規雇用の類型別内訳（**図表12-1**）と推移（**図表12-2**）を確認する。

　雇用者の中で期間制労働者（契約期間あり）の占める割合は19.2％で、性別

図表 12-1　非正規雇用の性別・雇用形態別内訳（2020 年）　　（単位：%、類型別重複[1]）

| | 非正規雇用率 | 限時的労働者（雇用契約有無） | | | 時間制労働者（1 週35時間以下の短時間労働者） | 非典型労働者（労働提供方式による分類） | | | | | |
		計	期間制（契約期間あり）	非期間制（契約期間なし）		計	派遣労働者	請負労働者	特殊形態労働従事者	呼出し労働者	在宅
雇用者計	36.3 (100%)	22.5[2] 62.1[3]	19.2 (53.0)	(9.1)	15.9 43.8	10.1 27.9	(2.2)	(7.4)	(6.7)	(12.1)	(0.7)
男性	29.4 (100%)	18.3 62.3	15.8 (54.0)	(8.4)	8.1 27.4	10.7 36.3	(2.9)	(9.1)	(5.5)	(20.5)	(0.2)
女性	45.0 (100%)	27.8 61.8	23.5 (52.1)	(9.7)	25.7 57.1	9.5 21.0	(1.7)	(6.0)	(7.7)	(5.2)	(1.0)

出所：統計庁『経済活動人口調査勤労形態別付加調査』2020 年 8 月
注：1）付加調査の非正規職内類型別データは重複しているため、雇用形態別非正規雇用率を合計すると100%を超える。2）全体雇用者に占める限時的労働者の割合である。3）非正規雇用に占める限時的労働者の割合である。

図表 12-2　非正規雇用の雇用形態別雇用者に占める割合

（単位：%、類型別重複[1]）

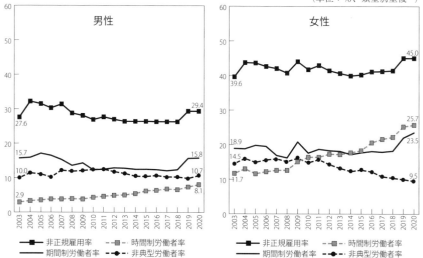

出典：統計庁『経済活動人口年報勤労形態別付加調査』（各年の 8 月調査結果）により筆者作成
注：1）非正規雇用の雇用形態別データが重複しているため、非正規雇用の雇用形態別割合を合計すると、100%を超える。2）非正規雇用率・期間制雇用者率・時間制雇用者率・非典型雇用者率は全体賃金雇用者の中でそれぞれ占める割合である。

には、男性雇用者の 15.8 ％、女性雇用者の 23.5 ％である。非正規雇用の中で期間制労働者が占める割合は 53.0 ％で、男性非正規の 54.0 ％、女性非正規の 52.1 ％である（図表 12-1）。

　非正規雇用の性別・雇用形態別、賃金雇用者に占める割合の推移を見ると、男女共に、非正規雇用者率は若干低下したが、2019 年以後高まり、2020 年、男性 29.4 ％、女性 45.0 ％である。非正規雇用の性別雇用形態別推移を見ると（雇用形態別データは重複）、男女共に時間制（短時間）労働者率と期間制労働者率は増加傾向で、特に女性の増加率が高い。2020 年、女性雇用者の 25.7 ％が時間制労働者、23.5 ％が期間制労働者である（図表 12-2）。

2．期間制労働者の年齢別・企業規模別推移

　期間制法は、期間制労働者の使用期間の制限、差別的取扱いの禁止及び是正を主な保護内容としており、2007 年 7 月 1 日から 300 人以上の事業場で適用され、2008 年 7 月から 100 人以上の事業場、2009 年 7 月 1 日から 5 人以上事業場へと施行範囲が拡がった。

　期間制労働者を含めた有期契約労働者の契約期間は、勤労基準法第 16 条により、「1 年」を超えることができない。一方、期間制労働者の解雇に関しては、勤労基準法第 23 条が適用され、正当な理由なく不当解雇することはできない。

　期間制労働者の使用期間は、期間制法第 4 条 1 項により、「使用者は、2 年を超えない範囲内で（期間制労働契約の反復更新などの場合は、その継続勤労した総期間が 2 年を超えない範囲内で）期間制労働者を使用することができる」と定められ、使用期間を 2 年に制限している。

　しかし、「5 人未満事業場労働者」は勤労基準法と期間制法適用対象外である。また、期間制法 4 条 1 項「2 年使用期間制限の例外対象」規定により、「労働者が学業、職業訓練などを履修することにより、その履修に必要な期間を定めた場合」（第 4 条 3 項）と、「高齢者雇用促進法」第 2 条 1 項で定義する「55 歳以上の高齢者」（第 4 条 4 項）は 2 年制限の対象外である（高齢者雇用促進法の 55 歳以上の高齢者の募集・採用分野は 2009 年 3 月 22 日から施行）。

　性別・年齢階級別雇用者の中で、期間制労働者が占める割合を見ると（**図表 12-3**）、使用期間 2 年の制限を受けない 60 歳以上高齢者と 15 ～ 19 歳層で多い。特に、60 歳以上層の期間制労働者率は 2007 年の期間制法実施、2009 年 3 月

図表 12-3　期間制労働者の性別・年齢階級別推移

（単位：％）

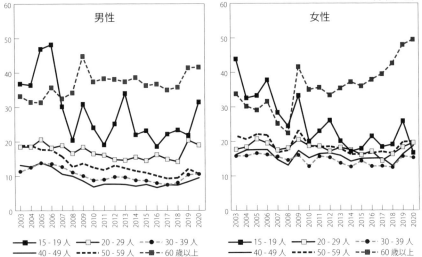

出典：統計庁『経済活動人口年報勤労形態別付加調査』（各年 8 月調査結果）
注：年齢階級別期間制労働者比率は、年齢別雇用者の中で、期間制労働者が占める割合である。

図表 12-4　性別・企業規模別期間制労働者比率

（単位：％）

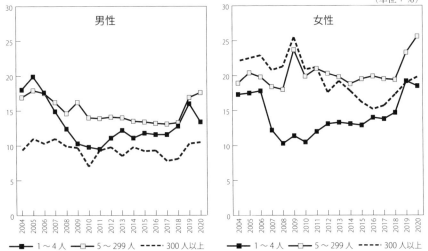

出典：統計庁『経済活動人口年報勤労形態別付加調査』（各年 8 月調査結果）
注：企業規模別期間制労働者比率は各企業規模別雇用者の中で期間制労働者が占める割合である。

の改正高齢者雇用促進法の施行以後から増えており、男性は2007年以後から、女性は2009年から、60歳以上の高齢層が15～19歳層を上回っている。

　図表12-4では期間制労働者の性別・企業規模別、雇用者の中で占める割合を示した。2007年の期間制法施行以後、男女共に期間制法の適用対象外である5人未満事業場での期間制労働者が増えている。

3. 期間制労働者と雇用調整—実証分析

　期間制労働者は期間の定めのある労働契約を結んでおり、正規雇用に比べて企業特殊的技能が少ないので解雇しても企業側の損失は少ない。また期間制労働者は正規雇用に比べて組合組織率が低く（2020年、正規職13.0%、期間制1.2%、**図表12-9**参照）、組合からの抵抗も強くないので、企業の雇用調整の対象になりやすい。

　Solow型部分調整関数モデル（理論モデルに関しては、本章「付録」参考要）による計量分析で、製造業労働者を雇用者（正規雇用）と期間制労働者に分けて雇用調整速度を計測し、期間制労働者による雇用調整の実態を確認した。製造業の雇用者数と期間制労働者数の月別データは雇用労働部の『事業体期間制労働者現況調査』（労働者5人以上の事業体調査）から得られる。

　ところが、製造業の雇用者と期間制労働者の月別賃金のデータが得られない。しかし、分析の焦点は賃金変数が雇用量に与える効果よりも、雇用調整速度であるので、生産量と雇用者量のラグ付き、タイムトレンドT変数を加えて推計した。雇用調整速度λが1に近いほど最適雇用量への調整速度は早い。

$$log\ L_t = c_0 + c_1 log\ X_t + c_2 log\ L_{t-1} + c_3 T$$
雇用調整速度は、　$\lambda = 1 - c_2$ 、$(0 < \lambda < 1)$

　被説明変数である雇用量Lは、製造業の「雇用者数（正規雇用）」と「期間制労働者数」である。製造業の期間制労働者の月別データは2010年4月から得られるので（2014年からは四半期データ）、計測期間は2010年4月から2015年12月までとした。生産量Xは、統計庁の『鉱業製造業動向調査』より「製造業生産指数」（2010年＝100）の月別データを利用した。すべてのデータは四半期調整、季節調整を施しており、時系列分析で一般的に起こる誤差項に一次の系列相関を想定して最尤法で推定した。

　雇用調整関数の推計結果を見ると（**図表 12-5**）、各変数は理論どおりの符号
条件を満たしている。雇用人員は生産量と（＋）関係、１期前の雇用人員と
（＋）関係を示している。正規雇用であるほど調整費用が高くかかり、解雇に
対する制約も多いため調整速度は小さくなる。したがって、雇用者数による調
整速度より、期間制労働者による調整速度が高いのが予想される。分析結果
では、雇用者の雇用調整速度 0.211 に比べて、期間制労働者の雇用調整速度は
0.740 で非常に高い。

図表 12-5　製造業雇用調整速度（計測期間：2010 年 4 月～ 2015 年 12 月）

被説明変数	定数項	生産量	1 期前雇用	トレンド	R^2	D.W.	雇用調整速度
雇用者 （正規雇用）	0.682 (3.55)	0.100* (1.92)	0.789*** (12.8)	0.001** (2.19)	0.997	2.069	0.211
期間制 労働者	4.821 (0.87)	0.858 (0.85)	0.260 (0.96)	0.005 (1.63)	0.719	1.842	0.740

注：1）雇用者数と期間制労働者数のデータは、2010 年 4 月～ 2013 年 12 月までは月別データ、2014 年からは
　　四半期データである。2）すべての変数は四半期調整、季節調整済である。3）計測方法は、時系列分析で一
　　般的に起こる誤差項に一次の系列相関を想定して最尤法で推定した。4）（ ）内は t 値で、*** は 1 ％、** は
　　5 ％、* は 10 ％の有意水準で統計的に有意である。5）R^2 は自由度修正済み決定係数、D.W. はダービン・ワト
　　ソン比である。

図表 12-6　製造業の生産指数・雇用者・期間制労働者の推移

（前年同期比、季節調整済み）

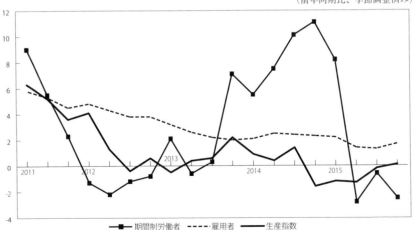

出典：雇用労働部『事業体期間制労働者現況調査』、統計庁『鉱業製造業動向調査』（2010 年＝ 100）により筆者
　　作成

　生産量の変動に応じての雇用者と期間制労働者による反応を確認するため、**図表 12-6** では、製造業の生産指数、雇用者数、期間制労働者数の前年同期比の推移を示した。期間制労働者の四半期データは 2010 年の第 2 四半期から利用できるので、前年同期比では 5 年間の推移が確認できる。生産指数は一定期間の産業生産活動の水準を表す指標で、景気動向指数の中で景気の現状把握に利用する一致指数である。生産量の変化と共に雇用者と期間制労働者も変動しているが、雇用者より期間制労働者の変動幅が大きい。

　以上、生産量変動に応じての雇用者（正規雇用）と期間制労働者による雇用調整速度、調整のタイミングや変化率の変動幅を確認した結果、期間制労働者は景気変動に応じての雇用調整のバッファ（調整弁）としての役割を果たしていると考えられる。

4. 正規雇用と期間制労働者との処遇格差

　期間制労働者の処遇に関しては、期間制法第 8 条（差別的取扱いの禁止）により、使用者は、期間制労働者であることを理由に、当該事業又は事業場において同種又は類似の業務に従事する期間の定めのない労働契約を締結した労働者に比べて差別的取扱いをしてはならない。同法第 9 条 1 項により、期間制労働者が差別的取扱いを受けた場合は、「労働委員会法」第 1 条の規定による「労働委員会」[1] にその是正を申請することができる。

　2007 年期間制法施行後の正規雇用と期間制労働者の賃金と労働時間の実態は、雇用労働部『雇用形態別勤労実態調査』により確認できる。同調査は、政労使委員会の合意（2002 年 7 月）による非正規労働者の定義と分類に基づき、雇用形態別処遇実態を調査している。

　正規雇用と期間制労働者の月給の格差は 2007 年以来改善している推移であるが、賃金格差はまだ大きい（**図表 12-7**）。正規雇用の賃金を 100 にした場合、2020 年、期間制労働者は正規雇用の 67.9％もらっている。但し、ここでは正規雇用と期間制労働者の賃金格差は、労働時間、性、年齢、勤続年数、職務等を考慮していないので解釈には注意が必要である。一方、正規雇用と期間制労

▶ 1　労働委員会は、労使間の利益及び権利紛争に対する調整と判定を主な業務とする独立性を持った準司法的機関で、労働者委員、使用者委員、公益委員の公労使をそれぞれ代表する同数の委員から構成されている。（http://www.nlrc.go.kr「中央労働委員会」）

働者の月労働時間の推移を見ると（**図表12-8**）、2014 年以後はほとんど差がな
く、2020 年、正規雇用 179.8 時間、期間制労働者 172.7 時間である。

図表 12-7　正規雇用と期間制労働者の賃金月額の格差

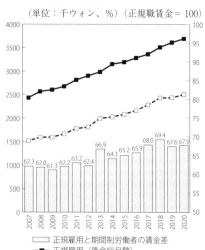

（単位：千ウォン、％）（正規職賃金＝ 100）

凡例：
□ 正規雇用と期間制労働者の賃金差
■ 正規雇用（賃金総月額）
-□- 期間制労働者（賃金総月額）

出典：雇用労働部『雇用形態別勤労実態調査』（従業員 1 人以上事業体調査対象、調査時期は 6 月）
注：月賃金総額＝定額給与＋時間外労働手当＋前年度年間特別給与 /12 か月。

図表 12-8　正規雇用と期間制労働者の月労働時間

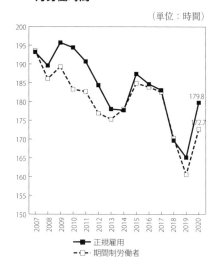

（単位：時間）

凡例：
-■- 正規雇用
-□- 期間制労働者

出典：雇用労働部『雇用形態別勤労実態調査』（従業員 1 人以上事業体調査対象、調査時期は 6 月）
注：月労働時間＝所定労働時間＋時間外労働。

図表 12-9　期間制労働者の処遇（2007 年、2020 年）　　　　　　（単位：％）

	社会保険				ボーナス	退職年金	組合加入率
	雇用保険	健康保険	国民年金	労災保険			
正規雇用	94.4 (93.0)	98.5 (94.7)	98.3 (94.2)	97.9 (95.8)	61.5 (68.6)	58.9 −	13.0 (14.8)
非正規雇用	74.4 (52.1)	64.9 (49.6)	61.7 (47.3)	97.5 (90.9)	21.4 (23.2)	23.8 −	0.7 (2.5)
期間制労働者	86.2 (80.6)	93.1 (82.5)	86.6 (80.3)	99 (94.7)	43.7 (47.3)	44.9 −	1.2 (4.7)

出所：雇用労働部『雇用形態別勤労実態調査』（2007 年、2020 年）
注：1)（ ）内は 2007 年度のデータである。2) 非正規労働者から特殊形態労働者は除く。3) 退職年金は 2007 年のデータなし。

　図表 12-9 では、正規雇用と期間制労働者の社会保険や労働福祉などの処遇の格差を期間制法が実施された 2007 年と 2020 年で比較した。韓国の 4 大社会保険の加入条件は、労働者 1 人以上の事業場が対象で、月労働時間 60 時間以上（週 15 時間以上）、雇用期間 1 か月以上であるゆえ、ほとんどの期間制労働者は加入対象となる。期間制労働者の 4 大社会保険加入率は 2007 年に比べて改善が見られる。ボーナスの受給率と労働組合加入率は正規と期間制労働者共に 2020 年は 2007 年より低下している。

▶まとめ

　本章では、韓国の非正規雇用の最も多い割合を占めている期間制労働者の雇用不安に注目し、生産量変動に応じての期間制労働者の雇用バッファ（調整弁）役割を実証分析で検証すると共に、2007 年の期間制法実施以後の正規雇用と期間制労働者の処遇格差を確認した。

　期間制法で期間制労働者の使用期間を 2 年に制限した理由は、期間制労働者の増加を防ぎ、雇用不安を緩和するためである。しかし、期間制法が適用されない 5 人未満の事業場での期間制雇用率が近年高まっており、年齢別には期間制法の 2 年使用期間の制限を受けない「学業・職業訓練を履修する若年層」「55 歳以上の高齢者層」での期間制比率が高まっている。

　実証分析では、雇用者（正規雇用）による雇用調整速度（0.211）に比べ、期間制労働者による調整速度（0.740）が非常に高く、また、期間制労働者は景気変動におけるバッファ役割を果たしていることが確認できた。ただ、期間制法実施以来、社会保険の加入条件が改善されてきたので、期間制労働者の社会保険の加入率は高まっている。正規雇用と期間制労働者との賃金格差は改善が見られるが、まだ格差は大きい。

　日本の非正規雇用の雇用形態の中で、韓国の期間制労働者と共通点が多いのが有期契約社員である。日本は、2004 年の労働基準法の改正により、有期労働契約期間を 1 年から「3 年」（専門的な知識等を有する労働者、満 60 歳以上の労働者との労働契約については、上限 5 年）へと延長しており（韓国は 1 年）、2012 年改正労働契約法により、同じ職場での契約社員の使用期間が「5 年」を超える場合は、労働者が希望すれば、無期労働契約に切り替えることを企業に義務付けている（韓国は 2 年）。今後、韓国の期間制法改正の際に、参考になる。

❖参考文献

裵 海善「韓国における期間制勤労者と雇用調整」韓日経商学会『韓日経商論集』第 72 号、
2016 年 8 月、85 〜 105 頁。

裵 海善「雇用調整方法と雇用保護法制の日韓比較」筑紫女学園大学人間文化研究所『年報』第
27 号、2016 年 8 月、193 〜 206 頁。

付録　雇用調整の「Solow 型部分調整関数モデル」

　理論的には、企業は労働市場で実質賃金と労働の限界生産性が等しくなるよう労働需要変動に応じて即座に雇用量を調整する。しかし実際には、解雇や時間外労働（残業）に関する法規、新規採用に伴う時間とコスト等により、企業の雇用調整には時間がかかるため、生産費用を最小化（利潤極大化）する企業は時間をかけて最適雇用量に調整する。

　生産要素は労働（L）と資本（K）で、Cobb-Douglas 短期生産関数を仮定する。利潤の極大化が目的である企業は、生産量が与えられたとき、費用を最小化する。式 3 は、生産量（式 1）の制約下で生産費用（式 2）を最小化する際の最適雇用量である。

（1）$X = AL^{a_1} K^{a_2}$、（X は生産量、L は労働、K は資本）

（2）$C = wL + rK$、（c は企業の費用、w は一人当たり賃金、r は一単位当たり資本コスト）

（3）$L_t^* = a_0 X_t^{a_1} (w/r)_t^{-a_2}$

（4）$\log L_t^* = a_0 + a_1 \log X_t - a_2 \log (w/r)_t$

　経済状態に応じての望ましい雇用者数があるが、企業の雇用調整には採用や解雇等の調整費用がかかるため、最適雇用量を瞬時に調整しない。ここで、生産費用を最小化（利潤極大化）する企業は時間をかけて最適雇用量に調整する Solow 型部分調整関数モデルを用いると、雇用変化率と最適雇用変化率の間には調整係数が機能する（式 5 〜 6）。

（5）$\left(L_t / L_{t-1} \right) = \left(L_t^* / L_{t-1} \right)^{\lambda}$

(6) $log\ L_t - log\ L_{t-1} = \lambda\ \left(log\ L_t^* - log\ L_{t-1}\right)$、$(0 < \lambda < 1)$

　ここで、L_t は実際雇用量、L_{t-1} は前期の実際雇用量、L_t^* は利潤極大化のために必要な最適雇用量、λ は雇用調整速度（$0 < \lambda < 1$）である。企業が生産費用を最小化するときの最適雇用量を表す式 3 を Solow 型部分調整関数モデル式 6 に代入して整理すると式 7 になる。

(7) $log\ L_t = \lambda_{a_0} + \lambda_{a_1}\ log\ X_t - \lambda_{a_2}\ log\ (w/r)_t + (1-\lambda)\ log\ L_{t-1}$

　これを推定式に書き換えると、

(8) $log\ L_t = b_0 + b_1\ log\ X_t - b_2\ log\ (w/r)_t + b_3\ log\ L_{t-1}$、$(\lambda = 1 - b_3)$

　労働投入量による雇用調整速度の場合は式 9 のように書き換える。H は総実労働時間であるので、HL は労働投入量（雇用人員×時間）である。

(9) $log\ LH_t = c_0 + c_1 log\ X_t - c_2 log\ (w/Hr)_t + c_3\ log\ LH_{t-1}$、$(\lambda = 1 - c_3)$

　雇用調整速度は λ が 1 に近いほど最適雇用量への調整速度は大きくなる。雇用調整速度 λ を決定するのは、部分調整関数の背後にある企業行動と費用構造に関係する。雇用調整費用が大きいほど雇用調整速度 λ は小さく、雇用量が最適雇用量から乖離することによってかかる費用が大きいほど雇用調整速度は大きくなる。

　雇用形態別には正規雇用と非正規雇用の雇用調整速度は異なることが予想される。労働法規の適用、労働コスト、企業の人材育成戦略は正規職雇用と非正規雇用では大きく異なる。非正規雇用は正規雇用に比べて企業特殊的技能が少ないので解雇しても企業側の損失は少なく、また契約期間が短いので生産量変動に応じて調整しやすい。また、組合組織率も低くて組合からの抵抗も強くないので雇用調整が容易である。

第13章

日本の非正規雇用と雇用調整
―実証分析

　日本で雇用調整という言葉は、1973年の第1次石油危機以後の長期不況下で、大企業部分で雇用人員の削減が行われ、政府が「雇用調整給付金」（1981年から「雇用調整助成金」として名称変更）制度を立法化する過程で広がった。バブル経済崩壊以降の長期にわたる経済低迷、グローバル恐慌による厳しい経営環境の中で、日本企業は賃金コストの高い従来の終身雇用である正規雇用を基幹労働力としながらできる限りスリム化する一方で、パートタイム労働者や派遣労働者などの調整が比較的容易な労働者で入れ替え、人件費引き下げを目指してきた。

　一方、非正規雇用は1970年代から増加しはじめたが、非正規雇用の規制緩和政策、労働力の高齢化、柔軟な働き方を求める女子雇用者の増加などにより男女共に非正規雇用率が上昇傾向である。近年、非正規雇用の雇用形態は多様化しており、企業の非正規雇用の活用理由も様々であるが、景気後退の際は、正規雇用に比べて比較的に解約や解雇が容易な非正規雇用は雇用バッファ（調整弁）になりやすい。

　本章では、雇用調整における非正規雇用の雇用不安に焦点を置き、非正規雇用の多様化と企業の非正規雇用の活用理由を確認し、日本的雇用慣行下での非正規雇用による雇用調整の特徴を実証分析により検証する。

1. 非正規雇用の雇用形態の多様化

　総務省の『労働力調査詳細集計』は、役員を除く雇用者について、雇用形態を「勤め先での呼称」によって「正規の職員・従業員」「パートタイマー（以下、パート）」「アルバイト」「派遣社員」「契約社員」「嘱託社員」「その他」と分類し、「正規の職員・従業員」以外の6区分をまとめて「非正規の職員・従

業員」と定義している。非正規雇用の雇用形態別データは1984年以後から得られ、嘱託・派遣社員のデータは2002年から、嘱託社員と派遣社員データを分けて公表したのは2013年からである。

　性別雇用者の中で非正規雇用が占める割合は、2020年、男性22.2％、女性54.4％である（**図表13-1**）。雇用形態別推移を見ると、2020年、男性の場合は、アルバイト33.8％、契約・嘱託社員33.2％（中、契約社員22.0％、嘱託社員11.3％）、パート18.3％、派遣社員8.1％の順である。女性の場合は、パートが63.3％で最も多く、アルバイト15.6％、契約・嘱託社員12.2％（中、契約社員9.3％、嘱託社員2.9％）、派遣社員6.0％の順である。

　「契約社員」は専門的職種に従事させることを目的に、契約に基づき雇用され、雇用期間の定めのある人で、1990年代から増加し始めたが、2014年をピークに若干低下傾向である。「嘱託社員」の中には定年退職後の男性労働者が多い。嘱託社員の中で55歳以上の年齢層が占める割合は、男性は90.6％、

図表13-1　非正規雇用の性別・雇用形態別推移

（単位：％）

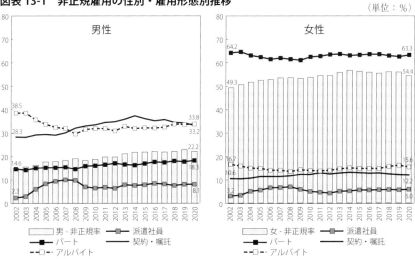

出典：総務省『労働力調査詳細集計』により筆者作成
注：1）性別非正規雇用者率は、役員を除く雇用者の中で非正規雇用が占める割合である。2）雇用形態別非正規
　　雇用率は、非正規雇用の中で雇用形態別に占める割合である。3）同報告書で契約・嘱託の年次データが得ら
　　れるのは2002年からで、2013年から「契約社員・嘱託」を「契約社員」と「嘱託」に分けて公表している。

女性は 49％ である（『詳細集計』2020 年）。これは団塊世代（1947 ～ 49 年生まれ）
が 60 歳となり、2007 年から多くの企業において大量定年退職した高齢者の継
続雇用[1]が増えたことが背景としてあげられる。

　労働者派遣法は 1985 年導入されたが、1990 年代までは派遣社員はごくわず
かであった。1999 年「派遣業務の原則自由化」となり、また 2003 年法改正に
より、製造業派遣の解禁及び自由化業務の派遣受け入れ期間が 1 年から 3 年へ
と緩和（専門 26 業務は「期間制限撤廃」）されたことを背景に、男女共に派遣社
員の増加が目立った。2008 年 9 月のリーマン・ショックによる経済不況から
減少に転じたが、2013 年頃から微増で、2020 年、男性非正規の 8％ 程度、女
性非正規の 6％ 程度を占めている。

2.　企業の非正規雇用の活用理由

　企業側の非正規雇用の活用理由は厚生労働省の『就業形態の多様化に関する
総合実態調査』から確認できる（**図表 13-2**）。1994 年から調査を実施しており、
2019 年まで 7 回の調査が実施された。企業の非正規労働者を活用する主な理
由は、「賃金の節約のため」「賃金以外の労務コストの節約のため」などの人件費
節約による理由の割合は低下しており、代わりに「即戦力・能力のある人材を
確保するため」「専門的業務に対応するため」「高年齢者の再雇用対策のため」
「正社員を重要業務に特化させるため」の割合が高まっている。2019 年度の調
査では、特に、「正社員を確保できないため」（38.1％）が最も高い。

　非正規雇用の就業形態別、企業の活用理由は様々である（2019 年）（**図表 13-
3**）。出向社員と契約社員は「即戦力・能力のある人材を確保するため」「専門的
業務に対応するため」が最も高い。嘱託社員では「高年齢者の再雇用対策のた
め」80.0％ が最も高く、次いで「即戦力・能力のある人材を確保するため」が
44.3％ である。パートタイム労働者では「1 日、週の中の仕事の繁閑に対応す
るため」が 37.4％ で最も高く、次いで「賃金の節約のため」が 34.8％ の順であ
る。派遣労働者では「正社員を確保できないため」が 47.8％ で最も高く、次い
で「即戦力・能力のある人材を確保するため」の順である。特に、「景気変動

▶ 1 「高年齢雇用安定法」の改正により、2000 年施行では、「65 歳までの雇用確保を努力義務化」とな
り、2006 年施行からは「65 歳までの雇用確保を義務化（対象者設定可能）」、2013 年施行からは「希
望者全員の 65 歳までの雇用を義務化」、2021 年 4 月施行からは「65 歳までの雇用確保（義務）」と「70
歳までの就業確保（努力義務）」となった。

に応じて雇用量を調節するため」の理由は、派遣労働者（23.0％）が最も高く、次にパートタイム労働者（14.6％）である。

図表 13-2　企業の非正規雇用の活用理由（1994 ～ 2019 年）

（単位：％、複数回答 [1]、正社員以外の労働者がいる事業所計 100％ [2]）

非正規雇用活用理由	1994 年	1999 年	2003 年	2007 年	2010 年	2014 年	2019 年
賃金の節約のため [3]	46.1	61.0	51.7	40.8	43.8	38.6	31.1
1 日、週の中の仕事の繁閑に対応するため	29.1	29.6	28.0	31.8	33.9	32.9	31.7
即戦力・能力のある人材を確保するため	13.2	23.7	26.3	25.9	24.4	30.7	30.9
専門的業務に対応するため	22.5	23.8	23.1	24.3	23.9	28.4	29.3
正社員を確保できないため	21.5	11.6	20.1	16.8	17.8	27.2	38.1
高年齢者の再雇用対策のため	10.2	10.3	14.2	18.9	22.9	26.8	29.0
正社員を重要業務に特化させるため	－	15.8	15.4	16.8	17.3	22.6	24.7
賃金以外の労務コストの節約のため [4]	－	－	22.5	21.1	27.4	22.4	17.2
臨時・季節的業務量の変化に対応するため	20.1	23.0	17.6	16.6	19.1	20.7	20.6
長い営業・操業時間に対応するため	17.0	20.6	18.1	18.9	20.2	20.2	20.3
景気変動に応じて雇用量を調節するため	21.5	30.7	26.5	21.1	22.9	19.9	15.1
育児・介護休業対策の代替のため	－	6.2	3.0	2.6	6.7	10.3	11.2

出典：厚生労働省『就業形態の多様化に関する総合実態調査』により筆者作成

注：1）2007 年までの数値は、「複数回答 3 つまで」の回答を集計した割合である。2）正社員以外のそれぞれの就業形態の労働者がいる事業所のうち、その就業形態の労働者を活用する理由を回答した事業所について集計した。3）「賃金」とは、基本給の他、通勤手当、時間外手当等の諸手当を含めたものである。4）「賃金以外の労務コスト」は、健康保険等の事業主負担額、教育訓練・福利厚生関係等の費用である。5）この図表では「その他」は示していない。

図表 13-3　非正規雇用の就業形態別、企業の活用理由（2019 年）

（単位：％、複数回答、非正規労働者がいる事業所 = 100）

非正規雇用活用理由	非正規雇用計	非正規雇用の就業形態別活用理由					
		出向社員	契約社員	嘱託社員	パート労働者	臨時労働者	派遣労働者
賃金の節約のため	31.1	1.4	16.9	13.2	34.8	15.7	10.4
1 日、週の中の仕事の繁閑に対応するため	31.7	1.5	7.4	4.8	37.4	24.7	13.8
即戦力・能力のある人材を確保するため	30.9	41.1	35.8	44.3	19.3	23.0	33.3
専門的業務に対応するため	29.3	57.0	54.4	29.4	18.1	21.2	22.7
正社員を確保できないため	38.1	23.0	32.0	25.8	33.6	22.2	47.8
高年齢者の再雇用対策のため	29.0	5.5	12.5	80.0	15.1	18.4	5.5
正社員を重要業務に特化させるため	24.7	5.2	22.0	9.4	23.2	4.6	27.1
賃金以外の労務コストの節約のため	17.2	1.9	7.5	5.0	19.2	10.0	11.5
臨時・季節的業務量の変化に対応するため	20.6	0.9	6.3	2.5	20.3	59.1	25.2
長い営業・操業時間に対応するため	20.3	2.2	5.9	5.9	22.1	13.8	12.1
景気変動に応じて雇用量を調節するため	15.1	0.9	8.4	1.6	14.6	7.9	23.0
育児・介護休業対策の代替のため	11.2	1.2	7.1	1.8	9.6	9.8	19.6

出典：厚生労働省『就業形態の多様化に関する総合実態調査』2019 年
注：（図表 13-2）と同じ。

3.　景気変動と雇用調整実施状況

1）景気変動と雇用動向

　内閣府の「景気基準日付」によると、日本では戦後 1950 年から 2021 年までに 16 の景気循環がある。円高不況を含む第 10 から第 16 循環期までの景気後退局面における特徴と雇用動向を確認する（**図表 13-5**）。

　第 10 循環期の谷は 1986 年 11 月で、1985 年 9 月のプラザ合意による円高の影響をうけて「円高不況」となった。日本で「労働者派遣法」（1986 年 7 月）が施行されたのもこの時期であった。

　第 11 循環期の谷は 1993 年 10 月で、バブル景気後の「バブル崩壊不況」と

呼ばれており、株価や地価の急落による資産デフレーションが特徴である。企業は再建のために人員を削減すると共に新卒採用の規模も縮小したため、就職氷河期とも呼ばれる厳しい就職難が続き、学校を卒業しても正規職になれない若年層のフリーターが急増し、大きな社会問題となった。

　第12循環期の谷は1999年1月で、カンフル景気後の「アジア金融危機不況」である。1997年に金融機関の破綻が相次ぎ、1997年5月を山として景気後退局面に入った。

　第13循環期の谷は2002年1月で、ITバブル後の「ITバブル崩壊不況」といわれる。日本を代表する情報通信企業は相次いで大幅なリストラを発表し、2002年8月には日本の完全失業率が5.5％に達したが、これは1953年以来最悪の高い失業率の水準であった。この時期の特徴は2004年の「改正労働者派遣法」の施行により、製造業務における労働者派遣が「解禁」となり、また、2004年の改正労働基準法の施行により、非正規雇用の労働契約期間が1年から3年へ延長されたため、派遣社員や契約社員の増加が目立った。

　2002年から始まった景気回復は、2007年に入っても持続した。しかし、2007年、アメリカのサブプライム住宅ローン問題に端を発した金融資本市場の変動、原油・原材料価格の高騰、アメリカの景気減速は日本の輸出にも影響を及ぼしはじめ、日本経済は2007年末頃から景気後退局面に入る。この時期の特徴は、団塊世代（1947～49年生まれ）が60歳となり、大量定年退職したことである。2007年から、多くの企業において60歳定年後の継続雇用が増え、60歳以上層の嘱託社員が増加しはじめた。

　第14循環の谷は2009年3月で、戦後初めてのマイナス4％の成長率を示し、「グローバル恐慌」と呼ばれる。深刻な不況で非正規雇用の雇止めや派遣切りが社会問題となり、2008年3月に「労働契約法」が施行され、有期契約労働者の契約期間中の解雇や解雇権濫用の法理が法律の中で定められた。

　引き続き、2009年10月、ギリシャの財政問題に端を発した欧州経済危機の影響により、2012年11月に第15景気変動の谷を見せる。2012年12月スタートした安倍晋三内閣は、長期デフレの脱却を目指して、アベノミクスを実施した。

　第16循環のアベノミクス景気後の谷は、現時点で未発表である。日本では2020年1月から新型コロナウイルス感染症（COVID-19）の広がりにより、内閣府の発表によれば、2020年4～6月実質GDP成長率はマイナス7.9％である。

2)　雇用調整実施状況

　日本の大企業は、正規従業員を新規学卒時に一括して採用し[2]、年功的な賃金・処遇のもとで育成し、経営が著しく悪化したとき以外は企業側の事情により解雇しない。企業の雇用調整の特徴は、景気変動に対応して、まずは時間外労働（残業）で調整し、新規採用中止・内定取り消しを行う。経営状態が改善しなかったとき、パートの再契約の停止と解約、派遣や契約社員の雇い止めなど、非正規雇用の削減に踏み切る。次に、正規雇用を対象とした配置転換・出向・一時休業・賃金引下げのような調整が行われる。

　企業は雇用調整手段を全部とる必要はなく、また、雇用調整ステップも企業の業績悪化の度合いによって差はあるが、解雇を回避するためのあらゆる雇用調整手段を講じ、希望退職者募集や整理解雇などの正規雇用の人員調整は最後の手段として行う（**図表 13-5**）。

　1986 年の円高不況からの谷の局面が確認できた第 10 〜 16 循環期の製造業の雇用調整実施率と方法を比較した（図表 13-5）。製造業を対象にしたのは、産業の中でも製造業の生産工程・労務は景気変動に最も影響を受けやすいからである。雇用調整実施率がもっとも高いのは、2009 年のグローバル恐慌の 69％、次に 1993 年のバブル崩壊不況の 50％である。

　雇用調整を実施したと回答した企業の実施方法を見ると、「残業規制」が最も多い。ほかの調整方法は景気循環期によって若干差はあるが、「配置転換・出向」、「休日・休暇の増加」の順で、「希望退職者の募集・解雇」といった人員の削減に着手すると回答した企業の割合は最も少ない。

図表 13-4　雇用調整ステップ

出典：筆者作成

▶ 2　新卒一括採用以外の採用方法の検討を促すため、2021 年 4 月に施行された「改正労働施策総合推進法」において、従業員 301 人以上の大企業を中心に、「中途採用比率の公表」を義務付けた。直近 3 か年度分の採用者数に占める中途採用者の割合を 1 年に 1 回以上、ホームページなどで公表することが求められる（罰則はない）。

図表 13-5　景気後退局面における雇用調整方法別実施状況（製造業）　（単位：％）

各景気変動の後退期の「谷」の基準日付	成長率 景気後退期の実質GDP	雇用調整実施又は予定	製造業の雇用調整方法（複数回答）					配置転換・出向		一時休業（一時帰休）	希望退職者の募集及び解雇	実施していない又は予定ない
			残業規制	休日の振替、夏期休暇等の休日・休暇の増加	臨時・パートタイム労働者の再契約停止・解雇	新規学卒者の採用の抑制・停止	中途採用の削減・停止	配置転換	出向			
ハイテク景気後の「円高不況」1986年10-12月		40	26	26	6	—	12	11	9	3	3	60
平成景気後の「バブル崩壊不況」1993年10-12月	-0.5	50	38	38	10	—	24	17	12	7	2	50
カンフル景気後の「アジア金融危機不況」1999年1-3月	-0.9	45	29	6	8	—	13	15	11	7	6	55
ITバブル後の「ITバブル崩壊不況」2002年1-3月	-0.2	42	24	6	7	—	8	15	10	6	9	58
イザナミ景気後の「グローバル恐慌」2009年1-3月	-4.0	69	52	14	21	—	20	22	7	31	7	31
デジャブ景気後の「欧州経済危機」2012年10-12月	-2.0	42	23	8	4	5	7	14	8	7	2	70
アベノミクス景気「谷」未発表 2020年4-6月（暫定）	-7.9	64	33	23	4	5	13	17	7	31	1	36

出典：内閣府「景気基準日付」、厚生労働省『労働経済動向調査』により筆者作成
注：「正社員」は、雇用期間を定めないで雇用されている者または1年以上の期間の雇用契約を結んで雇用されている者で、パートタイムや派遣労働者は含まない。2）「臨時」は、1か月以上1年未満の期間を定めて雇用されている者で、パートは除く。3）「パートタイム」は、1日の所定労働時間又は1週間の所定労働日数が当該事業所の正社員のそれより短い者を言う。

　特に、不況がもっと深刻であった2009年のグローバル恐慌では、既存労働者の残業規制、一時休業、配置転換の順で実施率が高く、非正規雇用の再契約停止や解雇の実施率がほかの循環期に比べて高い。一方、希望退職者の募集や解雇の実施率は他の調整方法に比べて最も低い。

4. 雇用調整の実証分析（2009 年のグローバル恐慌）

1）雇用調整の実証分析

　世界的な金融危機の影響を受け、日本の景気が急速に悪化した 2009 年のグローバル恐慌の時は、多くの非正規雇用が期間満了や中途解約で職を失い、派遣社員の契約期間途中の解約（派遣切り）が大きな社会問題となった。2009 年のグローバル恐慌の際、産業の中でも最も雇用情勢が悪化した「製造業」を対象とし、「一般労働者」（正規雇用）と「パートタイム労働者」の雇用調整速度、また雇用人員と労働投入量による調整速度を比較する。

　計測期間は 2007 年 10 月〜 2015 年 10 月までとし、2009 年のグローバル恐慌の影響に注目する。実証分析の理論モデルとしては「Solow 型部分調整関数モデル」を用いる。L_t は実際雇用量、L_{t-1} は前期の実際雇用量、λ は雇用調整速度（$0< \lambda <1$）である（式１）。

(1) $logL_t= \lambda a_0 + \lambda a_1 logX_t - \lambda a_2 log (w/r)_t + (1 - \lambda) logL_{t-1}$

(2) $logL_t= b_0 + b_1 logX_t - b_2 log (w/r)_t + b_3 log L_{t-1}$ 、（$\lambda = 1 - b_3$）

(3) $log LH_t = c_0 + c_1 logX_t - c_2 log (w/Hr)_t + c_3 log LH_{t-1}$ 、（$\lambda =1 - c_3$）

　式３は、労働投入量による雇用調整速度の推定式である。H は総実労働時間で、HL は労働投入量（雇用人員×時間）である。ここで、雇用調整速度は（$0< \lambda <1$）で、λ が１に近いほど最適雇用量への調整速度は早い。

　雇用者数（L）、労働時間数（H）、賃金（w）のデータは、厚生労働省の『毎月勤労統計調査』（製造業、事業所規模 30 人以上）の常用労働者、総実労働時間（所定内と所定外労働時間の合計）、現金給与総額（2010 年 = 100）を利用した。生産量（X）は、経済産業省「鉱工業（生産・出荷・在庫）指数」の「製造業生産指数」（2010 年 = 100）、資本コストの代理変数として日本銀行「企業物価指数」（2010 年 = 100）の物価指数データを利用した。すべてのデータは月別データで、季節調整を施しており、時系列分析で一般的に起こる誤差項に一次の系列相関を想定して最尤法で推定した。

　実証分析結果は**図表 13-6** に示した。非正規雇用の雇用調整速度を計測するため、「雇用者（常用労働者）」を「一般労働者」と「パートタイム労働者」に

図表 13-6　製造業の雇用調整速度

(計測期間：2007 年 10 月～ 2015 年 10 月、季節調整済み、製造業 30 人以上規模)

被説明変数	定数項	生産	賃金	前期雇用量又は前期労働投入量	R^2	D.W.	雇用調整速度
雇用者 （常用労働者）	-0.006 (-0.06)	0.011*** (4.70)	0.001 (1.18)	0.997*** (151.9)	0.994	2.022	0.0033
一般労働者 （正規雇用含む）	0.093 (1.02)	0.014*** (7.06)	-0.003*** (-6.03)	0.992*** (169.6)	0.995	2.014	0.0083
パートタイム労働者	-0.098 (-0.28)	-0.012 (-0.64)	0.034*** (6.90)	0.990*** (39.19)	0.923	1.981	0.0098
労働投入量	4.214 (4.09)	0.078*** (3.90)	0.001 (0.31)	0.779*** (14.84)	0.785	2.113	0.2206

注：1）計測方法は、時系列分析で一般的に起こる誤差項に一次の系列相関を想定して最尤法で推定した。2）（ ）内は t 値で、*** は 1 %、** は 5%、* は 10%の有意水準で統計的に有意である。3）R^2 は自由度修正済み決定係数、D.W. はダービン・ワトソン比である。

分けて分析した。各変数の効果を見ると、被説明変数である雇用者、一般労働者、労働投入量は生産量変数及び 1 期前の雇用人員または 1 期前の労働投入量変数とは有意なプラス関係で、生産量が増加すると雇用人員または労働投入量を増やす傾向である。賃金変数は一般労働者とは有意なマイナス関係であるが、パートタイム労働者とは有意なプラス関係で、人件費が上昇すると正規雇用の雇用量を減らし、パートタイム労働者の雇用を増やす傾向がある。

　雇用調整速度を見ると、雇用者数（人員ベース）による雇用調整速度（0.0033）より、労働投入量による雇用調整速度（0.2206）が高いことから、景気変動に応じて、人員調整よりは時間外労働による調整速度が高いことがわかる。雇用人員を一般労働者（正規雇用）とパートタイム労働者で分けて見ると、一般労働者の雇用調整速度（0.0083）よりパート労働者による雇用調整速度（0.0098）が少し高いが、両者共に非常に低い。

2）時間調整と雇用人員調整

　日本では、正規雇用の解雇や整理解雇は判例により厳しく制限されている。解雇を回避するためのあらゆる雇用調整手段を講じ、最後の手段として解雇を選択しないと、裁判になったときに解雇無効の判決が下ることになる。こうした雇用調整の慣行下で、企業の雇用人員による雇用調整は時間を要する。景気

悪化の際、生産量変動に対して、総労働時間、一般労働者（正規雇用）、パートタイム労働者による調整がどのぐらい時差を置きながら反応するかを確認した。

　図表 13-7 では、製造業における生産指数、総労働時間数、一般労働者数、パートタイム労働者数の前年同期比を示したもので、2009 年のグローバル恐慌での動きに注目する。生産量の変動に対して、労働時間数は同時に反応しており、雇用人員より変動幅が大きい。人員による調整の場合、生産量減少に応じて、パートタイム労働者は 2 期遅れて、一般労働者は 3 期遅れて反応しており、一般労働者よりはパートタイム労働者の変動幅が大きい。

図表 13-7　グローバル恐慌期の製造業の生産指数・雇用人員・労働時間の前年同期比
（製造業の事業所規模 30 人以上、四半期調整、季節調整済み、2010 年＝ 100）

（単位：%）

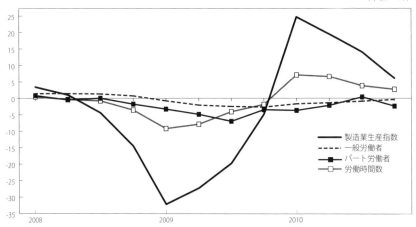

出典：厚生労働省『毎月勤労統計調査』、経済産業省『鉱工業（生産・出荷・在庫）指数』の月別データにより筆者作成

▌まとめ

　経済変化と共に非正規雇用は増加推移であり、非正規雇用の雇用形態も多様化している。企業の非正規雇用の活用理由も多様で、パートタイム労働者の場合は、人件費節約の理由が最も多い。景気変動に応じて雇用バッファ（調整弁）として非正規雇用を活用する理由は非常に少ないが、非正規雇用の雇用形態別には臨時労働者・派遣労働者が雇用調整手段として活用される傾向がある。正規雇用の「希望退職者の募集や解雇」は雇用調整の最後の手段として実施されている。

　雇用調整速度の実証分析結果では、労働者の賃金が上昇すると正規雇用者数を減らし、パート労働者を増やす傾向であり、生産量変動に応じて、人員による調整速度（0.0033）は労働投入量による調整速度（0.2206）より低い。また、生産量変動に対して、企業はまずは時間外労働で調整し、パートタイム労働者は2期、一般労働者は3期遅れて調整するが、人員による調整幅は大きくない。

❖参考文献

裵 海善「雇用調整方法と雇用保護法制の日韓比較」筑紫女学園大学人間文化研究所『年報』第27号、2016年8月、193～206頁。

裵 海善「日本の経済変化と雇用調整―円高不況後30年間の実証分析」大韓日語日文学会『日語日文学』第71号、2016年8月、141～156頁。

裵 海善「日本の非正規雇用と雇用調整―グローバル恐慌の製造業における実証分析」東アジア日本学会『日本文化研究』第60号、2016年10月、139～161頁。

第14章

少子化とワーク・ライフ・バランスの取り組み

　ワーク・ライフ・バランス（WLB: Work-Life Balance）は、仕事（有償労働）と生活（私生活）の調和を指す言葉で性別に関係なく、すべての労働者が直面する課題である。企業は労働者の企業活動への積極的参加と生産性向上を引き出し、雇用者側でも仕事のストレスの解消、子育て・介護等の必要から、その推進を求めている。OECD が WLB 実施状況に関して、加盟国である 37 か国に、ロシア、ブラジル、南アフリカを加えた 40 か国を対象にランク付けした結果によれば、2021 年、10 点満点で韓国は 4.1 点で 37 位、日本は 4.6 点で 36 位であり、1 位のオランダ（9.5 点）、2 位のイタリア（9.4 点）、3 位のスペイン（8.8 点）に比べて点数差が大きい。[1]

　韓国と日本の男性正規雇用中心の長時間労働慣行は WLB ランク付けで低い評価をもらっている主な背景であり、両国の少子化の主な原因の一つでもあることから、両国の WLB の取り組みは、少子化対策として、働き方の見直し、仕事と家庭の両立支援政策に焦点が置かれている。

1. 韓国の少子化とワーク・ライフ・バランスの取り組み

1）韓国の少子化と WLB

　韓国では朝鮮戦争後のベビーブーム（1955 ～ 1963 年）により、合計特殊出生率は 6.0 を上回り、人口は増加した。1961 年 5 月 16 日、軍事クーデタを起こして政権を掌握した朴正熙（パク・チョンヒ）軍事政府は、急激な人口増加と高い出生率は貧困を永続化させ経済発展の足かせとなるという認識下で、1961 年に人口増加抑制政策を導入した。

　2000 年、高齢化率 7.2% で「高齢化社会」となり、2001 年には合計特殊出生

▶ 1　OECD Better Life Index, Work-Life Balance 2021(http://www.oecdbetterlifeindex.org)

図表 14-1　韓国の合計特殊出生率

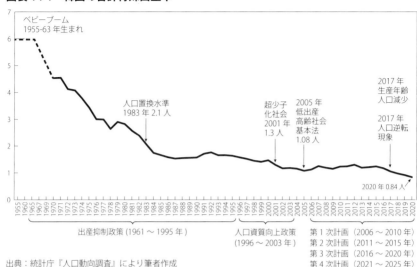

出典：統計庁『人口動向調査』により筆者作成

率が 1.3 を下回る「超少子化社会」になると、急速な少子高齢化の進行に危機感を感じた政府は、約 35 年間実施してきた出産抑制政策を出産奨励政策へと転換し、[2] 少子高齢化社会への対応を国家的課題として設定し、少子化対策を本格的に検討しはじめた（**図表 14-1**）。

　少子高齢化対策として、2003 年 10 月、「低出産未来社会委員会」（現：低出産高齢社会委員会）を設置、2005 年 5 月「低出産・高齢社会基本法」を制定した。基本法第 20 条に基づき、保健福祉部長官は 5 年ごとに「低出産・高齢社会基本計画」を樹立することになった。

　「第 1 次・低出産・高齢社会基本計画」（2006 ～ 2010 年）から「第 3 次・低出産・高齢社会基本計画」（2016 ～ 2020 年）までの少子化対策は、主に子育て支援政策に焦点が置かれた。基本計画の主な課題の一つとしてワーク・ライフ・バランス（WLB）が取りあげられたのは、「第 4 次・低出産・高齢社会基本計画」（2021 ～ 2025 年）からである。

▶ 2　韓国は、1945 年の第 2 次世界大戦後は人口過剰が大きな社会問題となった。国連人口委員会の提案を受け、経済開発 5 か年計画を始めた 1962 年には、人口抑制政策が政府の発展計画に取り入れられた。合計特殊出生率が 1.6 ～ 1.7 まで低くなると、1996 年に政府の人口政策は「出産抑制政策（1961 ～ 1995 年）」から「人口資質向上政策（1996 ～ 2003 年）」へと切り替えられた。

図表 14-2　韓国の少子高齢化の進行と少子化対策・WLB の取り組み

・低出産・高齢社会基本法（所管：保健福祉部）・両性平等基本法（所管：女性家族部）
2003 年 10 月、「低出産未来社会委員会」（現：低出産高齢社会委員会）設置 2005 年 5 月、「低出産・高齢社会基本法」制定「第 1 次・低出産・高齢社会基本計画」（2006 ～ 　2010 年）→「第 2 次・低出産・高齢社会基本計画」（2011 ～ 2015 年）、「第 3 次・低出産・高 　齢社会基本計画」（2016 ～ 2020 年） 2018 ～ 2022 年、「第 2 次・両性平等基本計画」の大課題として WLB 策定 2018 年 2 月、「改正勤労基準法」可決（働き方改革）、2018 年 7 月から順次施行 2021 ～ 2025 年、「第 4 次・低出産・高齢社会基本計画」の課題として WLB 策定

出典：筆者作成

　一方、1995 年制定された女性発展基本法は 2014 年「両性平等基本法」へと改名（2015 年施行）された。「第 1 次・両性平等基本計画」（2015 ～ 2017 年）の課題として「仕事と家庭のバランス」が取り入れられ、「第 2 次・両性平等基本計画」（2018 ～ 2022 年）では、WLB が課題となった（**図表 14-2**）。

2）雇用労働部の WLB 支援制度
① WLB キャンペーン実施と WLB 認定制度
　雇用労働部は、民間の企業情報ポータルサイトであるジョブ・プラネット（Job planet）[3] と共同で WLB 点数が高い企業を選び、選定された企業には WLB 実践企業認定マークを与えている。
　まず、ジョブ・プラネットで、勤務経験者の自分の会社の WLB の満足度を表す「WLB 評価点数」をもとに、雇用維持率、労働関係法違反等を確認し、WLB 実践優秀企業を選定する。WLB 優秀企業は、組織文化、福祉厚生、経営リーダーシップなどで WLB 環境が整えられており、同時に従業員の満足度が高い企業として認められる。2017 年には 11 社、2018 年には 10 社が WLB 優秀企業として選ばれた。[4]

② 柔軟勤務制・時間選択制企業支援
　雇用労働部は柔軟勤務制度と時間選択制を実施する企業には「WLB 奨励金」を支援している。柔軟勤務制には、「時差出退勤制」（所定労働時間範囲内で出

▶ 3　民間の企業情報ポータルサイトで、在職中または退職した会員が自ら務めた企業の評価・給与・面接情報などを提供する（http://www.jobplanet.co.kr）。
▶ 4　http://worklife.kr、雇用労働部 HP「WLB」。

退勤時間を調整する制度）、「選択勤務制」（1 週間の所定労働時間が 40 時間を超え
ない範囲で 1 週または 1 日の勤務時間を調整する制度）、「在宅勤務制」「遠隔勤務
制」がある。

　時間選択制とは、全日制で働く労働者が、家族ケア、本人の健康、定年の準
備、学業などの理由により、短時間勤務を希望すれば、時間選択ができるよう
に支援する制度である。時間選択制労働者とは、1 週間の所定労働時間が同じ
事業場での同種類の業務に従事する通常の労働者に比べて短い労働者で、短時
間労働者を意味する。

　雇用労働部では WLB 奨励金として、柔軟勤務制活用企業には労働者 1 人当
たり「年間最大 520 万ウォン」、時間選択制転換制度活用企業には労働者 1 人
当たり「年間最大 480 万ウォン」を支援している。

3）女性家族部のファミリー・フレンドリー企業認定制度

　2007 年 12 月「ファミリー・フレンドリー社会環境助成促進に関する法律」
（略：ファミリー・フレンドリー法）が制定（2008 年 6 月施行）され、法第 15 条
に基づき、女性家族部長官は、ファミリー・フレンドリー制度を模範的に運営
する企業や公共機関には「ファミリー・フレンドリー企業認定」（以下、FF 認
定）を与えている。FF 認定を受けた企業は政府調達と政策資金支援事業にお
いて特恵を受けることができる。認定基準は、出産と子育て支援、柔軟勤務制
度、ファミリー・フレンドリー職場文化の造成などであり、認定期間は 3 年で
ある。

　FF 認定を受けた企業や機関は、2008 年は 9 個、2009 年は 34 個にすぎな
かったが、2016 年から中小企業の認定が増え、2019 年の場合、707 個が認定
を受けた（**図表 14-3**）。しかし、統計庁の発表によれば、仕事・家庭の両立が
可能な職場環境に対する労働者の満足度は高くない（**図表 14-4**）。現在勤めて
いる職場での満足度は 2017 年 22.3% から 2019 年 29.8% へと高まっているが、
労働者の 3 割に過ぎない。性別には男性（28.4%）より女性（31.5%）の満足度
がやや高い。

図表 14-3　ファミリー・フレンドリー認定企業数（2019 年 12 月）

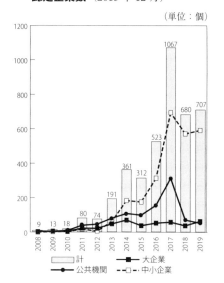

（単位：個）

出典：https://www.ffsb.kr 女性家族部・ファミリー・フレンドリー支援事業
注：2019 年データは 12 月基準。

図表 14-4　仕事・家庭両立職場文化への満足度

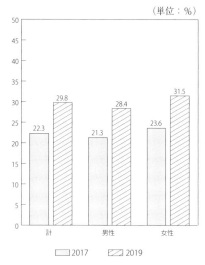

（単位：％）

出典：統計庁『社会調査』2017 年、2019 年
注：13 歳以上人口対象。現在勤めている職場で「やや満足する」「非常に満足する」応答者の割合。

2. 日本の少子化とワーク・ライフ・バランスの取り組み

1）少子化対策と WLB の取り組み

　政府の少子化対策の取り組みが本格的に始まったのは 1989 年の合計特殊出生率が 1.57 で、1966 年の 1.58（ひのえうまの年）を下回り、過去最低出生率を記録してからである（1.57 ショック）（**図表 14-5**）。1990 ～ 1994 年に少子化対策が検討され、1994 年 12 月に、今後 10 年間に取り組むべき基本的方向と重点施策として「今後の子育て支援のための施策の基本的方向について」（エンゼルプラン）が文部・厚生・労働・建設の 4 大臣合意で策定された。引き続き、1999 年 12 月に少子化対策推進基本方針が閣議決定され、この方針に基づく重点施策の具体的実施計画として「重点的に推進すべき少子化対策の具体的実施計画について」（新エンゼルプラン）が大蔵・文部・厚生・労働・建設・自治の 6 大臣合意で策定された。

図表 14-5　日本の合計特殊出生率

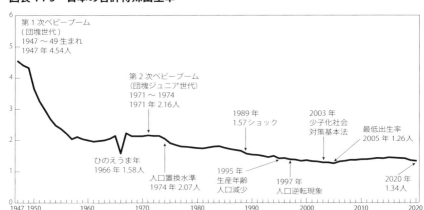

出典：厚生労働省「人口動態統計」により筆者作成
注：横軸の西暦メモリは、読みやすいよう筆者が 10 年ごとに置いた（折れ線データ中のマーカーは元データ通り 1 年ごと）。

　しかし、2002 年に合計特殊出生率が 1.32 で過去最低を更新すると、新エンゼルプランの満期を迎える 2004 年に向け、2003 年に少子化対策に向けた二つの法、つまり「次世代育成支援対策推進法」（略称、次世代法）（所管：厚生労働省）と「少子化社会対策基本法」（所管：内閣府）が制定された。

　次世代法は、次世代を担う子供を育成する家庭を社会全体で支援する観点から、国・地方公共団体、民間事業主の子育て支援事業の取り組みを 2005 年から 2015 年までの 10 年間に集中的に促すために制定された時限立法であった。2004 年 4 月の法の一部改正により法律の有効期限は 2025 年 3 月までと延長された。

　次世代法第 5 条（事業主の責務）により、常時雇用する労働者 301 人以上の企業に対し、労働者の仕事と子育ての両立支援に関する取り組みを記載した「一般事業主行動計画」を策定し、都道府県労働局に届け出ることを義務付けた（2009 年 4 月からは、101 人以上企業まで義務となり、100 人以下は努力義務）。また、行動計画を策定・実施し、その目標を達成するなど一定の要件を満たした企業には厚生労働大臣の「次世代認定マーク（愛称：くるみん）」を使うことができるようにした。

　少子化社会対策基本法（2003 年 9 月制定）は、急速な少子化の進行を背景に、

少子化社会において講じられる施策の基本理念を明らかにし、少子化に的確に対処するための施策を総合的に推進することを目的としている。基本法に基づき、内閣府に特別機関として 2003 年 9 月に「少子化社会対策会議」が設置された。また、基本法第 7 条に基づき、少子化に対処するための施策の指針として、2004 年 6 月「第 1 次・少子化社会対策大綱」が少子化社会対策会議を経て閣議決定された。

　引き続き、2004 年 12 月には、大綱に盛り込まれた施策の推進をはかるため、具体的施策内容と目標を定めた「子ども・子育て応援プラン」（2005 ～ 2009 年）が少子化社会対策会議で決定された。大綱はおおむね 5 年後を目処に見直しを行っていくことが決められており、2010 年 1 月に第 2 次大綱、2015 年 3 月に第 3 次大綱、2020 年 5 月に第 4 次大綱が閣議決定された。

　少子化社会対策基本法第 9 条（年次報告）に基づき、内閣府は「少子化の状況及び少子化に対処するために講じた施策の概況に関する報告書」を 2004 年から毎年国会に提出することになっている。内閣府の報告書は、2004 ～ 2009 年までは『少子化社会白書』、2010 ～ 2012 年までは『子ども・子育て白書』、2013 年からは『少子化社会対策白書』として、名称が変更された。

　しかし、政府の様々な少子化対策にもかかわらず、2005 年、合計特殊出生率が 1.26 で過去最低を更新すると、2007 年 4 月の経済財政諮問会議で、就業希望者の就業可能性を広げる必要があること、2007 年 12 月の少子化社会対策会議で、少子化対策として働き方の見直しによる WLB の実現が必要であること、2007 年 12 月の男女共同参画会議では、多様性を尊重した活力ある社会実現のために WLB が必要であること、等が指摘された。経済財政、少子化対策、男女共同参画等の議論を踏まえ、少子化対策の抜本的な拡充、強化、転換を図ると共に、官民が一体となって WLB 実現を取り組むため、経済界、労働界、地方の代表者、関係会議の有識者から構成された「仕事と生活の調和推進官民トップ会議」が設置された。このトップ会議において、2007 年 12 月 18 日に、「仕事と生活の調和（ワーク・ライフ・バランス）憲章」（以下、WLB 憲章）及び「仕事と生活の調和推進のための行動指針」（以下、WLB 行動指針）が策定された（所管：内閣部）。

　WLB 憲章では、仕事と生活の調和を実現するための「大きな方向性」として、①就労による経済的自立が可能な社会、②健康で豊かな生活のための時間が確保できる社会、③多様な働き方・生き方が選択できる社会を設定し、その

実現に向けた「企業と働く者、国民、地方公共団体」の役割を提示しており、WLB 行動指針には、社会全体として達成することを目指す数値目標を示している（**図表 14-6**）。

　内閣府は、憲章及び行動指針に基づく WLB 取り組みを加速するため、政労使、都道府県の協働のネットワークを支える中核的組織として、2008 年 1 月に「仕事と生活の調和推進室」を設置した。推進室は、官民トップ会議の事務局、関係省庁、労使、地方公共団体等との連携・調整、各種キャンペーン等の企画立案等の業務を行っており、各都道府県においても、WLB の推進のための窓口を置いている。また、内閣府は、2009 年から「仕事と生活の調和（WLB）レポート」を年 1 回取りまとめ、重点的に取り組むべき事項を提示している。

　2010 年には、リーマン・ショック後の経済情勢等の変化、労働基準法や育児・介護休業法の改正等の施策の進展を受け、憲章と行動指針を見直す必要

図表 14-6　日本の少子高齢化の進行と少子化対策・WLB の取り組み

・次世代育成支援対策推進法（所管：厚生労働省） ・少子化社会対策基本法・ワーク・ライフ・バランス（仕事と生活の調和）の推進（所管：内閣府）
1994 年 12 月、「エンゼルプラン」（子育て支援 10 か年計画） 2000 年 12 月、「新エンゼルプラン」（2000 ～ 2004 年） 2003 年 7 月、「次世代育成支援対策推進法」（2015 年までの時限立法）。301 人以上企業は行動計画策定と届け出の義務（次世代認定マーク：くるみん）→ 2008 年法改正（101 人以上企業対象） 2003 年 7 月、「少子化社会対策基本法」（5 年ごとに「少子化社会対策大綱」の策定を決定）、2004年から毎年『少子化社会対策白書』を国会に提出 2004 年 6 月、「第 1 次・少子化社会対策大綱」→ 2010 年 1 月「第 2 次」→ 2015 年 3 月「第 3 次」→ 2020 年 5 月「第 4 次大綱」 2007 年 12 月、「仕事と生活の調和（WLB）憲章」、「仕事と生活の調和推進のための行動指針」策定 2010 年 1 月、「第 2 次・少子化社会対策大綱」（こども・子育てビジョン）「WLB 憲章・行動計画・数値目標の新合意」 2012 年、「子ども・子育て支援法など、子ども・子育て関連 3 法」成立 2014 年、「次世代育成支援対策推進法改正」（2015 ～ 2025 年までの時限立法）、次世代認定マーク：くるみん・プラチナくるみん（2015 年 4 月から） 2015 年 4 月、子ども・子育て支援制度の本格施行 2016 年 6 月、「ニッポン一億総活躍プラン」閣議決定（希望出生率 1.8） 2018 年 7 月、「働き方改革関連法案」成立、2019 年 4 月から順次施行 2019 年 10 月、「子ども・子育て支援法」改正（2019 年 10 月から、幼児教育・保育の無償化実施）、「大学等における修学の支援に関する法律」成立（2020 年 4 月から、低所得者世帯に対する高等教育の修学支援新制度実施）

出所：内閣府、厚生労働省の HP を参考に筆者作成
注：社会保障・税一体改革において、社会保障の主な財源となる消費税の充当先を、従来の高齢者向けの 3 経費から少子化対策を含めて 4 経費（年金、医療、介護、少子化対策）へと拡大し、その財源として、消費税率を 2014 年 8 ％、2019 年 10 月 10％へと引き上げて活用している。

があるとの認識に至り、2010年6月29日に開催されたトップ会議において、WLB憲章とWLB行動指針が改定され、2020年までの数値目標が策定された。図表14-7では、WLBの目指す社会の3本柱とその数値目標設定指標の中で、

図表14-7　WLB憲章の数値目標の他計画との整合性

・第4次少子化社会対策大綱（重点課題④男女の働き方改革）（2020年5月）
・第5次男女共同参画社会基本計画（第1章第2分野：雇用等における男女共同参画の推進とWLB）（2020年12月）

憲章のWLB実現の3本柱	WLB憲章の数値目標の設定指標	現状	成果目標（期限年度）	少子化大綱	男女共同参画
Ⅰ.就労による経済的自立が可能な社会	20〜34歳若年就業率	81.1%（2019）	79%		
	25〜44女性の就業率	77.7%（2019）	82%（2025）	●	●
Ⅱ.健康で豊かな生活のための時間が確保できる社会	労働時間等の課題について労使が話し合いの機会を設けている割合	64%（2019年）	すべて企業実施（2025年）	●	●
	週労働時間60時間以上の雇用者の割合	男女計6.4%（2019年）男9.8%、女2.3%	5%（2025年）	●	●
	年次有給休暇取得率	男女計56.3%（2019年）男53.7%、女60.7%	70%（2025年）	●	●
	メンタルヘルスケア対策に取り組んでいる事業所の割合	59.2（2018年）	100%		
Ⅲ.多様な働き方・生き方が選択できる社会	短時間勤務を選択できる事務所の割合	16.7%（2019年）	29%		
	第1子出産前後の女性の継続就業率	53.1%（2015年）	70%（2025年）	●	●
	男性の育児休業取得率（民間企業）	7.48%（2019年）	30%（2025年）	●	●
	6歳未満の子供を持つ夫の育児・家事関連時間	1日当83分（2016年）	1日当たり2時間30分	●	
	次世代法に基づく子育て支援認定マーク（くるみん）取得企業数	3,448社（2020年9月末）	4,300社（2025年）		●
	男性の配偶者の出産直後の休暇取得率	58.7%（2018年）	80%（2025年）	●	
	女性活躍推進法に基づく認定（えるぼし）取得企業数	1,134社（2020年9月末）	2,500社（2025年）		●

出所：WLB憲章、第4次大綱、第5次基本計画の設定目標から筆者まとめ
注：第4次大綱の「男性の配偶者の出産直後の休暇取得率」は、配偶者の出産後2か月以内に半日又は1日以上の休み（年次有給休暇、配偶者出産時等に係る特別休暇、育児休業等）を取得した男性割合。

第 4 次少子化社会対策大綱（2020 年 5 月）と第 5 次男女共同参画基本計画（2020 年 12 月）との整合性がある指標を選んでまとめた。

　一方、合計特殊出生率は団塊ジュニア世代が出産適齢期に入ったことを背景に、2005 年の 1.26 を底に緩やかに上昇し 2015 年には 1.45 となった。その後、晩婚化や育児と仕事の両立の難しさなどが影響し、再び 5 年連続低下し、2020 年には 1.34 となった。2021 年には、新型コロナウイルス禍の影響も重なり一段と低下する可能性が高い。

2)　政府の仕事と家庭両立支援策の取り組み

　厚生労働省と内閣府は、仕事と家庭の両立を支援するための様々な制度に取り組んでいる。厚生労働省は、育児期の労働者が働きやすい雇用環境の整備を行う事業主を「両立支援等助成金」により支援しており、子育てと関連しては、「出生時両立支援コース」（男性の育児休業取得を促進）、「育児休業等支援コース」（仕事と育児の両立支援）、「再雇用者評価処遇コース」（育児・介護等による退職者の再雇用支援助成金）があげられる。

　なお、2003 年制定された次世代法に基づき、仕事と家庭の両立を支援するための雇用環境の整備等について、常用雇用する従業員 301 人以上の一般事業主は、行動計画を策定・届出し、従業員に周知することが義務付けられている。企業の自発的な次世代育成支援に関する取り組みを促すため、2003 年から、行動計画を策定・実施し、要件を満たす企業を対象に、厚生労働大臣の次世代認定マーク（愛称：くるみん認定）を実施している。2008 年の次世代法改正（2009 年施行）により、101 人以上の企業が行動計画の策定・届け出での義務となった（100 人以下の企業は努力義務）。

　2014 年に次世代法改正により、法律の有効期限が 2025 年 3 月末まで延長され、新たな認定制度の導入など、内容の充実が図られた。2015 年 4 月より、くるみん認定企業のうち、より高い水準の取り組みを行った企業は新たな特例認定「プラチナくるみん認定」を受けることができる。認定を受けた企業はくるみんマーク・プラチナくるみんマークを商品、広告、求人広告等につけ、「子育てサポート企業の証」であることをアピールすることができる。2020 年 9 月末時点で、3,448 社がくるみん認定を受けており、2025 年までの成果目標は 4,300 社である。

　一方、厚生労働省は、男性の子育て参加や育児休業取得の促進等を目的とし

た「イクメンプロジェクト」を 2010 年 6 月 17 日より始動し、その一環として、男性の仕事と育児の両立を積極的に促進する企業を表彰する「イクメン企業アワード」を実施し、ロールモデルとして普及させることで、職場環境の整備を促進している。また、部下の仕事と育児の両立を支援し、かつ、業務効率をあげるなどの工夫をしている上司「イクボス」を表彰する「イクボスアワード」を実施する等、人事労務管理や業務改善の好事例の普及を進めている（『少子化社会白書』2020 年）。

　内閣部は WLB について社会全体での取り組みを推進するため、「カエル！ジャパン（Change! Japan）」をキーワードに、国民参加型のキャンペーンを展開している。また、「男性の配偶者の出産直後の休暇取得率 80％」に向け、配偶者の産後 8 週間以内の期間に、男性が「子供が生まれる日」「子供を自宅に迎える日」「出生届けを出す日」などに年次有給休暇、育児休業等を取得することを促進する「さんきゅうパパプロジェクト」を推進している。また、6 歳未満児のいる夫の週平均 1 日あたりの育児・家事関連時間を、2020 年までに 1 日当たり 2 時間 30 分（2016 年、83 分）にまで増やすという目標を達成する目的で、2017 年から「おとう飯（はん）始めよう」キャンペーンを実施している。

3.　韓日の仕事・家庭両立への意識変化

　韓国では、最近、働き方と会社を選ぶ基準として、給与より生活の質を重視する傾向が高まっており、仕事と家庭の両立に対する意識にも変化が見られる。仕事と家庭の両立に対する意識を 2011 年と 2019 年で比べると（**図表 14-8**）、男女共に仕事優先意識は低くなっている。特に男性の場合、「仕事を優先」と答えた人は 62.5％から 48.2％へと低下し、仕事と家庭の両立意識は 29.3％から 40.3％へと高まっている。仕事と家庭の両立に対する意識は男性より女性のほうが高く、女性の場合、2011 年 41.2％から 2019 年 49.5％へと高まっている。家庭優先への意識は男女共に低いが、男性（11.6％）よりは女性のほう（16.6％）が家庭を優先している。

　一方、女性の年齢別には（**図表 14-9**）、19 ～ 29 歳は「仕事を優先」と考えている人の割合が 50.7％で高いが、30 代以上はすべて「仕事と家庭の両立を優先」している。

図表 14-8 仕事・家庭の両立の意識（韓国）

（単位：%）

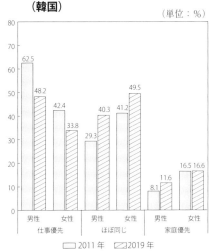

出典：統計庁『社会調査』2011 年、2019 年
注：調査対象は 19 歳以上。

図表 14-9 女性の年齢別仕事・家庭両立の意識（韓国）

（単位：%）

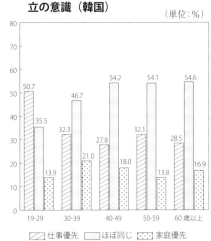

出典：統計庁『社会調査』2019 年
注：調査対象は 19 歳以上。

図表 14-10 仕事・家庭・地域と個人生活の関わり方の希望優先度（日本）

（単位：%）

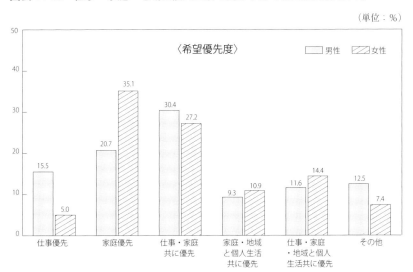

出典：内閣府「男女共同参画に関する世論調査」2019 年
注：18 歳以上の人口対象。

図表 14-11 仕事・家庭・地域と個人生活の関わり方の現実（日本）

(単位：%)

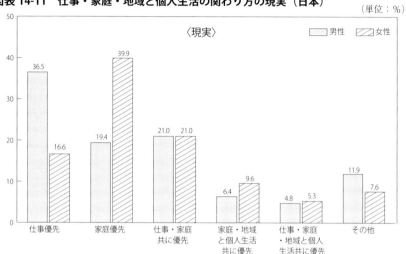

出典：内閣府「男女共同参画に関する世論調査」2019 年
注：18 歳以上の人口対象。

日本では、内閣府の 2019 年世論調査により、生活の中での「仕事」「家庭生活」、地域活動・学習・趣味・付き合いなどの「地域・個人の生活」の優先度について、男女別に希望に最も近いものを聞いたところ（**図表 14-10**）、「仕事を優先したい」と答えた者の割合が、男性 15.5％、女性 5.0％、「家庭生活を優先したい」と答えた者の割合が男性 20.7％、女性 35.1％、「仕事と家庭生活を共に優先したい」と答えた者の割合が男性 30.4％、女性 27.2％である。性別には、「家庭生活を優先したい」と答えた者の割合は女性が高く、「仕事と家庭生活の両立」は男女共に 3 割程度である。

現実・現状に最も近いものを聞いたところ（**図表 14-11**）、性別に見ると、男性の 36.5％が「仕事を優先している」、女性の 39.9％が「家庭生活を優先している」と答えた。男性は仕事優先、女性は家庭優先が、それぞれ希望より高くなっており、仕事家庭の両立優先は男女共に 2 割程度で、希望より低くなっている。

▍まとめ

　WLB が目指す社会は、仕事と家庭の両立ができ、女性の雇用を促進しながら、労働生産性と出生率を同時に高めることである。男性と女性が仕事と家庭を両立することができれば、将来の労働力である出生率を高めることができ、現在の労働力不足を解消しながら生産性を高めることにつながる。しかし、韓国と日本は、長時間労働が当然とされている男性中心の労働慣行で、仕事と家庭の両立は難しい。

　韓国では、少子化対策の課題として WLB に取り組み始めたのは 2015 年からであり、長時間雇用慣行是正を目標に 2018 年から企業規模別に段階的に労働時間短縮（週 52 時間）を実施している。政府政策にもかかわらず、合計出生率は低下し続け、2018 年には 0.98 で 1 を下回り、韓国は世界で最も出生率が低い国となったが、2019 年には 0.92、2020 年には 0.84 で、世界の最下位記録をさらに更新した。

　韓国では、まだ WLB の政策効果は評価できないが、近年、若者を中心に「ウォーラベル」（WLB の略）の新造語が広がっていることから、仕事優先の社会から仕事と生活のバランスを重視する社会への漸進的な変化が期待される。

　一方、日本では 2007 年 12 月に、政労使のトップ会議で、「仕事と生活の調和（WLB）憲章」と「仕事と生活の調和推進のための行動指針」が策定され、男性中心の長時間労働慣行の是正、女性の継続就業の促進、男性の育児と家事参加の促進などが重点的に取り組むべき事項として提示された。合計特殊出生率は 2006 年から上昇傾向が続いていたが、2016 年から 5 年連続低下となり、2020 年には 1.34 で、2007 年（1.34）以来の低水準となっている。

　日本で、今後、出生率を高めながら女性の活躍を促進させるためには、特に育児期男性の育児休業率上昇と家事労働時間の上昇が求められている。2020年 5 月 29 日閣議決定された「第 4 次少子化社会対策大綱」においては、配偶者の出産後 2 か月以内に半日又は 1 日以上の休みを取得した男性の割合を2025 年には 80％にすること（2018 年 58.7％）、配偶者が出産した男性の育児休業取得率を 2025 年には 30％（2019 年 7.48％）を数値目標としているが、現在の実施状況とのギャップはまだ大きい。

❖参考文献

裵 海善『韓国の少子化と女性雇用─高齢化・男女格差社会に対応する人口・労働政策』明石書店、2015年12月、第1章、第4章。

裵 海善「日本のワーク・ライフ・バランスの取組み」筑紫女学園大学『教育実践研究』第7号、2021年3月、193〜203頁。

裵 海善「韓国のワーク・ライフ・バランスの実態─政府政策と成果」筑紫女学園大学『研究紀要』第16号、2021年1月、25〜37頁。

韓日比較ポイント 少子高齢化と WLB の取り組み

韓国	日本
2000年、高齢化社会（高齢化率7.2%） 2001年、合計特殊出生率1.3（超少子化社会） 2005年5月、低出産・高齢化社会基本法 2015〜2017年、第1次両性平等政策基本計画 　→ワーク・ライフ・バランスが政策課題となる 2017年、生産年齢人口ピーク 2017年、人口逆転現象 2018年、高齢社会（高齢化率14.1%） 2018年、働き方改革（長時間雇用慣行是正） 2019年、合計特殊出生率0.98（世界最下位） 2020年、合計特殊出生率0.84（世界最下位更新） 2025年、超高齢社会（高齢化率20.3%（推算）） 2029年、総人口ピーク（推算）	1970年、高齢者社会（高齢化率7.1%） 1989年、合計特殊出生率1.57ショック 1994年、高齢社会（高齢化率14.1%） 1995年、生産年齢人口ピーク 1997年、人口逆転現象 2002年、合計特殊出生率1.32 2003年、少子化社会対策基本法、次世代育成支援対策推進法 2005年、合計特殊出生率1.26（過去最低） 2006年、超高齢社会（高齢化率20.8%） 2007年、ワーク・ライフ・バランス憲章制定と行動指針 2010年、総人口ピーク 2020年、合計特殊出生率1.34（高齢化率28%） 2025年、高齢化率30%（推計）

出典：筆者作成

注：1）合計特殊出生率（TFR: Total Fertility Rate）：1人の女性が生涯に生む子供の平均数で、15〜49歳までの女性の年齢別出生率を合計したものである。2）超少子化（Lowest-low Fertility）：合計特殊出生率が1.3未満の出生率水準（TFR＜1.3）。3）人口置換水準（Replacement Rate）：人口が増加も減少もしない均衡した状態となる合計特殊出生率の水準。4）人口逆転現象：老年人口（65歳以上人口）が年少人口（0〜14歳人口）を上回る現象。5）生産年齢人口：15〜64歳人口。6）65歳以上の人口が総人口に占める割合である高齢化率が7%以上（高齢化社会:Aging Society）、14%以上（高齢社会：Aged Society）、21%以上（超高齢社会：Super-aged Society）

働き方改革
―労働時間の短縮と柔軟化

　韓国は 2020 年の合計特殊出生率が 0.84 と、世界で最も低く、日本は 2020 年の高齢化率（65 歳以上の人口が総人口に占める割合）が 28.7％と、世界で最も高い。両国は共に生産年齢人口（15 ～ 64 歳）がピークを越えており、少子高齢化による労働力不足の対応策として、長時間労働慣行の是正を柱とする働き方改革に取り組んでいる。両国の働き方改革の目標は、労働時間短縮により労働者のワーク・ライフ・バランス（以下、WLB）を実現し、出生率を向上させると共に、企業の生産性を高めることである。

　韓国と日本での働き方改革は、2014 年から長時間労働是正の本格的な検討が始まり、2018 年に関連法が両国の国会で可決された。韓国は 2018 年 3 月、2020 年 3 月、2021 年 3 月の 3 回の段階的な勤労基準法の改正を行っており、日本は 2018 年に、労働基準法を含む 8 本の関連法案が改正された。今回の法改正は、両国共に法制定以来の画期的な改正であり、長時間労働慣行は大きな転換点を迎えている。

　両国が進めている働き方改革の柱は、「労働時間短縮」と「柔軟な働き方」で、両国の方向性は一致しているが、アプローチにおいては違いが見られる。本章では、韓日の労働時間短縮と柔軟な働き方の取り組みを四つのテーマに分けて、その実態、法改正内容、共通点と違い、抱えている課題を比較することを試みた。[1]

　第一に、韓日の働き方改革の背景である長時間労働と少子高齢化の実態を OECD 主要国と比較すると共に、韓日の働き方改革の取り組みの経緯を確認する。第二に、韓日の近年の労働時間推移の実態を確認したうえ、労働時間短

▶1　労働時間は賃金と共に、労働者の生活と所得、企業の生産性とコストと関わる重要な労働条件の指標である。労働時間の国際比較は労働時間の定義や調査方法が異なるため厳密な比較は不可能である。韓国と日本は労働基準法の内容や雇用構造における共通点が多く、事業所調査統計が使えるので、統計の用語の定義と調査期間に注意すれば、ある程度比較可能である。

縮の取り組みとして、企業に義務付けている時間外労働の上限規制と割増賃金率を比較する。第三に、労働時間短縮の取り組みとして、年次有給休暇の取得実態と取得促進策を比較する。第四に、法定労働時間の適用例外を認める労働時間柔軟化の導入実態と法改正内容を確認する。

1. 少子高齢化の進展と働き方改革の取り組み

1）労働時間と少子高齢化―OECD 主要国の比較

　OECD 雇用統計により主要国の労働者一人当たりの年平均労働時間が確認できるが、OECD の労働時間統計は、調査国により計算方法が異なり、正規と非正規の従業員だけでなく自営業者を含めている。また、労働者一人当たり総労働時間はその国の雇用構造と関係があり、非正規雇用比率が高いほど総労働時間が短くなる傾向がある。したがって、**図表 15-1** で示した OECD 主要国の労働時間統計は特定の年の年間平均労働時間の比較には適しておらず、時間の経過に伴う傾向の比較を目的としていることを念頭に置きながら、年間総労働時間、WLB の順位、また少子高齢化の状況を比較する。

　韓国はかつて OECD 諸国の中で労働者一人当たりの年間労働時間が最も長い国であった。韓国の年間労働時間の 2008 年と 2019 年の約 10 年間の変化を見ると、2,228 時間から 1,967 時間へと改善が見られるが、OECD34 か国の中では依然として 2 番目に長く、OECD 平均 1,726 時間をはるかに上回っている。日本は 2008 年の 1,771 時間から 2019 年の 1,644 時間へと減少しており、OECD 平均を下回るようになった。アメリカは高止まりで変化が見られない。また、フランスとオランダはもともと低いが、近年若干高まっている。

　労働者の年間労働時間と WLB の順位及び出生率の相関関係を見ると、アメリカを除き、労働時間が短い国であるほど、WLB の順位が高く、出生率も高い。日本は、労働時間は近年短くなっているにもかかわらず、WLB では韓国の次に低い 36 位である。韓国と日本の WLB の評価が低く、また出生率が低い背景として、男性正規雇用中心の長時間労働慣行があげられる。長時間労働の年齢は働き盛りの 30 〜 40 代の割合が多いが、出産と育児期が重なるため、仕事と家庭の両立が困難となり、育児期女性の職業キャリアの中断、女性の非正規雇用増加など、女性の雇用構造と低出生率に影響を及ぼしている。

図表 15-1　OECD 主要国の総実労働時間と少子高齢化

		韓国	アメリカ	日本	フランス	スウェーデン	オランダ	ドイツ
労働者 1 人当 年間平均労働 時間数 （34 か国）	2008 年	2,228	1,786	1,771	1,453	1,472	1,429	1,447
	2019 年	1,967	1,779	1,644	1,505	1,452	1,434	1,386
	2019 年 順位	33	27	15	8	5	4	3
WLB（40 か国）	2021 年 順位	37	29	36	5	10	1	9
合計特殊出生率	2020 年	0.8	1.7	1.4	1.8	1.7	1.6	1.5
高齢化率（％）	2019 年	15.1	16.2	28.0	20.4	20.2	19.6	21.6

出典：OECD Employment Database(hours-worked)、OECD Better Life Index（Work-Life Balance, 2021）、OECD
　　　Family Database（Fertility rates, 2020）、UN（World Population Prospects, 2019）
注：1）年間平均労働時間は、年間総実労働時間数を年間平均雇用者数で割ったものである。実労働時間には正規
　　と非正規の労働時間、有給および無給の時間外労働を含む。2）WLB の調査対象 40 か国は OECD37 か国にロ
　　シア、ブラジル、南アフリカを含めたものである（2021 年 11 月時点）。

2）韓国の働き方改革の取り組み

　OECD 諸国の中で最長である長時間労働慣行を改善し、WLB を実現すると
の趣旨で、2014 年 9 月 19 日、経済社会発展政労使委員会の中に労働市場構造
改善特別委員会[2]が設置され、労働時間改善の検討が始まった。2015 年 9 月 15
日の委員会では、2020 年までの年平均実労働時間 1,800 時間達成を目標に、①
1 週を「7 日」とし、週労働時間上限 52 時間、②企業規模別段階的適用、③特
別時間外労働導入、④労働時間特例業種の縮小、⑤労働時間短縮の補完的措置
としての労働時間柔軟化、⑥年次有給休暇の取得促進、等が採択され、合意文
に取りまとめられた[3]。ところが、委員会が提示した勤労基準法改正法案は国
会で発議されたものの、19 代国会（2012 年 5 月～ 2016 年 5 月）の会期切れで廃
案となった。

　2017 年 5 月にスタートした文在寅政府は「WLB と 1,800 労働時間」を国政
課題とし、週労働時間を 68 時間から 52 時間に引き下げる内容を盛り込んだ働

▶ 2　経済社会労働委員会は大統領所属諮問委員会で、1998 年 1 月「政労使委員会」という名称で発足
　　された。2007 年 1 月、経済社会発展政労使委員会法（特別法）に基づき、「経済社会発展政労使委員会」
　　に名称変更され、2018 年法改正により、「経済社会労働委員会」（略称、経社労委）となった。（http://
　　www.eslc.go.kr）
▶ 3　経済社会発展政労使委員会『1993 ～ 2015・韓国の社会的合意』（2016 年 6 月）pp.3-15.

き方改革を進めた。第20代国会（2016年4月選挙、2016年5月〜2020年5月末
まで）で労働時間短縮を含む勤労基準法改正案が再び発議され、2018年2月
28日に可決、2018年7月から企業規模別に順次施行することになった。[4]韓国
の働き方改革に向けての勤労基準法改正は3回に分けて行われた。2018年3
月改正では「時間外労働の上限規制」、2020年3月改正では「年次有給休暇取
得促進」、2021年1月改正では「柔軟な働き方」を柱としている。

　2018年3月の法改正では、労働時間短縮を目標に、「週労働時間上限52時
間（企業規模別に段階的に適用）」「労働時間特例業種の縮小（26個から5個）と
勤務間11時間インターバル制度導入」、「休日労働の有給化と割増賃金率適用」
が導入された。

　週労働時間が最大68時間から52時間へと短縮され、特例業種が大幅に縮
小されたことによる企業側の運営上の問題が指摘され、改正案の付則として、
「雇用労働部長官は2022年末まで弾力的労働時間制の改善方案を模索する」こ
とを規定し、週52時間制を定着させるための補完策として、弾力労働時
間制の単位期間延長を進めることにした。引き続き、2020年3月の法改正で、
労働時間短縮措置として、年次有給休暇の取得促進策が盛り込まれた。

　一方、2018年12月20日、経済社会労働委員会内で「労働時間制度改善委
員会」が開催され、弾力労働時間制度の実態と活用方法に関しての検討が始
まり、2019年2月19日に開かれた全体会議で、弾力労働時間制の改善案の合
意に至った。合意文には、①弾力労働時間制の単位期間延長（最大3か月から
6か月へと延長）、②選択労働時間制の清算期間延長（1か月以内から3か月以内
へ延長）、③特別の事情がある場合、時間外労働上限である「週12時間」を超
えることを認める特別時間外労働認可制度導入、④労働者の健康保護のための
「勤務間11時間インターバル」を義務化する案が採択された。改正案は2020
年12月9日に国会で可決、2021年4月から施行されている（5〜50人未満の
事業場は2021年7月施行）。[5]

3）日本の働き方改革の取り組み

　日本では、「日本再興戦略（改訂2014年）」（2014年6月24日閣議決定）」にお
いて「働き過ぎ防止のための取り組み強化」が盛り込まれた。また同年6月に

▶ 4　大韓民国政策ブリーフィングHP「労働時間短縮」。
▶ 5　国家法令情報センターHP「勤労基準法」（2021年1月改正、同年4月施行）。

図表 15-2　韓国と日本の長時間労働慣行是正の取り組み

	韓国	日本
背景	_少子高齢化と生産年齢人口減少	
目標	_ワーク・ライフ・バランス実現、出生率向上、生産性向上	
検討会設置	2014 年 9 月、大統領所属「経済社会発展政労使委員会」に「労働市場構造改善特別委員会」設置 2017 年、文在寅政府の国政課題「WLB と 1,800 労働時間」	2014 年 9 月、厚生労働省に「長時間労働削減推進本部」設置 2016 年 9 月、総理を議長とする「働き方改革実現会議」設置
法改正	2018 年 2 月、勤労基準法改正案の国会可決 2020 年 12 月、時間短縮補完案の国会可決	2018 年 6 月、働き方改革関連法案の国会可決
労働時間短縮（義務）	時間外労働の上限規制 年次有給休暇の取得促進 休日労働の有給化と割増賃金率適用 特例業種に勤務間インターバル制度導入	時間外労働の上限規制 年次有給休暇の取得促進 中小企業への割増賃金率の猶予措置廃止 勤務間インターバル制度（努力義務）
柔軟な働き方（企業の選択）	弾力労働時間制の単位期間延長 選択労働時間制の清算期間延長 （施行）2021 年 4 月から企業規模別順次実施	フレックスタイム制の清算期間延長 高度プロフェッショナル制度（新設） （施行）2019 年 4 月から
対象	原則、「勤労基準法」適用 5 人以上事業場	原則、「労働基準法」適用の全ての事業場

出典：筆者作成

「過労死等防止対策推進法」が成立したことを受け、長時間労働慣行改善の取り組みとして、2014 年 9 月に厚生労働省に厚生労働大臣を本部長とする「長時間労働削減推進本部」が設置され、労働時間短縮や休暇取得促進を始めとした働き方改革に向けた取り組みが日本経済団体連合会に要請された。[6]

2016 年 6 月 2 日には第 3 次安倍晋三改造内閣（2015 年 10 月発足）が掲げた「ニッポン一億総活躍社会」（少子高齢化が進むなかでも、50 年後も人口 1 億人を維持し、職場や家庭、地域で誰しもが活躍できる社会）が閣議決定された。その実現のために、安倍総理の私的諮問機関として、2016 年 9 月 26 日には総理を議長として、労働界と産業界のトップと有識者らによる「働き方改革実現会議」が設置された。当会議では長年の課題であった時間外労働規制の検討が行われ、2017 年 3 月 28 日に「働き方改革実行計画」が取りまとめられた。[7]
2018 年 4 月には「働き方改革を推進するための関係法律の整備に関する法律

▶ 6　厚生労働省 HP「長時間労働削減推進本部の体制図」「今後の長時間労働対策について」（2014 年 12 月）。
▶ 7　首相官邸 HP「働き方改革実行計画」。

案」（略称、働き方改革関連法案）が国会に提出され、2018 年 6 月 29 日に、参議院本議会で可決、同年 7 月 6 日に公布された（**図表 15-2**）。

　働き方改革関連法は、四つの柱を持ち、8 本の法律改正と関わっており、改正案は 2019 年 4 月から企業規模別に段階的に施行されている：①働き方改革の基本理念（労働施策総合推進法）②労働時間（労働基準法、労働時間等設定改善法）③労働者の健康確保（労働安全衛生法）④同一労働同一賃金（パートタイム・有期労働法、労働契約法、労働者派遣法（3 法は 2020 年 4 月施行））。

　労働時間短縮と関連した労働基準法改正案の柱は、「時間外労働の上限規制」「中小企業への割増賃金率の猶予措置廃止」「年次有給休暇の年 5 日取得」の 3 点で、罰則付きで義務化されたのは 1947 年法制定以来初めてである。柔軟な働き方の導入は企業の選択となり、「フレックスタイム制」の清算期間が 3 か月へ延長され、「高度プロフェッショナル制度」が新設された。労働者の健康保護のため「勤務間インターバル制度」が設けられているが、企業の努力義務である。[8]

2. 労働時間短縮─時間外労働制限と割増賃金率

1）総労働時間の推移

　韓国と日本の法定労働時間は 1 日 8 時間、1 週 40 時間で、これを超えれば法定外（時間外）労働時間になる。一方、労使協定で定める所定労働時間は、原則、法定労働時間の範囲内で設定しなければならず、実際に働く総労働時間（所定内労働時間と所定外労働時間の合計）が法定労働時間を超えれば時間外労働となり、割増賃金が発生する。

　両国の事業所調査データにより、労働者一人当たり年間総労働時間の推移を確認する（**図表 15-3、図表 15-4**）。韓国の『雇用形態別勤労実態調査』は常用労働者一人以上（正規と非正規含む）、日本の『毎月勤労統計調査』は常用労働者 5 人以上（一般労働者とパート含む）を対象としている。正規と非正規労働者を合わせた一人当たり年間総実労働時間は、韓国は 2006 年 2,321 時間から 2019 年 1,829 時間へと 492 時間減、日本はそれぞれ 1,811 時間と 1,621 時間で、190 時間減である。

　韓国の正規労働者と日本の一般労働者（常用労働者のうちパートタイム労働者

▶ 8　厚生労働省・他「働き方改革関連法のあらまし（改正労働基準法編）」（2020 年 3 月）。

図表 15-3　韓国の労働者 1 人当り年間
　　　総労働時間（1 人以上事業所対象）

（単位：時間）

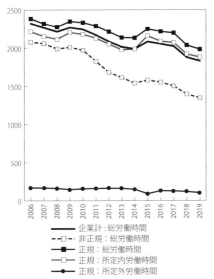

企業計：総労働時間
非正規：総労働時間
正規：総労働時間
正規：所定内労働時間
正規：所定外労働時間

出典：雇用労働部『雇用形態別勤労実態調査』
注：1）総労働時間は所定内と所定外労働時間の合計。
　　2）年間時間数は年平均月間値を 12 倍し、小数点
　　　以下第 1 位を四捨五入にした。

図表 15-4　日本の労働者 1 人当り年間
　　　総労働時間（5 人以上事業所対象）

（単位：時間）

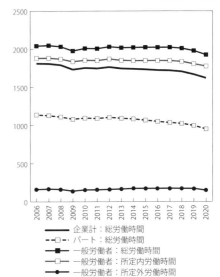

企業計：総労働時間
パート：総労働時間
一般労働者：総労働時間
一般労働者：所定内労働時間
一般労働者：所定外労働時間

出典：厚生労働省『毎月勤労統計調査』
注：1）と 2）は韓国と同じ。3）一般労働者は常用労
　　働者からパートを除いた労働者。パートは 1 日又
　　は 1 週所定労働日数が一般労働者より少ない者。

を除く）の労働時間は、総労働時間より長く、2019 年、韓国 1,982 時間、日本 1,925 時間で、韓日間の差は大きくない。一方、正規雇用（日本、一般労働者）の労働時間を所定内と所定外労働時間で分けて見ると、2019 年、韓国は、所定内労働時間 1,879 時間、所定外労働時間 103 時間であり、日本は、それぞれ 1,776 時間、149 時間である。つまり、正規雇用（日本、一般労働者）の場合、所定内労働時間は韓国のほうが長いが、所定外労働時間は日本のほうが長い。

　一方、パートタイム労働者の比率が高いほど、当然ながら年間総労働時間は短くなる。韓日共に年間総労働時間が低下している主な理由として、労働時間が正規雇用に比べて短い非正規労働者が増えたことがあげられる。特に韓国と日本では女性雇用者は仕事と育児の両立が難しく、女性雇用者の増加と共に女性非正規雇用が増加傾向にある。女性雇用者の中で非正規雇用が占める割合は、2020 年、韓国 45.0％、日本 54.4％であり、非正規雇用の中で女性非正規雇用

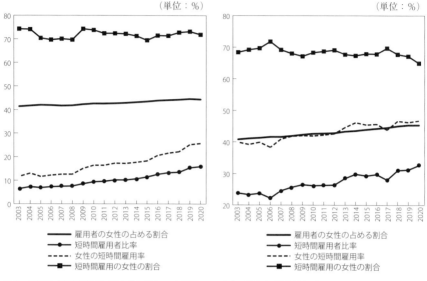

図表 15-5　韓国の短時間雇用者率推移

（単位：%）

図表 15-6　日本の短時間雇用者率推移

（単位：%）

凡例（図表 15-5）
――― 雇用者の女性の占める割合
―●― 短時間雇用者比率
----- 女性の短時間雇用率
―■― 短時間雇用の女性の割合

出典：統計庁『経済活動人口調査付加調査』8 月調査
注：1）短時間雇用者は週労働時間 35 時間以下。2）
　　雇用者の女性の割合＝女性雇用者／雇用者。3）
　　女性短時間雇用率＝女性短時間／女性雇用者。4）
　　短時間雇用の女性の割合＝女性短時間雇用／短時
　　間雇用者。

凡例（図表 15-6）
――― 雇用者の女性の占める割合
―●― 短時間雇用者比率
----- 女性の短時間雇用率
―■― 短時間雇用の女性の割合

出典：総務省『労働力調査』
注：1）短時間雇用者は週労働時間 35 時間未満。2）
　　他の凡例の定義は韓国と同じ。3）全産業、役員
　　を含む雇用者計のデータである。4）2011 年の
　　データは 2010 年と 2012 年の平均値である。

が占める割合は、同年に、韓国 55.1 ％、日本 68.2 ％である（統計庁『経済活動
人口調査付加調査』、総務省『労働力調査詳細集計』）。

　韓国と日本では非正規雇用の定義と分類が異なるため[▶9]、非正規雇用者率の
推移を「週労働時間が 35 時間以下（日本は 35 時間未満）の短時間雇用者率」
のデータで比較する（韓国では「時間制労働者」と呼称）（**図表 15-5、図表 15-6**）。
雇用者の中で短時間雇用者が占める割合を 2003 年と 2020 年で比較すると、両
国共に増加傾向にあり、韓国は 6.5 ％から 15.9 ％と 9.4 ％ポイント増、日本は
23.8 ％から 32.6 ％と 8.8 ％ポイント増である。韓日共に、短時間雇用に女性の
占める割合は高く、2020 年に、韓国 71.9 ％、日本 64.9 ％であり、短時間雇用
の 6 ～ 7 割は女性である。

▶9　韓国と日本の非正規労働の定義と分類に関しては、本書の第 10 章を参照。

2）韓国─週 52 時間労働規制と法定休日労働の有給化

（1）時間外労働の制限（週 12 時間）と特例業種の縮小

　1953 年の勤労基準法の制定当時は、法定労働時間は 1 日 8 時間、週 48 時間を基準とし、労使合意があれば週 60 時間労働が認められていた。1989 年 3 月の法改正により、法定労働時間は 1 日 8 時間、週 44 時間となり、労使合意があれば週 56 時間労働が可能となった。続く 2003 年 8 月の法改正により（2004 年 7 月施行）、週 5 日勤務制度、法定労働時間週 40 時間（法 50 条）、1 週間の時間外労働 12 時間上限（第 53 条）が定められた（5 人以上 20 人未満の事業場は 2011 年から法定労働時間週 40 時間適用。5 人未満事業場は適用除外[10]）。

　法改正により法定労働時間は徐々に短くなったが、長時間労働慣行は改善されなかった。その背景として、①勤労基準法上では、法定労働時間 40 時間と時間外労働 12 時間で、1 週間の最大労働時間は 52 時間であったが、休日労働 16 時間が時間外労働に含まれなかったため、週計 68 時間まで認められたこと、②労使の合意があれば、時間外労働を制限することができない「労働時間特例業種 26 個」があり（法 59 条、労働時間及び休憩時間の特例）、約 495 万人（2016 年）が従事していたこと、③休日労働の判断基準と割増賃金率の適用基準が明確でなかったこと、があげられる。したがって、法定労働時間が短縮されても時間外労働が多かったため、労働時間短縮効果は得られなかった。

　2018 年 3 月の法改正は、労働時間短縮措置として、週労働時間 52 時間制限、特例業種の縮小、法定休日労働の割増賃金率明示を柱としている。週最大労働時間は、法定労働時間 40 時間、時間外労働と休日労働 12 時間を合わせて 52 時間上限を設けると共に（1 週は休日含めて 7 日）（第 53 条）、時間外労働が無制限であった労働時間特例業種も 26 個から 5 個（対象労働者 102 万人[11]）に制限し（第 59 条・勤労時間及び休憩時間の特例）、特例業種には勤務間 11 時間インターバルを義務化した（2018 年 9 月施行）。

　週 52 時間制度施行による労働者の所得減少及び中小企業の経営負担を考慮し、2018 年 7 月 1 日から企業規模別に段階的に施行された。2018 年 7 月からは労働者 300 人以上企業を対象に（特例業種から除かれた 21 個の業種は 2019 年 7 月から施行）、2020 年 1 月からは 50 ～ 300 人未満企業、2021 年 7 月からは 5

▶ 10　雇用労働部報道資料、2010 年 10 月 4 日。
▶ 11　五つの特殊業種は、陸上輸送業・水上運送業・航空運送業・その他の運送関連サービス業・保健業である。

～50人未満企業が実施対象となる。

　時間外労働の上限規制は、罰則付きで、違反した事業主に対しては、第110条の罰則により2年以下の懲役あるいは2,000万ウォン（約200万円）以下の罰金が科されるが、施行から半年は罰則を猶予する。なお、「30人未満事業場の時間外労働の特例」（新設）を設け、経過的措置として、2021年7月～2022年12月までは、1週の時間外労働は12時間（第53条①）の他に、労使合意があれば8時間以内まで特別延長時間外労働が認められた。[12]

（2）法定休日労働の割増賃金率明示

　法定休日に関しては今まで法規定がなかったが（官公署は大統領令により有給休日であった）、2018年3月法改正により、1週を7日とし、1週平均1回以上の法定休日（有給）を義務付け（第55条）、企業規模別に段階的実施とした。また、休日労働の割増賃金率の規定も新設され（第56条②）、「8時間以内の休日労働」であれば50%、「休日労働かつ8時間を超える時間外労働」の場合は100%適用とした。

　一方、補償休暇制により（法57条）、時間外労働、深夜労働、休日労働の場合、割増賃金代わりに休暇を与えることが可能である。2018年、5人以上企業で補償休暇制を導入している企業は、「労働者休暇実態調査」では5.5%、韓国労働研究院の調査では6.9%で、導入率は低い。

3）日本─労働時間上限規制と中小企業の割増賃金率猶予措置廃止

　労働基準法の法定労働時間は1日8時間、週40時間で、法定休日は週1回以上である。法定労働時間を超える場合、また法定休日労働の場合は「36（サブロク）協定の締結と提出」が必要で、36協定を締結しても、時間外労働時間は原則、単月45時間、年間360時間までという上限がある（第36条）。この上限を超える場合は労使の協議を経て「特別条項」を定める必要がある。しか

▶12　韓国では1988年最低賃金制度が導入された。週52時間制度導入により、低所得労働者の所得減にならないよう、最低賃金が引きあげられた。2017年の最低賃金は時給6,470ウォン（約336万6,000人対象）であったが、3年間32.8%上昇し、2020年には時給8,590ウォン（約415万3,000人対象）となった。しかし、上昇した人件費を抑えるため、企業が採用数を絞り、悪循環を招いたこと、また、2020年新型コロナウイルス感染症（COVID-19）により中小企業と零細自営業者が打撃を受けたことを考慮し、2021年の最低賃金は1988年の最低賃金制度施行以来、最も低い上昇率（1.5%上昇）である8,720ウォンであった。2022年には5.1%上昇率である時給9,160ウォン（月給では191万4,000ウォン）となった。

し、2018 年の法改正前は特別条項での時間外労働上限について法的に定められていなかったため、1947 年の労働基準法制定以降、労使協議により時間外労働は無制限（青天井）に続けられいた。

働き方改革では、この「特別条項」を見直した。時間外労働の上限に関しては今までは強制力がなかったが、労使が 36 協定の特別条項に合意しても超えることができない上限を法律で規定し、企業に義務付けると共に、違反した場合、6 か月以下の懲役、または 30 万円以下の罰金を付け加えた（第 119 条）。

時間外時間の上限は年間で計 720 時間未満まで、時間外労働が月 45 時間を超えることができるのは年 6 か月が限度である（第 36 条⑤）。「時間外労働と休日労働」を含めた場合、単月では 100 時間未満、2 ～ 6 カ月平均月 80 時間未満である（第 36 条⑥）。改正案は、大企業は 2019 年 4 月、中小企業は 2020 年 4 月から適用される。但し、時間外労働上限規制の適用が猶予される業務があり、自動車運転業務、建設業、医師は人手不足などを考慮し、時間外労働規制の導入は 2024 年 4 月からである。また、新技術・新商品等の研究開発業務については、上限規制の適用が除外される。

労働基準法では時間外労働についての割増率を月 60 時間までは 25% 以上、月 60 時間超では 50% 以上とすることと定めている（第 37 条）。時間外労働月 60 時間超の割増率 50% は、大企業は 2010 年より実施しているが、中小企業の場合、猶予措置（法 138 条）により、適用されなかった。2023 年 4 月以降は、猶予措置終了により、時間外労働月 60 時間を超える場合、中小企業の割増賃金率も大企業と同様 50% に引きあげられる（**図表 15-7**）。

図表 15-7　働き方改革：①労働時間短縮と割増賃金率

韓国（勤労基準法：原則 5 人以上事業場）	日本（労働基準法：原則すべての労働者と事業場）
法定労働時間・休日労働	
・法定労働時間（第 50 条）：1 日 8 時間・1 週 40 時間（2004 年施行） **＜ 2018 年 3 月改正＞** ◆ **18 歳未満年少者最大労働時間短縮** ・**法定労働時間**：1 週 40 → 35 時間 ・**時間外労働**：1 週 6 → 5 時間 　（施行）2018 年 7 月（1 人以上事業場対象） ★対象外：1 週 15 時間未満の短時間労働者（第 18 条）	＜改正なし＞ ・法定労働時間（第 32 条）：1 日 8 時間、1 週 40 時間へ段階的短縮（1987 年施行）、1 週 40 時間（1993 年施行） ・法定休日（第 35 条）：1 週 1 回以上、4 週 4 回以上 ◆ 18 歳未満年少者 ・法定労働時間：1 日 8 時間 1 週 40 時間 ・時間外労働：原則禁止

◆**法定休日労働（第 55 条）：1 週 1 回以上** 　**（有給・義務）** （施行）・300 人以上企業：2020 年 1 月 　　　　・30 ～ 299 人企業：2021 年 1 月 　　　　・5 ～ 29 人企業：2022 年 1 月 ★休日労働適用対象外：5 人未満事業場（第 18 条 　③）	

法定外労働時間（時間外労働時間）の上限規制（義務・罰則付き）	
・時間外労働時間：労使合意必要（第 53 条） **＜ 2018 年 3 月改正＞** ◆**時間外労働上限（休日労働含む）：1 週 12 時間** 　**（第 53 条①・労使合意必要）** （施行）・300 人以上企業：2018 年 7 月 　　　　・50 ～ 299 人企業：2020 年 1 月 　　　　・5 ～ 49 人企業：2021 年 7 月 ◆**時間外労働上限規制の適用例外業種の** 　**縮小：26 → 5 個（労使書面合意必要）（勤務間** 　**11 時間インターバル：新設・罰則付き）** （施行）2018 年 9 月 ◆**30 人未満事業場の時間外労働上限規制の適用** 　**猶予**：1 週の時間外労働：12 時間＋ 8 時間以内 　（労使書面合意必要、適用：2021 年 7 月～ 2022 　年 12 月） ◆**特別な理由がある場合、時間外労働 1 週 12 時** 　**間の制限を超えることができる**（雇用労働部長 　官の承認と労働者の同意必要）（第 53 条④）： 　導入の場合、「健康確保措置」必要（2021 年 1 　月改正・第 53 条⑦新設・義務）	・時間外労働時間：36 協定の締結と届出必要（第 　36 条） ・原則：月 45 時間、年 360 時間 **＜ 2018 年法改正＞** ◆**特別条項の上限規制（義務・罰則付き）** ・月 45 時間超は年 6 回以内 ・年 720 時間未満 ・時間外労働と休日労働の合計： 　①単月 100 時間未満 　②月 45 時間超の 2 ～ 6 か月平均 80 時間未満 　（施行）大企業：2019 年 4 月・中小企業：2020 　年 4 月 ◆**時間外労働上限規制の適用除外業務**：新技術・ 　新商品等の研究開発業務 ◆**時間外労働上限規制の適用猶予業務**：自動車運 　転業務、建設事業、医師、一部製糖業（2024 　年 3 月まで） ◆**勤務間インターバル（新設・労働時間等設定改** 　**善法改正）**（事業主の努力義務、2019 年 4 月施 　行）

時間外労働・深夜・休日労働の割増賃金率（義務・罰則付き）	
【割増賃金率】（第 56 条） ・時間外労働：50％ ・深夜労働：50％ 【補償休暇制】（第 57 条） ・導入要件：労使書面合意 ・時間外労働、深夜労働、休日労働に対しては割 　増賃金代わりに休暇を与えることができる **＜ 2018 年 3 月法改正・新設＞** ◆**法定休日労働の割増率の明示** ・**法定休日労働**：50％ ・**法定休日労働かつ時間外労働**：100％ ・**法定休日労働かつ深夜労働**：100％	【割増賃金率】（第 37 条） ・時間外労働：25％ ・深夜労働：25％ ・時間外労働かつ深夜労働：50％ ・法定休日労働（8 時間）：35％ 　（法定外休日労働：割増なし。時間外労働 25％） ・法定休日労働かつ時間外労働：60％ ・法定休日労働かつ深夜労働：60％ 　（深夜労働：午後 10 時～午前 5 時） 　※休日労働の割増率明示（1993 年改正） **＜ 2018 年法改正＞** ◆**中小企業への割増賃金率の猶予措置廃止** ・時間外労働月 60 時間超（休日労働含まない） 　中小企業の割増賃金率：25％→ 50％ ・月 60 時間超かつ深夜労働：75％

（深夜労働：午後 10 時～午前 6 時）	（施行）中小企業：2023 年 4 月
（施行）2018 年 3 月	（大企業：2010 年より施行済み）
★割増賃金規定適用：5 人以上事業場	
★適用：5 人以上事業場	

出典：「勤労基準法」（2018 年 3 月改正、2021 年 1 月改正）、雇用労働部「改正勤労基準法説明資料」（2018 年 6 月、2021 年 1 月 26 日）。厚生労働省・都道府県労働局・労働基準監督署「働き方改革関連法のあらまし（改正労働基準法編）」（2020 年 3 月）、「労働基準法」（2019 年 6 月改正、2019 年 4 月改正）により筆者作成
注：韓国の中小企業の判断基準は、2015 年「改正中小企業法」の施行により、「3 年平均売上高」による。日本の労働基準法の中小企業の範囲は、「資本金額又は出資総額」と「常時使用する労働者数」のいずれかを満たす場合で、業種ごとに異なり、また事業場単位ではなく、企業単位で判断される。常時労働者数の場合、製造業 300 人以下、卸売業又はサービス業 100 人以下、サービス業 100 人以下、小売り 50 人以下である。

3．年次有給休暇の取得促進

1）年次有給休暇の取得実態

　年次有給休暇（以下、「年休」と称する）とは、所定の休日以外に仕事を休んでも賃金を払ってもらうことができる休暇のことである。労働者の年休取得はWLB の実現や生産性向上につながる等、労働者と企業側にメリットがあるが、韓日共に年休取得率は低く、韓国は 2020 年 3 月、日本は 2018 年に年休取得を促進するための法改正が行われた。年休の取得条件や付与日数は韓日で異なり、また、今回の法改正による年休取得促進対象も、韓国では継続勤務期間 1 年未満・年間 8 割未満出勤者、日本では年 10 日以上の年休が付与される労働者である。

　図表 15-8 では、年休の付与日数を韓日で比較した。韓国では、1 年間、全労働日の 8 割以上出勤していれば「15 日間」の年休が取得でき（第 60 条①項）、勤続年数が「3 年以上」で 8 割以上の出勤を満たす場合、取れる年休日数は 2

図表 15-8　年次有給休暇の付与日数

	継続勤務年数	0 年	1 年	2 年	3 年	2 年に1 日加算	20 年	21 年以上
韓国								
	付与日数	11 日	15 日	15 日	16 日	・・・	24 日	25 日（上限）
日本	継続勤務年数	6 か月	1 年6 か月	2 年6 か月	3 年6 か月	4 年6 か月	5 年6 か月	6 年6 か月
	付与日数	10 日	11 日	12 日	14 日	16 日	18 日	20 日（上限）

出典：「勤労基準法」（2020 年 3 月改正）、雇用労働部「改正勤労基準法説明資料」（2020 年 3 月）、厚生労働省「働き方改革関連法のあらまし（改正労働基準法編）」（2020 年 3 月）

年ごとに 1 日増え、勤続年数 21 年以上であれば、年間 25 日（上限）の年休が取得できる（第 60 条④）。

　一方、日本では、雇用契約開始日から起算して 6 か月間継続勤務し全労働日の 8 割以上出勤した労働者は、10 日の年休が取得できる。さらに継続勤務年数が増えていくと、8 割以上の出勤の条件を満たしている限り、1 年ごとに取れる年休日数は増えていき、2 年 6 か月以後は年休日数が 2 日ずつ増え、6 年 6 か月以後は、最大 20 日（上限）が取得できる（第 39 条）。

　韓国では労働基準法適用外である 5 人未満事業場の労働者と 1 週 15 時間未満の短時間労働者は年休の対象外である（第 18 条）。日本の場合は、「6 か月間の継続勤務」「全労働日の 8 割以上の出勤」「週 5 日以上の勤務」の三つの要件を満たした場合、また、週 4 日以下の勤務であっても、週所定労働時間が 30 時間以上の場合は正社員と同じ有給休暇が取得できる。所定労働日数が週 4 日以下（又は年間 216 日以下）かつ週所定労働時間が 30 時間未満の非正規労働者に対する付与日数は所定労働日数に応じて比例付与される。

　韓国で事業所対象の年休取得率データは 2017 年から確認できる。長時間労働環境を改善し WLB 実現を目指して、2016 年 12 月「国民余暇活性化基本法」が制定され（2017 年施行）、政府と地方自治体は余暇を促進するための政策を樹立することになっている（法第 4 条）。法制定により、余暇（年休含む）活用実態を調査する法的根拠が作られ（法第 8 条）、文化体育観光部が 2018 年から「労働者休暇調査」（常用労働者 5 人以上事業所対象）を実施している。

　一方、日本では厚生労働省「就労条件総合調査」（常用労働者 30 人以上事業所調査）により、年休取得実態が確認できる。韓日の調査対象企業規模は異なるが、事業所調査であり、各年の 1 月 1 日〜 12 月 31 日までの 1 年間の実態を調査している。

　図表 15-9 では、常用労働者一人当たり平均年休取得率を示した。年休の平均取得率を 2017 年と 2019 年で比較すると、韓国は 58.2％から 72.4％へと上昇し 14.2 ポイント増であるが、日本は 49.4％から 52.4％へと 3％ポイント増である。2019 年の平均年休付与日数は、韓国は 15 日、日本は 18 日で、日本のほうが 3 日多いが、取得日数は韓国 10.9 日、日本 9.4 日で、韓国のほうが多い。

　年休の請求権の時効は、韓国は「1 年」で、未取得日数は 1 年後には消滅するが、使用者が未取得年休に関して取得促進措置を実施（使用者の義務ではない）しなかった場合は、年次休暇手当て（年休手当て）を支給することが義務

図表 15-9　常用労働者 1 人当平均年次
　　　　　休暇取得率

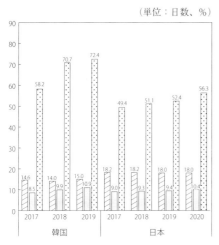

（単位：日数、%）

出典：文化体育観光部『労働者休暇調査』（5 人以上）
　　　厚生労働省『就労条件総合調査』（30 人以上）
注：1）付与日数は 1 年間に企業が付与した年次有給
　　　休暇日数、2）取得日数は 1 年間に実際に取得し
　　　た日数、3）取得率＝（取得日数計／付与日数計）
　　　× 100、4）韓国 2018 年は勤続 1 年未満労働者を
　　　含まない、5）日本の付与日数には、繰越日数を
　　　含まない。

図表 15-10　韓国の年休未取得理由と年
　　　　　　休手当受給（2019 年）

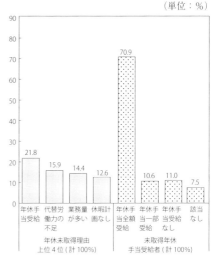

（単位：%）

出典：文化体育観光部『労働者休暇調査』2020 年（5
　　　人以上）の常用労働者対象
注：その他、年休未取得理由として、業務の特性上グ
　　　ループワークが必要 9.8%、作業日程の都合上時
　　　期を見逃した 7.9%、会社に言えない 5.3%。

付けられている（第 61 条）。日本の場合、年休の時効は「2 年」で、未取得年
休は繰越可能であるが、未取得日数に関しては使用者の買取の義務がない。

　労働者の年休未取得理由について韓国側のデータを見ると（**図表 15-10**）、年
休手当受給が 21.8% で最も多い。未取得年休日数に関して、「年休手当てを全
額受給」70.9%、「一部受給」10.6% を合わせて 81.5% が手当てをもらっている。
つまり、年休未取得者の未取得理由として、2 割強は年休手当てをもらうため
であり、その 8 割は年休手当を受給している。

　企業の年休取得促進制度は韓日で異なるため、その実態に関して厳密な比較
はできないが、実施状況は確認できる（**図表 15-11**、**図表 15-12**）。韓国の年休
取得促進制度導入率は 2019 年 32.4% で、企業規模が大きいほど実施率が高い。
日本では 2019 年 4 月から、10 日以上の年休が付与されている労働者には 5 日
間は取得時季（季節、シーズン）を指定して取得させることが使用者に義務付

図表 15-11　韓国：企業の年休促進制度の導入率 （単位：％）

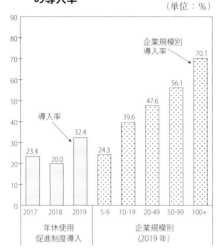

出典：文化体育観光部『労働者休暇調査』2020 年（5
人以上事業体調査、常用労働者対象）
注：韓国の年休取得促進制度は 2020 年までは継続勤
務期間 1 年以上の出勤者が対象である。

図表 15-12　日本：年休の計画的付与制度導入率と付与日数 （単位：％、日数）

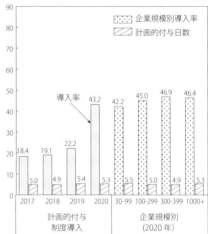

出典：厚生労働省『就労条件総合調査』2021 年（30
人以上企業対象）

けられている。日本では「年次有給休暇の計画的付与制度」（第 39 条⑥）があり、時季指定義務が課された 5 日を超える分については、労使協定を結べば、休暇取得日を計画的に割り振ることができる。2020 年、企業平均で 43.2％が制度を導入しており、企業規模別実施率の差は大きくない。付与日数は、休暇取得義務である 5 日程度にとどまっている。

2）韓国―継続勤務 1 年未満・年間 8 割未満出勤者の年次有給休暇取得促進

　韓国では、年休取得促進のため「雇入れ日から起算した継続勤務期間が 1 年未満、又は 1 年間 8 割未満出勤した労働者」を対象に、2020 年 3 月に法改正が行われたが、まず、その背景を確認する。法改正前は、継続勤務期間 1 年間未満（又は 1 年間 8 割未満出勤）の労働者は、1 か月皆勤に当たり 1 日の有給休暇が取得できたが（第 60 条②項）、1 年間使用しなかった年休日数は年休発生月から毎月順次に消滅する仕組みであった。また、2017 年 11 月法改正により（2018 年 5 月施行）、雇い入れ日から起算した最初 2 年間取れる年休が 15 日から 26 日となった。したがって、勤続 1 年未満に発生した年休 11 日間を 1 年目

に取得しなければ、繰り越し分と勤続 2 年目の新規付与分 15 日と合わせて、2 年目には最大 26 日を合わせて取得することができた。

一方、2003 年からは勤労基準法第 61 条により、企業は「年次休暇取得促進措置」をとることになり（義務ではない）、措置を取らなかった場合、未取得年休日数に関しては年休手当て支給が義務付けられていた（第 60 条⑤）。しかし、この条項が継続勤務期間 1 年間未満（又は 1 年間 8 割未満出勤）は適用対象外であったため（法第 61 条①）、未取得年休日数は年休手当支給対象となることから、年休制度の本来の趣旨とは異なり、年休手当て受給手段として利用されることが多かった（図表 15-10）。このような問題を改善するため、2020 年 3 月、継続勤務期間 1 年間未満（又は 1 年間 8 割未満出勤）を対象に、年休の消滅時期と年休取得促進制度に関して法が改正され、同年 3 月に施行された。

第一に、年休付与日数の消滅時期の改正である。従来は、年休発生日から 1 年間未取得の休暇は、次の年から毎月順次に消滅したが、改正案では、「雇い入れ日から 1 年間未取得の年休は、雇い入れ日から 1 年後は全部消滅」するとされた。したがって、従来は、雇い入れ日から 2 年目には最大 26 日を合わせて使用することができたが、法改正後は 2 年目には新たな 15 日の年休のみ取得できるようになった（第 60 条⑦）。

第二に、年休取得促進制度が適用される。従来は継続勤務期間 1 年以上の出勤者に適用した使用者の年休取得促進制度が、法改正により、継続勤務 1 年未満（又は 1 年間 8 割未満出勤）の労働者も対象となる（第 61 条②新設）。使用者は、年休発生日から 1 年が終わる 3 か月前を基準とし、10 日以内に労働者に未取得年休日数に関して書面で通知する（1 次催促）。1 次催促から 10 日以内に労働者からの年休取得時期に関して通報がない場合、最初 1 年が終わる 1 か月前に労働者に書面通知する（2 次催促）。使用者が未取得年休日数に関して催促措置を取った場合、1 年間の未取得日数は消滅し、使用者が年休手当てを支給する義務はなくなる（第 61 条②）。

3）日本―年次有給休暇 5 日取得義務化

日本の年次有給休暇の時効は発生日から 2 年間で、付与されて 2 年以内の場合は繰り越して取得することが可能であるが、その期限を超えると消滅する（第 115 条）。2018 年法改正前は、前年度で取得されなかった繰り越し分と次年度の付与分を合わせて、最大 40 日分が取得可能であった。また、使用者は労

図表 15-13　働き方改革：②年次有給休暇の確実な取得（義務・罰則付き）

韓国（勤労基準法、第 60 〜 61 条）	日本（労働基準法、第 39 条）
・条件：①雇い入れ日から 1 年以内又は 1 年間 8 割未満　出勤：1 か月皆勤当り 1 日付与　②1 年間全労働日の 8 割以上出勤：年間 15 日 ・年間上限：3 年以上勤続者には 2 年に 1 日加算（上限 25 日） ・対象外：5 人未満事業場、1 週 15 時間未満短時間労働者（第 18 条③） ・時効：1 年（1 年後消滅） ・未取得年休日数：企業が年休取得促進措置を書面で通知しなかった場合は年休手当支給義務あり	・条件：雇い入れ日から 6 か月以上継続勤務、全労働日の 8 割以上出勤：年間 10 日 ・年間上限：継続勤務年数 1.6 年に 1 日、2.5 年以上勤続者には毎年 2 日加算（上限 20 日） ・非正規雇用：1 週 4 日以下（年間 216 日以下）かつ週所定労働時間 30 時間未満：所定労働日数に応じて比例付与 ・時効：2 年（年次有給休暇の繰越し可能） ・未取得年休日数：企業の買取義務なし
＜ 2020 年 3 月法改正＞ ◎対象：継続勤務期間 1 年未満、年間 8 割未満出勤者 ◆時効：1 年（年次有給休暇発生日から 1 年間未取得休暇は次年度に毎月順次消滅→雇い入れ日から 1 年間未取得休暇は次年度に全部消滅） ◆年次有給休暇取得促進（第 61 条①改正、②新設） ・使用者の休暇取得促進措置：対象外→対象 ・未取得年休日数：使用者の年休取得促進措置の対象外・年休手当支給 → 対象・年休手当支給なし （施行）50 人以上事業場（2021 年 3 月） 　　　　5 人〜 50 人未満事業場（2021 年 7 月）	＜ 2018 年法改正＞ ◎対象：年 10 日以上の年次休暇が付与される労働者 ◆年 5 日の年次有給休暇の取得義務 ・使用者は、1 年間 10 日以上年休が付与されている労働者には 5 日間は時季を指定して取得させる義務あり (罰則付き)（第 39 条⑦⑧項新設） （施行）全ての企業：2019 年 4 月

出典：「勤労基準法」、「労働基準法」、雇用労働部「改正労働基準法」、厚生労働省「働き方改革関連法のあらまし」により筆者作成

働者に対して年休取得を促す義務はなく、従業員から年休取得の申し出がなければ、年休を取得させる必要はなかった。

　法改正により（**図表 15-13**）、2019 年 4 月からは、全ての企業は、年 10 日以上の年休が付与される労働者に対して、1 年以内に 5 日について、取得時季を指定して年休を取得させる義務がある（第 39 条⑦新設）。違反の時は、6 か月以下の懲役又は 30 万円以下の罰金に科される（第 120 条）。ただし、既に 5 日以上の年休を請求・取得している労働者については、使用者は時季指定をする必要がなく、またすることもできない（第 39 条⑧）。

　一方、年休 5 日取得により、事業の正常な運営を妨げる場合は、他の時季にこれを与えることができる（第 39 条⑤）。なお、労使協定を結べば、年休付与

日数の中、時季指定義務が課される年 5 日を除いては、使用者は事業所全体で時季を定めて計画的に与えることができる（第 39 条⑥）（年次有給休暇の計画的付与制度（略称、計画年休））。

つまり、「使用者による時季指定」「労働者みずからの請求・取得」「計画年休」のいずれかの方法で労働者に年 5 日以上の休暇を取得させれば足りる。年休の時効は 2 年間であるゆえ、年 5 日のカウントは、繰り越し分か当該年度新規付与かは問わない。繰り越された年休日数を含めて 5 日を超える部分に関しては計画的付与制度を活用することによって、年休 5 日取得による企業側の負担を軽くすることができる。2019 年 4 月から、年休 5 日取得を義務化してから、企業の計画年休の導入率は 2018 年 19.1％、2019 年 22.2％、2020 年 43.2％へと徐々に高くなっているが、企業平均年休の計画的付与日数は（常用労働者 30 人以上）、それぞれ 4.9 日、5.4 日、5.3 日で、法改正後も変化は見られない（図表 15-12）。

4. 柔軟な働き方への動き

1）柔軟な働き方の実施状況

韓日共に、労働時間を短縮し規制を強化する一方、週 40 時間、1 日 8 時間の法定労働時間の原則に対して適用例外を認める柔軟な働き方を進めている。韓国は、2021 年 1 月、弾力労働時間制と選択労働時間制を改正し、日本は 2018 年、フレックスタイム制を改正した。また、韓国は労働時間規制適用例外措置として「特別時間外労働の認可制度」を導入、日本は時間外労働・割増賃金規制の適用除外措置として「高度プロフェッショナル制度」を新設した。

弾力労働時間制（日本の変形労働時間制[13]）は一定期間の平均労働時間を法定労働時間に合わせる制度で、企業側としては、業務の繁閑に対応でき、一定の期間内の平均労働時間が法定労働時間内に収まれば割増賃金を免れるメリットがある。

選択労働時間制（日本のフレックスタイム制）は、一定期間の総労働時間を定め、その範囲内で各自の始業と終業の時刻や働く長さを労働者本人に委ねる制

▶ 13　厚生労働省『就労条件総合調査』の定義では、「変形労働時間制」は、「1 年単位の変形労働時間制」「1 か月単位の変形労働時間制」「1 週間単位の非定型的変形労働時間制」「フレックスタイム制」を含める。

度で、労働者は仕事と生活の調和を図りながら効率的に働くことができるメリットがあり、企業側はコスト削減のメリットがある。韓日共に、導入要件として、就業規則の定めと労使書面合意が必要である。

　その他、柔軟な働き方として、韓日共に、「裁量労働時間制」と「事業場外労働のみなし労働時間制」[14]があるが、両制度は働き方改革の法改正の対象ではない。

　日本の「変形労働時間制度」（労働基準法第32条）は、１週間単位、１か月単位、１年単位の３種類があり（法第32条2、4、5）、1987年法改正で３か月単位、1993年法改正で最長１年単位が導入された。

　韓国の弾力労働時間制（勤労基準法第51条）は２週単位と３か月以内単位が

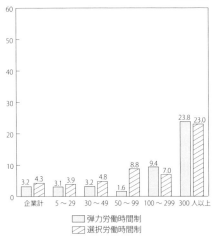

図表 15-14　韓国の弾力労働時間制・選択労働時間制実施状況（5人以上企業、2018年）

（単位：%）

出典：韓国労働研究院『弾力労働時間制活用実態調査』2018年、『月間労働レビュー』2019年3月

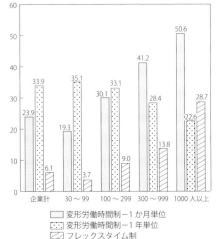

図表 15-15　日本の変形労働時間制・フレックスタイム制実施状況（30人以上企業、2020年）

（複数回答、単位：%）

出典：厚生労働省『就労条件総合調査』2020年
注：「1週間単位の非定型的変形労働時間制」を採用している企業を含む。

▶14　「裁量労働時間制」は、業務の性質上、労働時間配分や業務遂行方法を労働者の裁量に委ねる。「事業場外労働のみなし労働時間制」は労働時間の全部または一部を事業場外で勤務した場合で、使用者の指揮・監督が及ばず、労働時間を把握しがたいとき、あらかじめ決めた時間だけ労働したものとみなす制度である。

実施されていた。2018 年 3 月の週 52 時間制度の導入の際、労働時間短縮の補完策として注目され、弾力労働時間制の法改正前に、2018 年に韓国労働研究院により、常用労働者 5 人以上の事業所を対象に「弾力労働時間制活用実態調査」が行われた（**図表 15-14**）。弾力労働時間制を導入している企業は 2,436 社の中 138 社で（3.2%）非常に少なく、企業規模が大きいほど導入率が高く、常用労働者 300 人以上の企業の 23.8%が導入している。同調査結果によれば、導入企業が活用している単位期間は、3 か月単位（34.9%）が最も多く、2 週以下（28.9%）、2 週〜 1 か月以下（21.5%）の順である。一方、選択労働時間制の導入率は 4.3%で、企業規模が大きくなるほど高く、300 人以上の企業の導入率は 23.0%である。

　日本企業の変形労働時間制度、フレックスタイム制度の導入率は韓国より高い（**図表 15-15**）。変形労働時間の単位期間別導入率を企業規模別に見ると、1 か月単位の導入率は企業規模が大きいほど高く、1,000 人以上企業の 50.6%を占める。1 年単位の導入率は企業規模が小さいほど高く、30 〜 99 人規模で 33.9%、1,000 人以上企業では 22.6%である。フレックスタイム制は三つの制度の中では導入率が 6.1%で最も低く、企業規模が大きいほど実施率が高い。

2）韓国─弾力労働時間制の単位期間延長

　弾力労働時間制は、一定期間の週当たり平均労働時間を 52 時間に合わせる制度である。労働時間短縮制度導入の補完策として、2021 年 1 月の法改正により「3 か月以上 6 か月単位」が新設された。労働者 50 人以上事業所は 2021 年 4 月から、5 〜 50 人未満事業場は 2021 年 7 月から適用される。長時間労働による労働者の健康維持のため、「勤務間 11 時間インターバル」（新設）（第 51 条の 2 の②）が義務付けられた（罰則付き）。

　単位期間平均週 40 時間を超える時間外労働時間に対しては、割増賃金を支払うことが義務付けられる。弾力労働時間制を実施することによって、通常の労働時間制なら受給できる割増賃金が受給できなくなることを防止するため、また、従来の賃金水準より低くならないよう、「賃金補塡方案」（労使書面合意）を使用者に求めている（合意がない場合は雇用労働部長官に届出必要）（義務・罰則付き）（第 51 条④）。また、2021 年 1 月の法改正では、全ての単位期間において、労働時間が対象単位期間より短い場合（途中採用者・途中退職者）の取り扱いに関しての条項も新設された（第 51 条の 3、条項新設）。

3）韓国の選択労働時間制と日本のフレックスタイム制（清算期間 3 か月導入）

　韓国の選択労働時間制（勤労基準法第 52 条）と日本のフレックスタイム制（労働基準法第 32 条の 2）は、用語は異なるが定義は同じである。韓日共に、法改正によって、清算期間を 1 か月から 3 か月に延長した。ただし、韓国は、新商品又は新技術の研究開発業務に限定して、清算期間 3 か月を認める。

　また、韓日共に、清算期間が「1 か月を超える場合」の措置に関して、法改正が行われた。韓国の場合、第 52 条②を新設し、「勤務間 11 時間インターバル」（天災地変等、大統領令で定めるやむ得ない事情がある場合は労使書面合意に従う）を設けること（第 52 条②の 1）、また「1 か月平均 1 週 40 時間超える」労働時間に関しては 5 割の割増賃金を支給すること（第 52 条②の 2）を義務付けた。日本の場合、「清算期間全体の労働時間が週平均 40 時間を超える」「1 か月ごとの労働時間が週平均 50 時間を超える」場合は、時間外労働となり、割増賃金を支払うことになる。

4）韓国の特別時間外労働認可制度と日本の高度プロフェッショナル制度

　韓国と日本は時間外労働の上限を設けて規制を強化する一方、労働時間規制の適用例外または適用除外措置を取っている。韓国では 2021 年 1 月の法改正により、弾力労働時間制と選択労働時間制を対象に「特別時間外労働認可制度」を導入した（第 53 条②）」。労使合意により、週 12 時間を限度に、時間外労働を追加 12 時間まで認める制度である。例えば、「3 か月〜6 か月単位」導入の場合、単位期間平均、週 40 時間、特定週 52 時間、特定日 12 時間を超えることができないが、労使書面合意により、週 12 時間を上限に労働時間を延長することができる。例えば、週 52 時間労働が決められた週は 12 時間の時間外労働を合わせて、合計労働時間は 64 時間となる。

　一方、日本では、一部専門職を労働時間規制（時間外労働と割増賃金）の適用除外とする「高度プロフェッショナル制度」（略称、高プロ）を新設した（第 41 条の 2）。[15] 高プロは時間ではなく成果で評価される働き方の実現を目的とした新たな労働時間制度である。高プロは、アメリカで実施しているホワイトカ

▶15　労働基準法第 41 条により、労働時間、休憩時間、休日に関する規定を適用しない労働者は、①農業・畜産業・水産業の従事者、②管理監督者、③監視・断続的労働従事者、④高度プロフェッショナル適用者である。

ラー・エグゼンプション（White-collar Exemption）[16]が原型で、裁量労働制と類似している。大きな違いは、裁量労働制の場合、労使協議が必要で、時間外労働に関しては割増賃金を支給する必要があるが、高プロは時間外労働と割増賃金規定が適用されないことで、現在の裁量労働制の問題点を補完した内容であるとも言える。

　日本の高プロ制度は、経済界の要請を受け、第 1 次安倍政権で提案されたが「残業代ゼロ」ということで見送られた。2015 年 4 月に高プロ導入や裁量労働制の対象拡大を含む労働基準法改正案が国会に提出されたが、一度も審議入りされることなく 2017 年の衆議院解散で廃案となった。2018 年の法改正では、「多様で柔軟な働き方が可能になる」とアピールされ、残業規制の導入などとセットで法案化された[17]。日本が高プロを導入したことを受け、韓国でもエグゼンプション（労働時間適用除外）導入に関心が高まっており、年収上位 3% 以内の労働者を対象にした導入案が 2019 年国会に発議されたことがある[18]。

　日本の高プロは、厚生労働省令で定める 5 つの業務で、高度の専門的知識等を有し、職務の範囲が明確で一定の年収要件（1,075 万円）を満たす労働者が対象である。労使委員会での決議と労働者本人の同意を前提としており、労働者の健康確保措置が必要である。高プロ制度の導入は「企業の選択」で、制度を導入している企業は非常に少なく、建設業 0.1%、金融業・保険業 0.3%、他の産業の導入率は 0 ％である（厚生労働省『就労条件総合調査』2020 年）。

5）勤務間インターバル制度

　「勤務間インターバル制度」とは、1 日の勤務終了後、翌日の出社までの間に、一定時間以上の休息時間（インターバル時間）を確保する仕組みで、労働者の過重労働を削減し、健康的な働き方を実現させることが目的である。

　韓国では 2018 年 3 月の勤務基準法改正により、時間外労働上限適用例外の特例業種 5 個に 11 時間勤務間インターバル制度を導入した。また、2021 年 1 月の法改正により、3 か月以上単位期間の弾力労働時間制、清算期間 1 か月を超える選択労働時間制の導入の場合は、インターバル 11 時間を義務化した（59

▶ 16　アメリカでは、年俸 $2 万 3,660 以上で、年俸制あるいは月給制労働者の中、法で定めているホワイトカラー労働者を対象に免除している（韓国経済研究院「ホワイトカラー・エグゼンプションに関する理解」『KERI Facts』2015 年 1 月 15 日）。
▶ 17　西日本新聞「働き方の行方・法案解説①」2018 年 5 月 20 日。
▶ 18　電子新聞「韓国型ホワイトカラー・エグゼンプション国会発議」2019 年 10 月 17 日。（https://m.etnews.com）

条２項）（図表 15-16）。

　日本では、勤務間インターバル制度は、働き方改革関連法に基づき、「労働時間等設定改善法」を改正して導入されているが、事業主の努力義務となっている（2019 年４月施行）。また、インターバル時間について、法令上時間数の限定はなく、「一定時間の休息の確保が事業主の努力義務」として規定された。ただし、一定の条件を満たし取り組む「中小企業事業主」は、助成金を受け取ることができ、その条件の中には、インターバル時間を「9 時間以上」[19]とすることが含まれている。

　日本の勤務間インターバル制度導入状況を見ると（厚生労働省『就労条件総合調査』2020 年１月調査）、導入している企業は 4.2%（2019 年 3.7%）、導入を予定または検討している企業は 15.9%（同 15.3%）、導入予定はなく検討もしていない企業は 78.3%（同 80.2%）である。また、当該制度を知らない企業が全企業の 10.7%（同 15.4%）を占めていることから、制度周知の課題が残る。

図表 15-16　働き方改革：③柔軟な働き方と法定労働時間適用例外と除外（各企業の選択）

韓国（5 人以上事業場対象）：第 50 条（労働時間）の例外措置	日本（すべての事業場対象）：第 32 条（労働時間）の例外措置
【弾力労働時間制】（第 51 条） ・期間を定め、業務量に応じた所定労働時間設定 ◆２週単位（就業規則必要） ・上限：単位期間平均１週 40 時間、特定週 48 時間特定日時間制限なし ◆３か月単位（労使書面合意必要） ・上限：単位期間平均１週 40 時間、特定週 52 時間、特定日 12 時間 ・時間外労働の上限：１週 12 時間まで ・割増賃金：単位期間平均１週 40 時間超の労働時間 ＜2021 年１月改正＞（条項新設：第 51 条の２） ◆３か月～６か月単位期間（労使書面合意） ・上限：単位期間平均１週 40 時間、特定週 52 時間、特定日 12 時間 ・勤務間 11 時間インターバル（義務・罰則付き） ・割増賃金：単位期間平均１週 40 時間超の労働時間	＜改正なし＞ 【変形労働時間制】（第 32 条 2、4、5） ・期間を定め、業務量に応じた所定労働時間設定 ◆１週間単位（労使協定） ・上限：１週間 40 時間、１日 10 時間 ・対象：労働者 30 人未満の小売業、旅館、料理店、飲食店 ◆１か月単位（就業規則の定め又は労使書面合意） ・上限：１か月平均１週 40 時間、時間制限なし ・割増賃金：単位期間平均１週 40 時間超の労働時間 ◆１年単位（１か月～１年以内）（労使書面合意必要）（1987 年改正：３か月単位、1993 年改正：最長１年単位導入） ・上限：単位期間平均１週 40 時間、１週 52 時間、１日 10 時間、原則１年 280 日

▶ 19　厚生労働省「働き方改革推進支援助成金（勤務間インターバル導入コース）」。

・**賃金減額補填**：既存の賃金水準が低くならない 　よう賃金補填方案の労使書面合意必要（合意 　がない場合は雇用労働部長官に届出必要）（義 　務・罰則付き） ＜2021 年 1 月改正＞（条項新設：第 51 条の 3） ◆**実労働期間が対象単位期間より短い場合**（途 　中採用者・途中退職者）の取り扱い：実労働 　時間平均が 1 週 40 時間超えると割増賃金支給 　→「**補償休暇制**」（労使書面合意があれば、割 　増賃金代わりに休暇を与えることができる） 　（第 57 条） （施行）50 人以上事業場（2021 年 4 月） 　　　　5 〜 50 人未満事業場（2021 年 7 月） ★対象外：15 〜 18 歳未満労働者、妊娠婦	・時間外労働の上限：原則 1 年 320 時間まで ・連続労働日数：原則 6 日まで ※ 3 か月以上単位期間の場合は：48 時間を連続超 　える週は 3 週以下 ・割増賃金：単位期間平均 1 週 40 時間超の労働 　時間 ・**実労働期間が対象単位期間より短い場合**（途中 　採用者・途中退職者）の取り扱い：実労働時 　間平均が 1 週 40 時間超えると割増賃金支給 ★対象外：18 歳未満労働者、妊娠婦（請求した 　場合）
【選択労働時間制】 ・始業・終業の時刻を労働者本人に委ねる制度 ・導入要件：就業規則の規定と労使書面合意 ・清算期間：1 か月以内 ＜2021 年 1 月改正＞（第 52 条改正） ◆**清算期間：3 か月以内** ・**対象**：新商品又は新技術の研究開発業務） ◆**清算期間 1 か月超の場合の措置** 　（第 52 条②新設） ・**導入要件：労使書面合意** ・勤務間 11 時間インターバル（罰則付き） ・割増賃金：1 か月平均 1 週 40 時間超える労働 　時間→「**補償休暇制**」（労使書面合意があれ 　ば、割増賃金代わりに休暇を与えることがで 　きる）（第 57 条）	【フレックスタイム制】 ・始業・終業の時刻を労働者本人に委ねる制度 ・導入要件：就業規則の規定と労使協定で合意 ＜2018 年法改正＞（第 32 条改正） ◆**清算期間の上限延長：1 か月→3 か月**（改正） ◆**清算期間 1 か月超の場合の措置**（労使協定の 　届け出必要） ・**導入要件：就業規則の規定と労使協定＋届出** ・割増賃金：①清算期間全体労働時間が週平均 　40 時間を超える場合　②1 か月ごとの労働時 　間が週平均 50 時間を超える場合 ・時間外労働の上限：月 45 時間以内（清算期間 　が 1 か月間を超える場合には、各種上限規制 　は、1 か月平均 50 時間を超えた時間について 　適用される） ◆**完全週休 2 日制の労働者** ・清算期間における総労働時間の限度：清算期間 　内の所定労働日数×8 時間（労使協定必要） 　（施行）2019 年 4 月 ★対象外：18 歳未満の労働者
＜2021 年 1 月改正＞ 【特別時間外労働の認可制度】（第 53 条②） ・**対象**：弾力労働時間制、選択労働時間制 ・**導入要件**：労使書面合意必要 ・**時間外労働**：1 週 12 時間以内で延長可能 （例）1 週 52 時間 +12 時間（時間外）=64 時間 （施行）50 人以上事業場（2021 年 4 月） 　　　　5 〜 50 人未満事業場（2021 年 7 月） ★対象外：15 〜 18 歳未満労働者	＜2018 年・新設＞ 【高度プロフェッショナル制度】（第 41 条 2 新設） ・**時間外労働・割増賃金規制**：適用除外 ・**対象業務**：厚生労働省令で定める 5 つの職務 ・**対象労働者**：職務の範囲が明確で、年収 1,075 　万円以上 ・**導入要件**：労使委員会の決意と労働者本人の同 　意、健康・福祉確保措置必要 （施行）2019 年 4 月

<改正なし>	<改正なし>
【裁量労働時間制】（第58条③）（改正なし）	【裁量労働時間制】（第38条の3・4）（改正なし）
・労働時間配分や業務遂行方法を労働者の裁量に委ねる	・労働時間配分や業務遂行方法を労働者の裁量に委ねる
・労使で決めた時間を労働したと見なす	・時間外労働：1日ごとのみなし労働時間が法定労働時間を超える場合、サブロク協定の締結と割増賃金支給
・時間外労働：割増賃金支給	
・対象：①大統領の定め業務（新商品又は新技術の研究開発業務、人文・社会・自然科学分野研究業務など）、②その他、雇用労働部長官が定める業務	・対象：①専門業務型裁量労働者（厚労省指定の19業務）②企画業務型裁量労働制（企業の経営に関する事項の企画・立案・調査・分析業務）
【事業場外労働のみなし労働時間制】（第58条①②）・労使で決めた時間だけ労働したものと見なす制度	【事業場外労働のみなし労働時間制】（第38条2）・労使で決めた時間だけ労働したものとみなす制度

出典：「勤労基準法」（2021年1月改正案）、「労働基準法」（2018年）、厚生労働省「働き方改革関連法のあらまし（改正労働基準法編）」「フレックスタイム制の分かりやすい解説＆導入の手引き」「1年単位の変形労働時間制」により筆者作成

▶まとめ

　韓国と日本は、少子高齢化を背景に WLB 実現、出生率改善、生産性向上を目標に、2018 年に関連法を改正し、働き方改革に取り組んでいる。両国の法改正の焦点は長時間労働慣行の是正である。時間外労働の上限規制と年次有給休暇取得の促進により労働者の WLB を実現しながら、経済界の要請を受け労働時間規制の適用から除外される柔軟な働き方も同時に進めている点で、方向性では共通しているが、そのアプローチにおいては違いが見られる。以下、両国の法改正内容と特徴を取りまとめると共に、その課題を確認する。

　第一に、近年、韓日共に、総実労働時間が減少推移にあるが、その背景には、特に女性の短時間労働者の増加があげられる。2020 年、非正規雇用の中で女性非正規雇用が占める割合は、韓国 55.1％、日本 68.2％であり、労働時間が 1 週 35 時間以下（日本、35 時間未満）の短時間労働の女性の占める割合は、韓国 71.9％、日本 64.9％である。特に韓国の場合、短時間労働者の多くは勤労基準法が適用できない中小企業で働いている。また韓日共に女性の非正規雇用の増加は男女賃金格差と女性の貧困化[20]の原因になっている。

　第二に、韓日共に、罰金付きの時間外労働上限規制を導入しているが、経過

▶ 20　韓国では短時間労働者の社会保険加入率が低く、2020 年、国民年金 20.5％、健康保険 28.9％、雇用保険 27.8％である。特に、非正規雇用の国民年金の加入条件は韓日で大きな差がある（詳細は、本書の第 9 章参照）。

的措置として抜け穴を設けている。韓国では 30 人未満企業は 2022 年 12 月まで、日本では一部業務が 2024 年 3 月まで、時間外労働上限規制が適用猶予される。時間外労働上限規制のアプローチにおいては韓日で違いが見られる。韓国は、5 個の特例業種を除き、時間外労働を含めて週最大労働時間 52 時間が上限である。日本は週単位の時間外労働の制限は設けておらず、単月 100 時間未満、年間 720 時間を超えないように規定しているので、週単位で決める韓国より、企業側が柔軟に対応できるメリットがある。しかし、日本側の年間時間外労働上限は韓国に比べて長く、労働基準監督署が過労死の労災認定基準の一つとする過労死ラインの時間外労働時間（月 45 時間、2 〜 6 か月間平均で約 80 時間以上）[21] とほぼ同じである。

　一方、韓国の勤労基準法は 5 人未満の事業場は適用対象外であることから、働き方改革の実現には制限がある。雇用者の 17.8% は法適用対象外である 5 人未満の事業場で働いており、性別では男性雇用者の 14.3%、女性雇用者の 22.2% を占める（『経済活動人口付加調査』2020 年）[22]。

　第三に、年次有給休暇の取得促進策においては韓日のアプローチが異なる。韓国では「継続勤務期間 1 年未満、年間 8 割未満出勤者」の場合、使用者の年次休暇使用促進措置の対象外であった。このため年休取得の代わりに年休手当受給者が多かったことを背景に、法改正により、休暇使用促進措置を適用し、年休の消滅時期も短くした。一方、日本では年休取得促進策として、使用者は年 10 日以上の年次有給休暇が付与される労働者に対して、1 年以内に 5 日について、取得時季を指定して年休を取得させることを義務付けた。法改正後から年休取得率は若干高まっており、企業の計画的年休付与制度を活用する企業が増加しているが、年次計画付与日数は取得義務である 5 日に留まっている。

　第四に、韓日共に、労働時間短縮の規制を強化しながら、企業側の要請を反映し、労働時間の柔軟化も進めている。法的労働時間の適用例外措置として、韓国では、弾力労働時間制の単位期間延長、選択労働時間制の清算期間延長、日本はフレックスタイム制の清算期間を延長した。また、労働時間規制の適用例外措置として、韓国は特別時間外労働認可制度を、日本は適用除外措置として、一部専門職を対象に高プロ制度を導入した。特に、韓国は、労働者の健康

▶ 21　厚生労働省・都道府県労働局・労働基準監督署「脳・心臓疾患の労災認定―「過労死」と労災保険」2020 年 9 月。
▶ 22　日本の労働基準法は全事業場対象で、雇用者の 4.4% が 5 人未満の企業で働き、性別には男性 3.8%、女性の 5.1% である（「労働力調査」2017 年）。

確保のための勤務間 11 時間インターバル制度を義務付けると共に、時間外労働に相当する代替休暇取得制度（補償休暇制）も導入した。日本の勤務間インターバル制度は事業主の努力義務であるゆえ、導入率は非常に低く、高プロ制度の導入率も企業平均で 0%水準である。

❖参考文献

裵 海善「韓国のワーク・ライフ・バランスの実態―政府政策と成果」筑紫女学園大学『研究紀要』
　　第 16 号、2021 年 1 月、25 〜 37 頁。

裵 海善「働き方改革の韓日比較―労働時間の短縮と柔軟化」九州大学『韓国経済研究』第 18 号、
　　2021 年 7 月、3 〜 23 頁。

付録　年表①：女性関連法・制度の国際動向

年度	国際動向
1945 年	6 月、国際連合憲章採択 10 月、国際連合発足（韓国と北朝鮮の国連同時加入：1991 年、日本の国連加入：1956 年、2021 年国連加盟国：193 か国）
1946 年	6 月、国連経済社会理事会の機能委員会の一つとして、国連「女性の地位委員会」設置（CSW: Commission on the Status of Women）（女性の地位委員会は毎年開催）
1948 年	12 月、第 3 回・国連総会で「世界人権宣言」採択（UDHR：Universal Declaration of Human Rights）。1950 年第 5 回総会で、毎年 12 月 10 日を「世界人権の日」とする
1951 年	ILO 総会で「同一価値労働についての男女労働者に対する同一報酬に関する条約」採択
1953 年	3 月、国連「女性の参政権に関する条約」採択（Convention on the Political Rights of Women）
1975 年	国連、1975 年を「国際女性年」とすることを宣言（3 月 8 日は国際女性デー）。 国連、第 1 回・世界女性会議（メキシコシティ）で、各国の法律、経済、政治、社会、文化制度における女性の地位向上のための「世界行動計画」採択。以後、第 2 回・コペンハーゲン（1980 年）、第 3 回・ナイロビ（1985 年）、第 4 回・北京（1995）で世界女性会議が開催される
1975 年	12 月、国連、「国際女性年」を「国連女性の 10 年」（1976 ～ 1985 年）として拡大（目標：平等・開発・平和）
1979 年	12 月、国連、「女性に対するあらゆる形態の差別撤廃条約」採択（CEDAW：Convention on the Elimination of Discrimination against Women）
1980 年	7 月、国連、第 2 回・世界女性会議開催（コペンハーゲン）：同会議で「国連婦人の 10 年」の後半期の行動プログラムを策定。女子差別撤廃条約（CEDAW）の署名
1981 年	6 月、ILO 第 156 条約（家族的責任を有する男女労働者の機会及び待遇の均等に関する条約）（1983 年 8 月発効）
1981 年	9 月、「女子差別撤廃条約」（CEDAW）発効：加盟国は条約批准後 1 年以内に第 1 回の国家報告書を、第 2 回以降は少なくとも 4 年ごとに報告書を国連に提出し、女性差別撤廃委員会の審査を受けることになる（2021 年、条約の締約国：189 か国）
1985 年	7 月、国連、第 3 回・世界女性会議開催（ナイロビ）：女性の地位向上を目指した「2000 年にむけての将来戦略」を採択
1993 年	12 月、国連、「女性に対する暴力の撤廃に関する宣言」採択（DEVAW：Declaration on the Elimination of Violence Against Women）
1995 年	9 月、国連、第 4 回・世界女性会議（北京）：12 分野に関する行動綱領を策定。ジェンダー（社会的・文化的に形成された性差）という語が初めて公式に使われる。
1999 年	10 月、国連、「女性差別撤廃条約の選択議定書」採択（2000 年 12 月発効） （韓国：2006 年批准、日本：批准していない、2021 年締約国：114 か国）
2000 年	6 月、国連、「女性 2000 年会議」開催（ニューヨーク）。「政治宣言及び成果文書」採択 6 月、ILO「母性保護条約」の改定案採択
2000 年	9 月、国連、「ミレニアム開発目標」宣言（MDGs：Millennium Development Goals）：2015 年までに達成すべき八つの目標（極度の貧困と飢餓の撲滅など、開発分野における国際社会共通の目標）を掲げる
2006 年	世界経済フォーラム（WEF）、「世界ジェンダー格差報告書」（The Global Gender Gap Report）発行開始（2021 年 GGGI：156 か国中、韓国 102 位、日本 120 位）
2010 年	7 月、国連「UN Women」設立（関連 4 機関の統合）
2011 年	1 月、国連、「国連女性機関（UN Women）」発足（ジェンダー平等と女性のエンパワーメントの達成を目的とする国連機関）
2015 年	9 月、国連、「持続可能な開発目標」発表（SDGs：Sustainable Development Goals）（2016 年から 2030 年までの国際社会共通の 17 目標・169 ターゲット）

出典：筆者作成

付録　年表②：韓国と日本の女性雇用関連法・制度

韓国	日本
1948 年、「憲法」（第 26 条）女性の参政権保障→ 1948 年 5 月大統領選挙で参政権行使	1945 年、「衆議院議員選挙法改正」女性参政権実現→ 1946 年 4 月第 1 回衆議院議員総選挙で女性が初めて選挙権行使
1953 年、「勤労基準法」制定（出産休暇制度導入）	1946 年 11 月、日本国憲法公布（1947 年 5 月施行）（男女平等の明文化）
1983 年、「女性発展基本計画」（1983 〜 86 年）（初めての女性雇用政策）	1947 年 4 月、「労働基準法」制定（出産休暇制度導入）
1983 年 5 月、「女子差別撤廃条約」（CEDAW）批准（1985 年 1 月国内で発効）	1956 年、「売春防止法」公布
1987 年、「男女雇用平等法」制定（1988 年 4 月施行）→ 2007 年改称「男女雇用平等と仕事・家庭両立支援に関する法律」	1972 年 7 月、「勤労婦人福祉法」施行
1988 年、国民年金制度施行（10 人以上「事業場加入者」対象）	1976 年 4 月、「特定職種育児休業法」施行（女子教職員、看護婦、保母）
1989 年 4 月、「母子福祉法」制定→ 2003 年「母・父子福祉法」→ 2008 年「片親家族支援法」	1985 年 5 月、「国民年金法」改正（第 3 号被保険者制度導入：女性の年金権確立）
1993 年 6 月、「日本軍慰安婦被害者に対する保護・支援及び記念事業等に関する法律」制定	1985 年 6 月、「男女雇用機会均等法」→ 1997 年 6 月改称「雇用の分野における男女の均等な機会及び待遇の確保等に関する法律」
1995 年 12 月、「女性発展基本法」制定（1996 年 7 月施行）：第 1 次女性政策基本計画（1998 〜 2002 年）→ 2014 年 5 月改称「両性平等基本法」：第 1 次両性平等政策基本計画（2015 〜 2017 年）、第 2 次両性平等政策基本計画（2018 〜 2022 年）	1985 年 6 月、「労働者派遣法」制定（1986 年施行）
	1985 年 6 月、「女子差別撤廃条約」（CEDAW）批准（7 月、日本で発効）
	1986 年 1 月、「労働基準法」改正（女性保護規定一部廃止、母性保護規定の拡充）
1997 年 12 月、「家庭内暴力防止及び被害者保護等に関する法律」制定（1998 年 7 月施行）	1989 年、福岡市の晴野まゆみさん、初セクハラ訴訟（1992 年原告勝訴）
1998 年 2 月、「労働者派遣法」制定（1998 年 7 月施行）	1990 年 6 月、「人口動態統計」1989 年の合計特殊出生率 1.57 発表（1.57 ショック）
1999 年、全国民年金制度実施	1991 年 5 月、「育児休業法」公布（1992 年施行）
1999 年 2 月、「健全家庭儀礼の定着及び支援に関する法律」制定（同年 8 月施行）	1993 年 4 月、中学校での家庭科の男女共修実施（1994 年 4 月、高校でも実施）
2000 年、「政党法改正」により「女性公選クォータ制」導入（比例代表議員選挙での政党の女性候補者 30%、2004 年から 50%義務化）	1993 年、「パートタイム労働法」制定→ 2020 年改称「パートタイム・有期雇用労働法」
2000 年 2 月、「児童・青少年の性保護に関する法律」制定	1995 年 6 月、「育児・介護休業法」公布（介護休業は 1999 年度実施）、育児休業給付金支給
2001 年 1 月、「女性部」新設→ 2010 年改称「女性家族部」	1997 年、「労働契約法」制定（1998 年施行）
2001 年、出産休暇（90 日）・育児休業の有給化	1997 年 12 月、「介護保険法」公布（2000 年 4 月施行）（被保険者：40 歳以上）
2002 年、政労使の非正規労働の区分と定義の合意	1998 年 9 月、「労働基準法」改正（1999 年施行）（深夜・休日・時間外労働における女性就業規則撤廃）
2004 年 2 月、「健康家庭基本法」制定	1999 年 5 月、「児童買春・児童ポルノ禁止法」公布・施行
2004 年 3 月、「性売買斡旋等行為の処罰に関する法律」（略称：性売買処罰法）制定	1999 年 6 月、「男女共同参画社会基本法」公布・施行：2000 年 12 月「第 1 次男女共同参画基本計画」→ 2020 年 12 月「第 5 次男女共同参画基本計画」閣議決定
2005 年 3 月、民法改正「戸主制廃止」（2008 年 1 月施行）。2008 年から「家族関係登録法」が施行され、個人の家族関係は家ではなく、個人を基準に「家族関係登録簿」を作成	2000 年 4 月、「介護保険法」施行
2005 年 3 月、民法改正「同姓同本結婚禁止制度」廃止（改正後：8 親等以内の血族、6 親等以	2000 年 5 月、「児童虐待防止法」「ストーカー規制法」公布（12 月施行）

韓国	日本
内の姻戚間での婚姻を禁止）	2000 年 7 月、男女共同参画審議会答申「女性への暴力に関する基本的方策について」
2005 年 5 月、「低出産・高齢化社会基本法」：第 1 次基本計画（2006 ～ 2010）→第 4 次基本計画（2021 ～ 2025 年）	2001 年 1 月、内閣府に「男女共同参画会議および男女共同参画局」設置
2006 年、国民年金（「事業場加入者」は全ての事業場が対象となる）	2002 年 8 月、「健康増進法」公布（2003 年施行）
2006 年 10 月、「女性差別撤廃条約の選択議定書」批准（2007 年発効）	2002 年、合計特殊出生率 1.32（過去最低更新）
2006 年 12 月、非正規職保護 3 法制定（期間制法制定、派遣労働者法の改正、労働委員会法の改正）	2003 年 7 月、「次世代育成支援対策推進法」公布・施行（2005 ～ 2015 年まで）→ 2014 年次世代法改正（2025 年までの時限立法）「くるみん認定」「プラチナくるみん認定」
2007 年 12 月、「結婚仲介業の管理に関する法律」制定（2008 年 6 月施行）	2003 年 7 月、「少子化対策基本法」公布（11 月施行）
2007 年、「男女雇用平等法」→改称「男女雇用平等と仕事・家庭両立支援に関する法律」	2004 年 6 月、「配偶者から暴力の防止及び被害者の保護に関する法律」一部改正（元配偶者への拡大、暴力概念の拡大等）公布
2007 年 12 月、「ファミリー・フレンドリー法」制定（2008 年 6 月施行）（ファミリー・フレンドリー認定）	2004 年 12 月、「刑法」改正（2005 年 1 月施行）（性犯罪について法定刑の引き上げ、集団姦通罪の新設）
2008 年、老齢年金（加入期間 20 年以上）支給開始、国民年金「出産クレジット制度」導入	2006 年 4 月、「マザーズハローワーク」開設（全国 12 都市でオープン）
2008 年 6 月、「職業キャリア中断女性等の経済活動促進法」制定（12 月施行）。5 年ごとに「基本計画」樹立	2006 年 6 月、「男女雇用機会均等法」改正（男性に対する差別も禁止）
2008 年 3 月、「多文化家族支援法」制定	2007 年 12 月、「労働契約法」改正（第 18 条：無期労働契約転換ルール）
2009 年、女性家族部・雇用労働部「女性セイルセンター」運営開始	2007 年 12 月、ワーク・ライフ・バランス「憲章」と「行動指針」の政労使決定
2010 年 4 月、「性暴力防止及び被害者保護等に関する法律」制定（2011 年 1 月施行）	2009 年 6 月、「育児・介護休業法」改正（「パパ休暇」「パパ・ママ育休プラス」導入）
2012 年、「配偶者出産休暇・有給 3 日」（無給 2 日）→ 2019 年「有給 10 日」（1 回分割可能）	2010 年、「子ども・子育てビジョン」策定、子ども手当の創設、高校授業料無償化スタート
2012 年 2 月、「子ども世話支援法」制定	2010 年 6 月、「WLB 憲章」並びに「行動計画・数値目標」の新合意
2014 年 3 月、「養育費履行確保及び支援に関する法律」制定（2015 年 3 月施行）	2011 年 3 月 11 日、東日本大震災・東京電力福島第一原発事故発生
2014 年、平等法改正「育休取得対象子供：満 8 歳以下または小学校 2 年以下」	2012 年 8 月、「改正労働契約法」（無期契約転換）
2014 年 7 月、「基礎年金法」制定（65 歳以上の韓国国籍の国内居住者のうち所得下位 70％に毎月「基礎年金」支給）	2015 年 8 月、「女性活躍推進法」公布（2026 年 3 月末までの時限立法）「えるぼし認定」、2020 年 6 月「プラチナえるぼし認定」（301 人以上→ 101 人以上企業対象）
2018 年、合計特殊出生率 0.98 で 1 を下回る→ 2019 年 0.92 → 2020 年 0.84	2018 年 5 月、「政治分野における男女共同参画推進法」公布・施行（衆議院、参議院、地方議会の選挙において、男女の候補者数の均等を目指す）→ 2021 年 6 月法改正
2018 年、働き方改革実施（勤労基準法）改正）	2018 年 6 月、働き方改革法案成立（8 本の労働法の一括改正）（2019 年 4 月から順次施行）
2018 年 12 月、「女性暴力防止基本法」制定	
2019 年、平等法の適用対象企業：全ての事業または事業場	2019 年 6 月、「改正労働施策総合推進法」（パワハラ防止法）公布（大企業は 2020 年 6 月から施行義務・中小企業は 2022 年 4 月から施行義務）
2021 年 4 月、「ストーキング犯罪の処罰などに関する法律」制定（略称：ストーキング処罰法）	
2022 年、「3+3 父母同時育休制度」施行（育休の最初 3 か月間の給付金が父母ともに 100％）	

出典：筆者作成

索　引

［著者略歴］

裵　海　善（ベ・ヘション）
韓国生まれ。名古屋大学経済学博士（日本文部省奨学金留学生）。名古屋大学経済学部助手。韓国学術振興財団研究支援により釜山大学校にて博士研究員（PD）・専任研究員・研究教授。ドイツ・ルール大学ボーフムにて客員研究員。現在、筑紫女学園大学文学部アジア文化学科教授。
〔主な著書〕
『現代日本経済』（進英社、ソウル、2001年）、『韓国経済がわかる20講—援助経済・高度成長・経済危機・グローバル化の70年の歩み』（明石書店、2014年）、『韓国の少子化と女性雇用—高齢化・男女格差社会に対応する人口・労働政策』（明石書店、2015年）

韓国と日本の女性雇用と労働政策
——少子高齢化社会への対応を比較する

2022年3月22日　初版 第1刷発行

著　者　裵　　海　　善
発行者　大　江　道　雅
発行所　株式会社 明石書店
〒101-0021 東京都千代田区外神田6-9-5
電話 03（5818）1171
FAX 03（5818）1174
振替　00100-7-24505
https://www.akashi.co.jp/

進　行　寺澤正好
組　版　デルタネットデザイン
装　丁　明石書店デザイン室
印　刷　株式会社文化カラー印刷
製　本　本間製本株式会社

（定価はカバーに表示してあります）　　　ISBN978-4-7503-5363-0

〈価格は本体価格です〉

〈価格は本体価格です〉

〈価格は本体価格です〉

韓国経済がわかる20講

援助経済・高度成長・経済危機・グローバル化の70年の歩み

裵海善 [著]

◎A5判／並製／184頁　◎2,500円

韓国に対する知識がほとんどない読者にも理解できる、現代韓国経済の入門書。経済理論的な説明は最小限にとどめ、写真や図表を多数掲載、随所にコラムを設けて、韓国経済の基本的な仕組みや最近の動向を分かりやすく解説する。巻末には政治経済年表を付す。

〈価格は本体価格です〉

韓国の
少子化と女性雇用

高齢化・男女格差社会に対応する
人口・労働政策

裵海善 [著]

◎A5判／上製／172頁　◎2,800円

韓国の少子高齢化は日本のそれと比しても激しい勢いで進展している。本書は、韓国政府の人口政策の変遷を辿ると共に、その根本的解決の為の女性労働政策、即ち女性の働きやすい制度、地位向上・雇用増加の為の政策とは何かを掘り下げ、分かりやすく解説する。

《内容構成》

第1部 少子高齢化の実態と原因

第1章 政府の人口政策の変遷

第2章 少子高齢化実態──韓国と日本との比較

第3章 少子化の原因──韓国と日本との比較

第2部 少子化対策

第4章 政府の少子化対策

第5章 地方自治団体の少子化実態と対策

第6章 保育政策と保育所利用実態

第3部 女性雇用と政策

第7章 女性雇用者の雇用実態

第8章 女性雇用政策

第9章 仕事と家庭の両立支援政策

第10章 男女格差と政府の男女平等実現措置

［資料］韓国の人口データと人口政策年表

〈価格は本体価格です〉